# 世界の貝切手

——軟体動物切手総目録——

荒川好満　編

# SHELLS ON STAMPS OF THE WORLD

——An Illustrated Catalogue of Mollusca on Postage Stamps——

Compiled

by

Kohman Y. ARAKAWA, *D. Sc.*

長崎県生物学会　発行

Published by
The Biological Society of Nagasaki Prefecture

1979

## 図版1説明 **Explanation of Plate 1**

——人気のある貝切手(1)ホネガイ類　Popular Shells on Stamps among Malacophilatelists (1) Murex Shells——

1. インドセンジュガイ *Murex* (*Triplex*) *palmarosae* (アファール・イッサ Afars et des Issas, #383)
2. ホネガイ *M.* (*Acupurpura*) *pecten* (ウォーリス・フーツナ Wallis et Futuna, #162)
3. 〃 〃 (〃) 〃 (ソロモン Solomon Is., #325)
4. テングガイ M. (*Chicoreus*) *ramosus* (パプア・ニューギニア Papua New Guinea, #275)
5. ヤマシギホネガイ(新) *M.* (*Murex*) *scolopax* (アファール・イッサ Afars et des Issas, #386)
6. サツマツブリ *M.* (*Haustellum*) *haustellum* (ニューカレドニア New Caledonia, #374)
7. ナンカイセンジュモドキ(新) *M.* (*Chicoreus*) *steeriae* (仏ポリネシア Fr. Polynesia, #C 138)
8. ギニアツブリ (〃) *M.* (*Hexaplex*) *hoplites* (ギネア Rep. Guinea, #729)
9. クダモノツブリ *M.* (*Phyllonotus*) *pomum* (英ドミニカ Dominica, #519)
10. オハグロホネガイ *M.* (*Homalocantha*) *melanamathos* (アンゴラ Angola, #574)
11. アカニシ *Rapana venosa* (ソ連 Russia, #4344)
12. ヒイラギガイ *Poirieria zelandica* (ニュージーランド New Zealand, 1978)
13. アカイガレイシ *Drupa rubusidaeus* (英インド洋地域 Br. Indian Ocean Territory, #61)
14. バラツブリ *Murex* (*M.*) *cabriti* (カイマン Cayman Is., #340)
15. コボネテングガイ *M.* (*Chicoreus*) *brevifrons* (バージン Virgin Is., #275)

(×4/5倍)

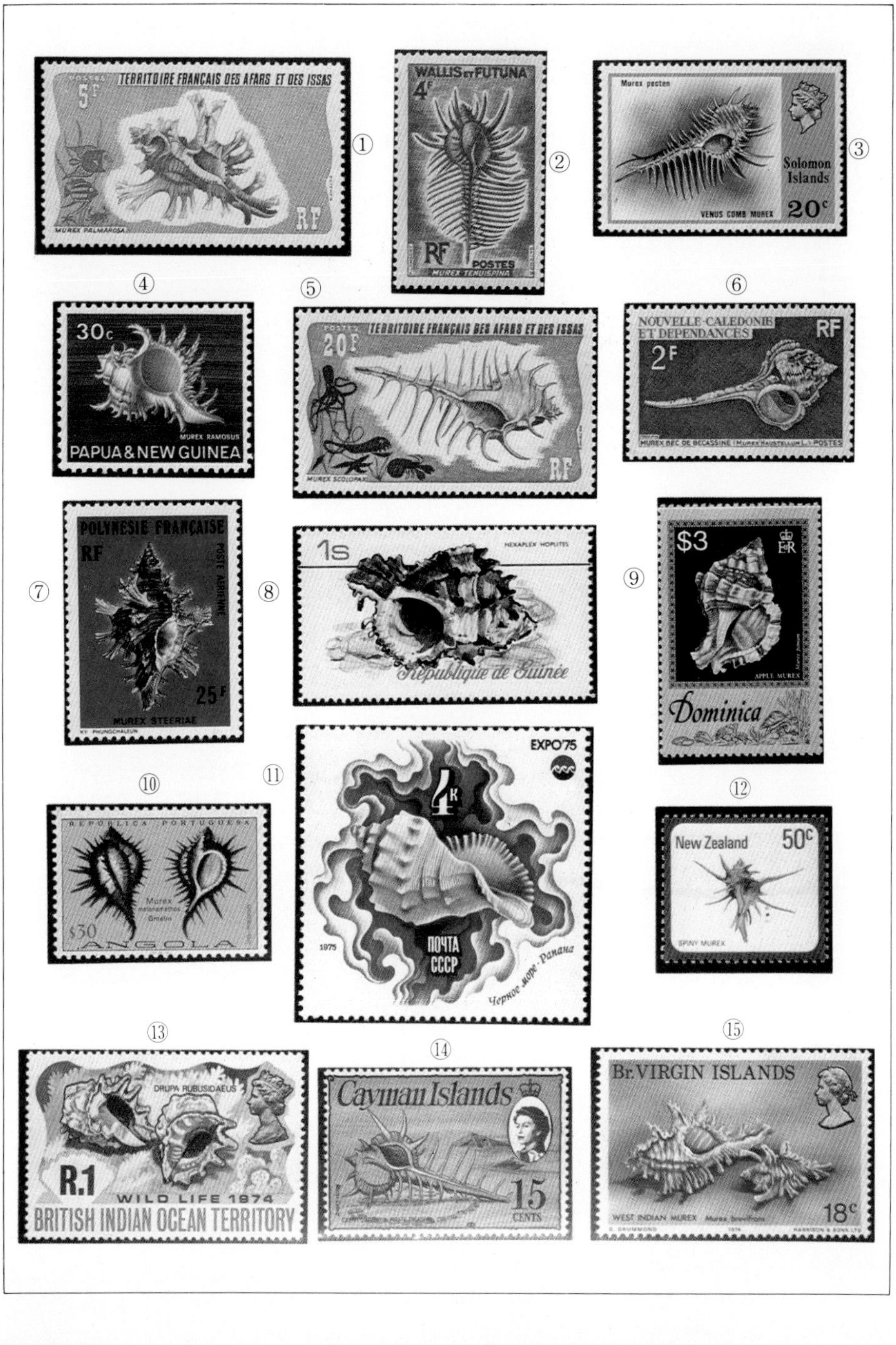
①
POSTES
5F
TERRITOIRE FRANÇAIS DES AFARS ET DES ISSAS
MUREX PALMAROSA
RF
②
WALLIS ET FUTUNA
4F
RF
POSTES
MUREX TENUISPINA
③
Murex pecten
Solomon Islands
VENUS COMB MUREX
20c
④
30c
MUREX RAMOSUS
PAPUA & NEW GUINEA
⑤
POSTES
20F
TERRITOIRE FRANÇAIS DES AFARS ET DES ISSAS
MUREX SCOLOPAX
RF
⑥
NOUVELLE-CALEDONIE ET DEPENDANCES
RF
2F
POSTES
⑦
POLYNESIE FRANÇAISE
RF
POSTE AERIENNE
25F
MUREX STEERIAE
⑧
1s
HEXAPLEX HOPLITES
République de Guinée
⑨
$3
APPLE MUREX
Dominica
⑩
REPUBLICA PORTUGUESA
Murex
$30
ANGOLA
⑪
EXPO'75
4к
1975
ПОЧТА СССР
⑫
New Zealand
50c
SPINY MUREX
⑬
DRUPA RUBUSIDAEUS
R.1
WILD LIFE 1974
BRITISH INDIAN OCEAN TERRITORY
⑭
Cayman Islands
15
CENTS
⑮
Br.VIRGIN ISLANDS
WEST INDIAN MUREX
18c

## 図版2説明 Explanation of Plate 2

——人気のある貝切手（2）タカラガイ類　Popular Shells on Stamps among Malacophilatelists (2) Cowrie Shells——

1. キンカン（フスベ）ダカラ *Cypraea ventriculus*（仏ポリネシア Fr. Polynesia, 1978）
2. ウキダカラ *C. asellus*（ウォーリス・フーツナ Wallis et Futuna, #190）
3. ビャクレンダカラ *C. obvelata*（仏ポリネシア Fr. Polynesia, 1978）
4. ハナマルユキ *C. caputserpentis*（コモロ Comoro Is., #103）
5. シマウマダカラ *C. zebra*,（セントビンセント領グレナダ Grenadines of St. Vincent, 1976）
6. サラサダカラ *C. broderipi*（南イエーメン People's Democratic Rep. of Yemen, #189）
7. メノウチドリダカラ *C. globulus*（西サモア W. Samoa, 1978）
8. ハチジョウダカラ *C. mauritiana*（アファール・イッサ Afars et des Issas, #436）
9. チリメンダカラ *C. childreni*（西サモア W. Samoa, 1978）
10. ナンヨウ（コガネ）ダカラ *C. aurantium*（ソロモン Solomon, #321）
11. ヒョウダカラ *C. pantherina*（アファール・イッサ Afars et des Issas, #395）
12. スミナガシダカラ *C. diluculum*（モルディブ Maldive Is., #538）
13. ヨモスガラダカラ *C. stercoraria*（アンゴラ Angola, #579）
14. ハラダカラ *C. mappa*（ギルバート・エリス Gilbert & Ellice Is., #244）
15. キイロダカラ *C. moneta*（西サモア W. Samoa, 1978）
16. ジャノメダカラ *C. argus*（トケラウ Tokelau, #44）
17. ヤナギシボリダカラ *C. isabella*（イスラエル Israel, #678）

（× 4 / 5 倍）

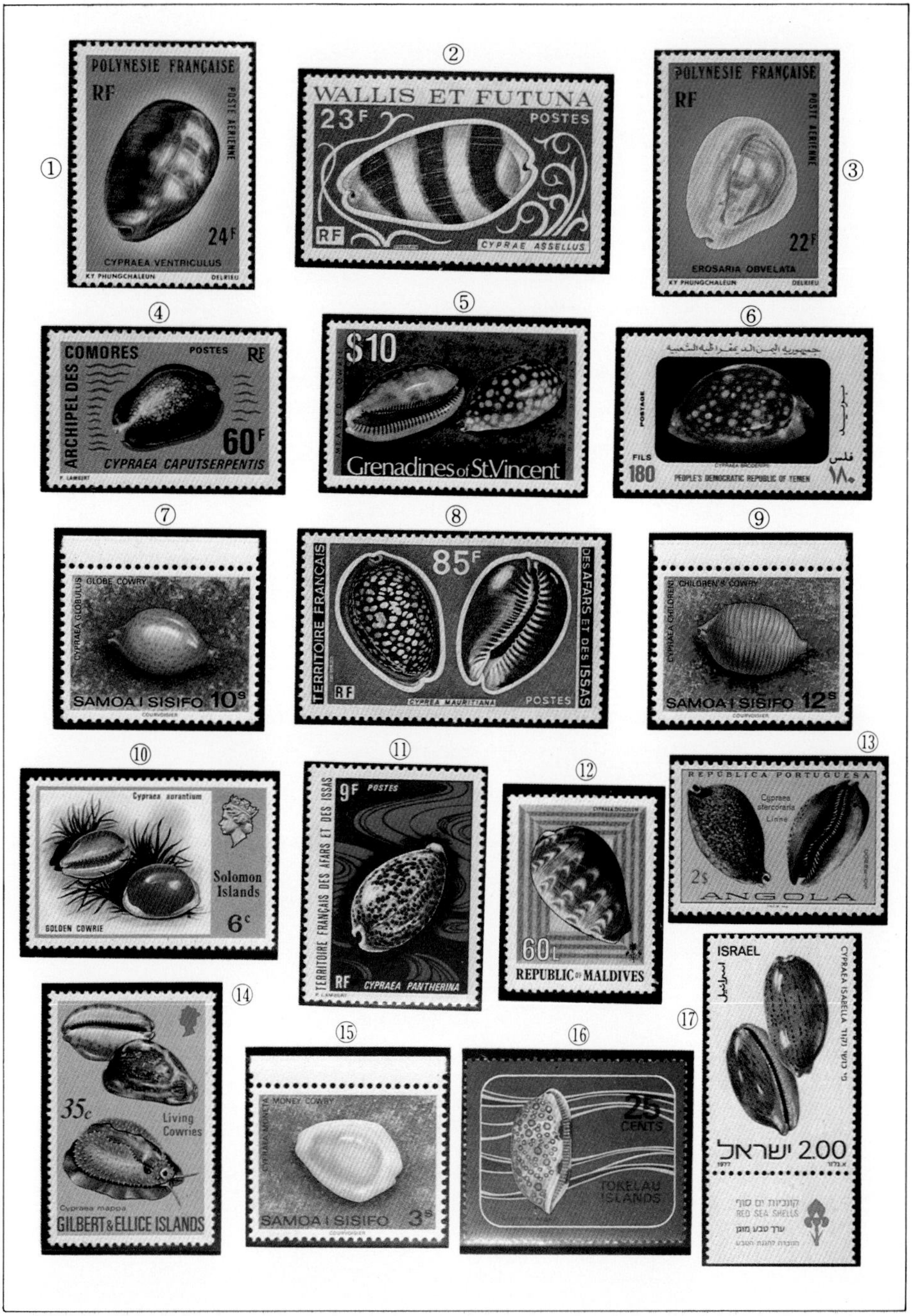
①
POLYNESIE FRANÇAISE
RF
POSTE AERIENNE
24F
CYPRAEA VENTRICULUS
KY PHUNGCHALEUN DELRIEU
②
WALLIS ET FUTUNA
23F
POSTES
RF
CYPRAE ASSELLUS
③
POLYNESIE FRANÇAISE
RF
POSTE AERIENNE
22F
EROSARIA OBVELATA
KY PHUNGCHALEUN DELRIEU
④
COMORES
POSTES
RF
ARCHIPEL DES
60F
CYPRAEA CAPUTSERPENTIS
⑤
$10
Grenadines of St.Vincent
⑥
POSTAGE
FILS
180
PEOPLE'S DEMOCRATIC REPUBLIC OF YEMEN
⑦
GLOBE COWRY
CYPRAEA GLOBULUS
SAMOA I SISIFO 10s
COURVOISIER
⑧
TERRITOIRE FRANÇAIS
85F
DES AFARS ET DES ISSAS
RF
CYPREA MAURITIANA
POSTES
⑨
CHILDREN'S COWRY
CYPRAEA CHILDRENI
SAMOA I SISIFO 12s
COURVOISIER
⑩
Cypraea aurantium
Solomon Islands
GOLDEN COWRIE
6c
⑪
9F
POSTES
TERRITOIRE FRANÇAIS DES AFARS ET DES ISSAS
RF
CYPRAEA PANTHERINA
⑫
60L
REPUBLIC OF MALDIVES
⑬
REPUBLICA PORTUGUESA
Cypraea stercoraria Linne
2$
ANGOLA
⑭
35c
Living Cowries
Cypraea mappa
GILBERT & ELLICE ISLANDS
⑮
MONEY COWRY
SAMOA I SISIFO 3s
⑯
25 CENTS
TOKELAU ISLANDS
⑰
ISRAEL
CYPRAEA ISABELLA
2.00
1977
RED SEA SHELLS

## 図版3説明 Explanation of Plate 3

——人気のある貝切手(3)スイショウガイ類　Popular Shells on Stamps among Malacophilatelists(3)Conch Shells——

1. ヒメゴホウラ *Strombus sinuatus*（ニューカレドニア N. Calenonia, #C 73)
2. ゴホウラ *S. latissimus*（アイツタキ Aitutaki, #92)
3. ウラスジマイノソデ *S. vomer vomer*（ニューカレドニア N. Caledonia, #C 75)
4. ソデボラ *S. pugilis*（アンチグア, #290)
5. エビスボラ *Tibia insulaecorab*（仏ソマリ海岸 Somali Coast, #C 28)
6. ミツカドソデガイ *Strombus tricornis*（　〃　〃　〃　, #295)
7. アンゴラソデガイ *S. latus*（アンゴラ Angola, #581)
8. ルンバソデガイ *S. gallus*（セントビンセント領グレナダ Grenadines of St. Vincent. §49)
9. ベニソデガイ *S. bulla*（琉球 Ryukyus, #161)
10. クモガイ *Lambis lambis*（ニューカレドニア N. Caledonia, #396)
11. スイジガイ *L. chiragra*（　〃　〃　, #C 90)
12. サソリガイ *L. crocata*（　〃　〃　, #C 89)
13. オニサソリガイ *L. robusta*（仏ポリネシア Fr. Polynesia, 1978)
14. ラクダガイ *L. truncata*（仏ソマリ海岸 Somali Coast, #C 29)
15. フシデサソリ *L. scorpius*（パプアニューギニア Papua N. Guinea, #272)
16. サソリガイ *L. crocata* とムラサキムカデ *L. violacea*（モーリシャス Mauritius, #350)

（×4/5倍）

①

②

③

④

⑤

⑥

⑦

⑧

⑨

⑩

⑪

⑫

⑬

⑭

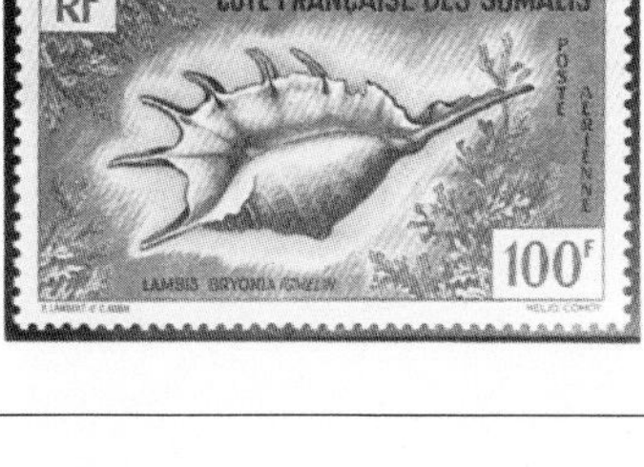


⑮

⑯

## 図版4説明 Explanation of Plate 4

——人気ある貝切手(4)イモガイ類 Popular Shells on Stamps among Malacophilatelists(4)Cone Shells——

1. ネズミイモ *Conus mus* (英ドミニカ Dominica, #515)
2. タガヤサンミナシ *C. textile* (アファール・イッサ Afars et des Issas, #382)
3. ゴーギャンイモ *C. gauguini* (仏ポリネシア Fr. Polynesia, #C139)
4. ハルシャガイ *C. tesselatus* (西サモア W. Samoa, 1978)
5. ダイミョウイモ *C. betulinus* (アファール・イッサ Afars et des Issas, #434)
6. ナガサラサミナシ *C. lithoglyphus* (パプアニューギニア Papua N. Guinea, #267)
7. ニンギョウイモ *C. genuanus* (コート・ジュボアール Ivory Coast, #310)
8. ヤナギシボリイモ *C. miles* (クック Cook Is., #394)
9. アンボイナ *C. geographus* (ニューカレドニア N. Caledonia, #370)
10. フカシイモ (新) *C. argillaceus* (ソマリア Somalia, #434)
11. ハデミナシ *C. milneedwardsi* (モーリシャス Mauritius, #352)
12. ツボイモ *C. aulicus* (コモロ Comoro Is., #101)
13. クロミナシ *C. marmoreus* (パプアニューギニア Papua N. Guinea, #268)
14. テンジクイモ *C. ammiralis* (ウォーリス・フーツナ Wallis et Futuna, #189)
15. アンボンクロザメ *C. litteratus* (西サモア W. Samoa, 1978)
16. ダイオウイモ *C. prometheus* (コート・ジュボアール Ivory Coast, #308)
17. ウミノサカエ *C. gloria-maris* (パプアニューギニア Papua N. Guinea, #279)
18. ドミニカイモ *C. dominicanus* (セントビンセント領グレナダ Grenadines of St. Vincent, §51)

(×4/5倍)

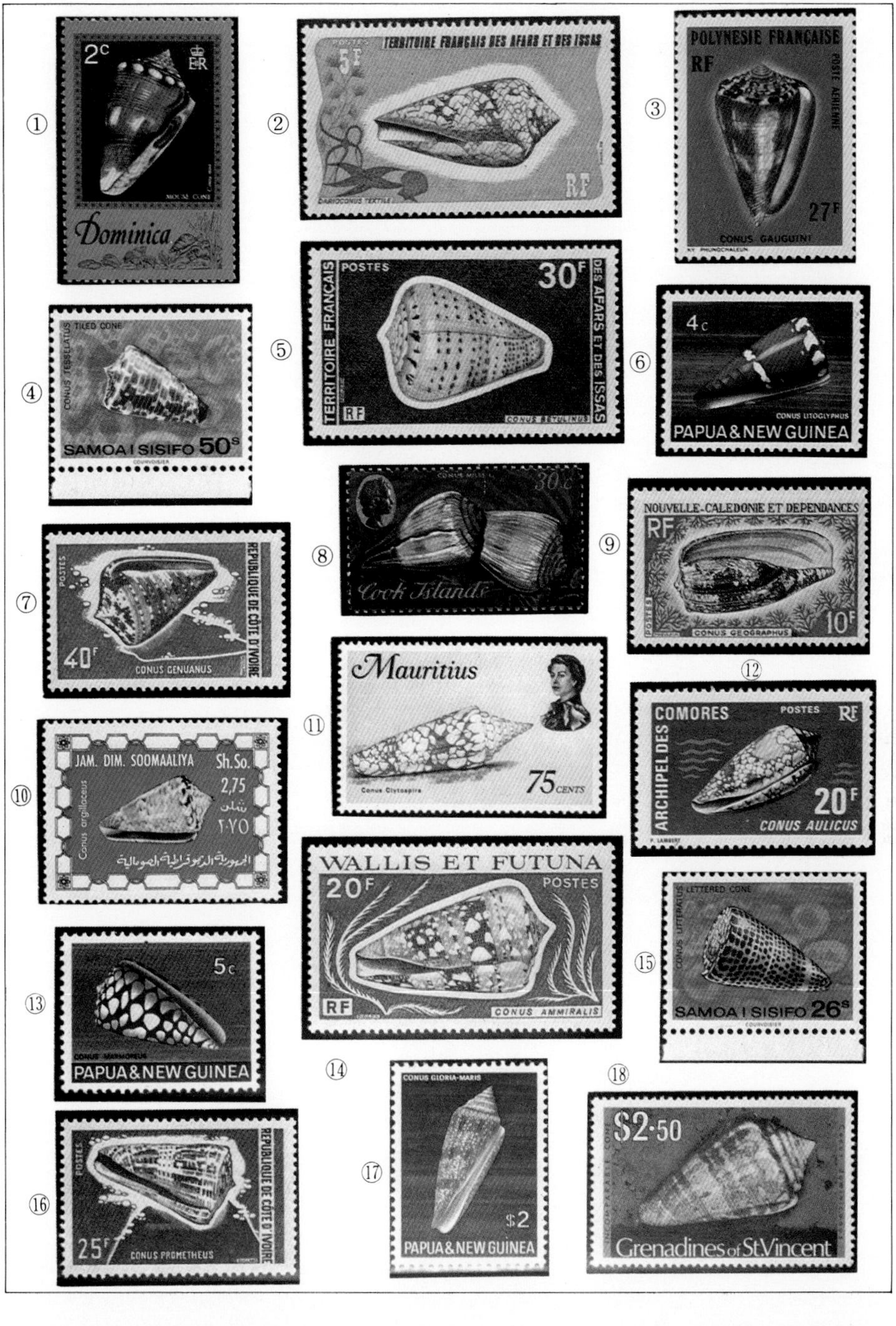
①
2c
Dominica
②
TERRITOIRE FRANÇAIS DES AFARS ET DES ISSAS
5F
RF
③
POLYNESIE FRANÇAISE
RF
27F
CONUS GAUGUINI
④
TILED CONE
CONUS TESSELLATUS
SAMOA I SISIFO 50s
⑤
POSTES
30F
TERRITOIRE FRANÇAIS
DES AFARS ET DES ISSAS
RF
CONUS BETULINUS
⑥
4c
CONUS LITOGLYPHUS
PAPUA & NEW GUINEA
⑦
POSTES
REPUBLIQUE DE CÔTE D'IVOIRE
40F
CONUS GENUANUS
⑧
30c
Cook Islands
⑨
NOUVELLE-CALEDONIE ET DEPENDANCES
RF
CONUS GEOGRAPHUS
10F
⑩
JAM. DIM. SOOMAALIYA
Sh.So.
2,75
Conus argillaceus
⑪
Mauritius
Conus Clytospira
75 CENTS
⑫
COMORES
POSTES
RF
ARCHIPEL DES
20F
CONUS AULICUS
⑬
5c
CONUS MARMOREUS
PAPUA & NEW GUINEA
⑭
WALLIS ET FUTUNA
20F
POSTES
RF
CONUS AMMIRALIS
⑮
LETTERED CONE
CONUS LITTERATUS
SAMOA I SISIFO 26s
⑯
POSTES
REPUBLIQUE DE CÔTE D'IVOIRE
25F
CONUS PROMETHEUS
⑰
CONUS GLORIA-MARIS
$2
PAPUA & NEW GUINEA
⑱
$2·50
Grenadines of St.Vincent

## 図版 5 説明 Explanation of Plate 5

——イカやタコ(頭足類)の切手Cctopi and Spuids (Cephalopods) on Stamps——

1．タコの1種 *Octopus* sp.（セイシェル Seychelles, #400）

2．タコの1種 *Octopus* sp. とダイバーOctopus and diver（キューバ Cuba, §1528）

3．マダコ *O. vulgaris*（サン・マリノ San Marino, #647）

4．タコの1種 *O.* sp.（　〃　〃　, #918）

5．　〃　〃　（ツバルウ Tuvalu, #19）

6．アオイガイ *Argonauta argo*（モーリシャス Mauritius, #348）

7．ミズダコ？*Octopus dofleini*（北朝鮮 North Korea, §N653）

8．マダコ *O. vulgaris*（トーゴ Togo, #467）

9．ビクトル・ユーゴの肖像とタコの図案 A portrait of Victor Hugo and stylized octopus, *Octopus* sp.（仏コンゴ Congo（Ex. Fr.）, #405）

10. ヨーロッパコウイカ *Sepia officinalis*（北ベトナム N. Viet nam, §883）

11. トラフコウイカ *S. pharaonis*（シンガポール Singapore, #274）

12. スルメイカ *Todarodes pacificus*（日本 Japan, #870）

13. ヨーロッパヤリイカ *Loligo vulgaris*（アルバニア Albania, #1170）

14. オオベソオウムガイ *Nautilus* cf. *macromphalus*（アイツタキ Aitutaki, #83）

15. アルゼンチンイレックス *Illex argentinus*（ウルグァイ Uruguay, #C339）

（× 4 / 5 倍）

①

②

③

④

⑤

⑥

⑦

⑧

⑨

⑩

⑪

⑫
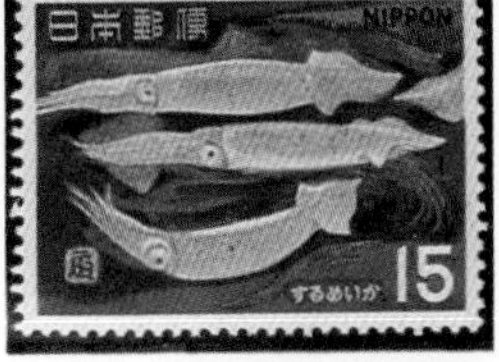


⑬

⑭

⑮

## 図版6説明 Explanation of Plate 6

### ——貝類の生態切手 Living Shells on Stamps——

1. ウミウサギ *Ovula ovum* （ニューカレドニア N. Caledonia, #C111）
2. ミカドウミウシ *Hexabranchus marginatus* （モーリシャス Mauritius, #349）
3. フジナミウミウシ *Chromodoris fidelis* （パプアニューギニア Papua N. Guinea, 1978）
4. オオベソオオムガイ *Nautilus macromphalus* （ニューカレドニア N. Caledonia, #C30）
5. コダママイマイ *Polymita picta* （キューバ Cuba, #C182）
6. カレドニアミノウミウシ（新） *Cyerce elegans* （ニューカレドニア N. Caledonia, #C37）
7. アオミノウミウシ *Glaucus atlanticus* （　〃　〃　, #309）
8. カフスボタン *Cyphoma gibbosa* （ウマルキウェイン Umm Al Qiwain, @581）
9. カノコダカラ *Cypraea cribraria* （ギルバート・エリス Gilbert & Ellice Is., #242）
10. ミスジ（ヨーロッパ）タニシ *Viviparus viviparus* （ユーゴ Jugoslavia, #1295）
11. セイヨウ（ヨーロッパ）エゾボラ *Buccinum undatum* （アルバニア Albania, #1172）
12. セイヨウトコブシ *Haliotis tuberculatus* （ジャーシーJersey, #94）
13. カイダコ（アオイガイ） *Argonauta argo* （ユーゴ Jugoslavia, #453）
14. セイヨウホタルイカ（新） *Lycoteuthis diadema* （仏コンゴ Congo (Ex. Fr.), #119）
15. バハマハネガイ *Lima scabra* （バルバドス Barbados, #273）
16. ウズラガイ *Tonna perdix* （ニューカレドニア N. Caledonia, #C113）
17. 〃　〃　〃　（オーストラリア Australia, #404）
18. ホタルイカ *Watasenia scintillans* （日本 Japan, #883）
19. ミスガイ *Hydatina physis* （ニューカレドニア N. Caledonia, #C112）

（×4/5倍）

NOUVELLE-CALEDONIE ET DEPENDANCES
3F POSTE AERIENNE RF
AQUARIUM DE NOUMEA
OVULA OVUM
①
Mauritius
40 CENTS
NUDIBRANCH
②
③
15
PAPUA NEW GUINEA
NOUVELLE CALEDONIE ET DEPENDANCES
RF 20F
POSTE AERIENNE
NAUTILE
AQUARIUM DE NOUMEA
④
⑤
CUBA AEREO 8c
CENTENARIO NACIMIENTO DR CARLOS DE LA TORRE 1858 - 1958
⑥
NOUVELLE-CALEDONIE ET DEPENDANCES 37F
RF
AQUARIUM DE NOUMEA
POSTE AERIENNE
PHYLLOBRANCHUS
⑦
NOUVELLE CALEDONIE ET DEPENDANCES 10F
POSTES
RF
GLAUCUS et SPIROGRAPHE
⑧
AIR MAIL
UMM AL QIWAIN
⑨
10c
Living Cowries
Cypraea cribraria
GILBERT & ELLICE ISLANDS
⑩
JUGOSLAVIJA 2.10
⑪
BUCCINUM UNDATUM
25q
SHQIPERIA
⑫
ormer
JERSEY 20P
⑬
ARGONAUTA ARGO
15
ЈУГОСЛАВИЈА
⑭
LYCOTEUTHIS DIADEMA
2F
POSTES
REPUBLIQUE DU CONGO
⑮
BARBADOS 8 cents
⑯
NOUVELLE-CALEDONIE ET DEPENDANCES
37F POSTE AERIENNE
AQUARIUM DE NOUMEA
RF
DOLIUM PERDIX
⑰
HERMIT CRAB
9c
AUSTRALIA
⑱
35
⑲
NOUVELLE-CALEDONIE ET DEPENDANCES
POSTE AERIENNE
32F
AQUARIUM DE NOUMEA
RF
HYDATINA

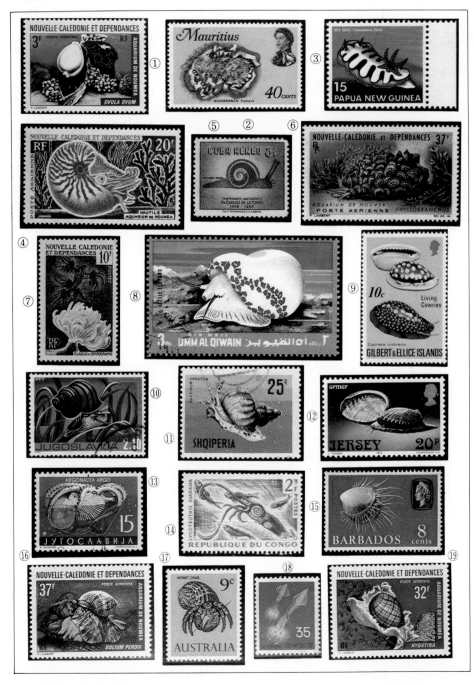

## 図版7説明 **Explanation of Plate 7**

### ――魚貝類の水産切手 Commercially valuable Shellfishes on Stamps――

1．真珠貝を採るダイバーDiver collecting pearl oysters, *Pinctada* sp.（仏ポリネシア Fr. Polynesia, #C 58）

2．サラサバテイ？*Tectus niloticus* を採る漁夫 'Pecheur de trocas'（ウォーリス・フーツナ Wallis et Futuna, #C 16）

3．アワビを採る海女（歌麿：浮世絵）Awabi (*Haliotis* sp.) -fishing women, Japanese print by Utamaro（ハンガリーHungary, #2081）

4．カナダの漁業資源（漁夫のまわりにアメリカガキ，アメリカイタヤなど Canada's Fur Resources (*Crassostrea virginica, Chlamys irradians* and *Mercenaria mercenaria* in margins)（カナダ Canada, #302）

5．ダバオ真珠貝養殖場 Mother-of-Pearl oyster culture farm in Davao（フィリッピン Philippines, #1090）

6．貝を採るダイバーDivers collecting sea shells（モナコ Monaco, #521）

7．クロチョウガイ *Pinctada margaritifera*（仏ソマリ海岸 Somali Coast, #293）

8．海洋資源－魚とイカ The sea and its resources――Fishes and squids（ニュージーランド New Zealand, 1978）

9．ホシダカラ *Cypraea tigris* でつくったタコ釣擬餌 Octopus and octopus-lure（ニウエ Niue, #147）

10．真珠貝養殖筏（西海国立公園）Mother-of-Pearl oyster culture rafts (Saikai-National Park)（日本 Japan, #1062）

11．スルメイカ *Todarodes pacificus*（北朝鮮 N. Korea, §N 652）

12．大型漁船と漁獲物中にイカ・タコ Fishing vessels and marine products together with cephalopods（ 〃 〃 , §N 1225）

13．マダカアワビとクロアワビとサヨリ（広重：浮世絵）Abalones (*Haliotis madaka* and *H. discus*) and Lancet-fish in Japanese print by Hiroshige（マナマ Manama, @ 443）

14．ポルトガルカキ *Crassostrea angulata*（ドバイ Dubai, #J3）

15．シナハマグリ *Meretrix petechialis*（北朝鮮 N. Korea, §N 880）

16．ヨーロッパイガイ *Mytilus edulis*（ドバイ Dubai, #J5）

（×4/5倍）

①

②

③

④

⑤

⑥

⑦

⑧

⑨

⑩

⑪

⑫

⑬

⑭

⑮

⑯

## 図版 8 説明 **Explanation of Plate 8**

### ――貝殻の美術工芸民俗切手Artistic and Folkloristic Shell-works on Stamps――

1．真珠貝の殻に彫ったキリスト降誕図 Mother-of-Pearl oyster shell（*Pinctada* sp.）carving（Nativity）（ノーフォーク Norfolk Is., #125）
2．鸚鵡螺杯 Nautilus cup（*Nautilus* sp.）（ドイツ Germany, #B 286）
3．〃 〃 〃（〃 〃）（〃 〃，#B 287）
4．〃 〃（〃 〃）（リヒテンシュタイン Liechtenstein, #531）
5．カメオのブローチ Cameo brooch（オーストラリア Australia, #518）
6．装身具に真珠・宝貝 Pearls and cowries in jewelry（*Cypraea* spp.）（チェコスロバキア Czechoslovakia, #849）
7．宝石箱と真珠の首飾り Pearl-necklace and jewelry chest（〃 〃，#736）
8．真珠の首飾りと金銀細工 Pearl-necklace and metalsmith's work（フランス France, #714）
9．真珠の首飾りと中国民俗舞踊の面 Pearl-necklace and Chinese opera mask（シンガポール Singapore, #91）
10. カタツムリ（コダママイマイ）の殻の首飾りと耳飾り Land-snail-shell necklace and ear-ring（キューバ Cuba, §1338）
11. タカラガイの耳飾り Ear-ring of cowrie shell, *Cypraea* sp. (Chaga of Tanzania)（ケニア・ウガンダ・タンザニア Kenya/Uganda/Tanzania #305）
12. タラマンカ族の貝殻のペンダント（古代インディアン手工芸品）Talamanca tribial pendant of shells（Antique Indian Artifacts）（ニカラグァ Nicaragua, #C 566）
13. 貝殻（ウミウサギ）のベルトをしめたファタアイキ王 King Fataaiki wrapped shell-belt（Egg cowries）（ニウエ Niue, #167）
14. ドゴン族の仮面とタカラガイの飾り Dogon tribial mask ornamented with Cowrie shells, *Cypraea* sp.（リベリア Liberia, #542）
15. タカラガイの飾りをつけた剣の舞のダンサー―Head-dress of dagger dancer ornamented with Cowrie shells, *Cypraea* sp.（ルアンダ Rwanda, #290）
16. ダン族の仮面とタカラガイの飾り Dan tribial mask ornamented with Cowrie shells, *Cypraea* sp.（リベリア Liberia, #545）

（× 4 / 5 倍）

①

②

③

④

⑤

⑥

⑦

⑧

⑨

⑩

⑪

⑫

⑬

⑭

⑮

⑯

## 図版 9 説明 Explanation of Plate 9

### ——貝類の化石切手 Fossilized Shells on Stamps——

1. リトディスコイデス・コンドキエンシス（菊石類）*Lytodiscoides conduciensis* (Ammonoidea)（モザンビーク Mozambique, #495）
2. ビルガトスフィンクテス・トランシトリウス（ 〃 ）*Virgatosphinctes transitorius* （ 〃 ）（オーストリア Austria, #1032）
3. ノストケラス・ヘリキヌム（ 〃 ）*Nostoceras helicinum*（ 〃 ）（アンゴラ Angola, #561）
4. ペリスフィンクテス・カリビアヌス（ 〃 ）*Perisphinotes* cf. *carribeanus* （ 〃 ）（キューバ Cuba, #C184）
5. ヒポフィロケラス・ビゾナートス（ 〃 ）*Hypohylloceras bizonatus* （ 〃 ）（チェコ Czechoslovakia, #1559）
6. レイネッケイア・クラシコスタータ（ 〃 ）*Reineckeia crassicostata* （ 〃 ）（ハンガリー Hungary, #1994）
7. ベルベリケラス・セキケンシス（ 〃 ）*Berbericeras sekikensis* （ 〃 ）（アルジェリア Algeria, #247）
8. 菊石類1種 Ammonoidea sp.（スイス Switzerland, #B274）
9. グリフェアカキ1種（二枚貝類）*Gryphaea* sp. (Bivalvia)（ 〃 〃 , #294）
10. カティヌラ・プリカティシマ（ 〃 ）*Catinula plicatissima* （ 〃 ）（エチオピア Ethiopia, #847）
11. エクソギラカキ1種（ 〃 ）*Exogyra* sp.（ 〃 ）（モーリタニア Mauritania, #298）
12. ククレア・レフェブリアーナ（ 〃 ）*Cucullaea lefeburiana*（エチオピア Ethiopia, #846）
13. クラミス・ギガス（ 〃 ）*Chlamys gigas*（チェコ Czechoslovakia, #1562）
14. トリゴニア・クソブリーナ（ 〃 ）*Trigonia cousobrina*（ 〃 ）（エチオピア Ethiopia, #848）

（×4/5倍）

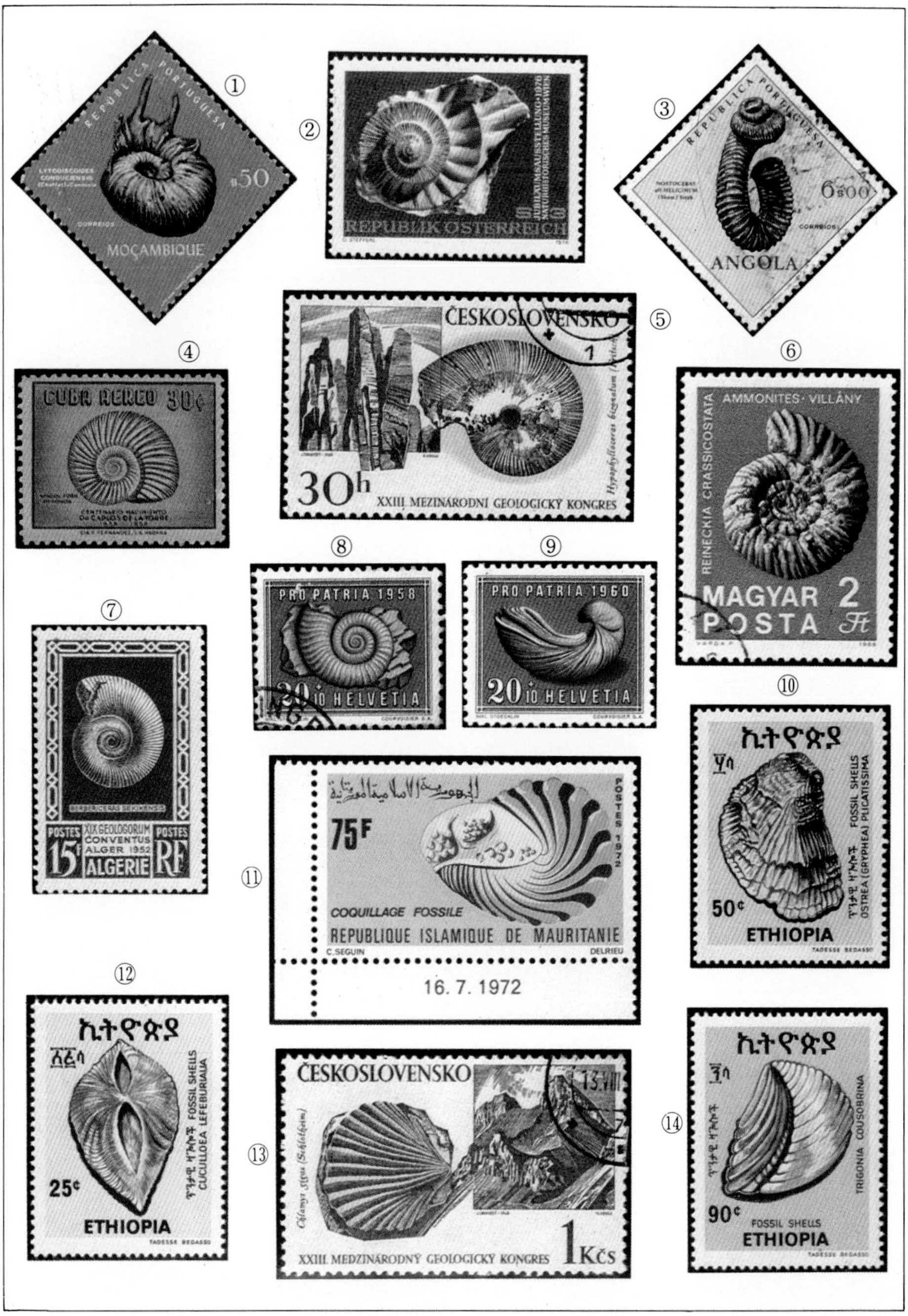
①
REPUBLICA PORTUGUESA
$50
MOÇAMBIQUE
②
REPUBLIK ÖSTERREICH
③
REPUBLICA PORTUGUESA
6$00
ANGOLA
④
CUBA AEREO 30¢
⑤
ČESKOSLOVENSKO
30h
XXIII. MEZINÁRODNÍ GEOLOGICKÝ KONGRES
⑥
AMMONITES · VILLÁNY
REINECKIA CRASSICOSTATA
MAGYAR POSTA 2 Ft
⑦
XIX GEOLOGORUM CONVENTUS ALGER 1952
POSTES 15F ALGERIE RF
⑧
PRO PATRIA 1958
HELVETIA
⑨
PRO PATRIA 1960
20+10 HELVETIA
⑩
FOSSIL SHELLS
OSTREA (GRYPHEA) PLICATISSIMA
50¢
ETHIOPIA
⑪
POSTES 1972
75F
COQUILLAGE FOSSILE
REPUBLIQUE ISLAMIQUE DE MAURITANIE
16. 7. 1972
⑫
FOSSIL SHELLS
CUCULLOEA LEFEBURIANA
25¢
ETHIOPIA
⑬
ČESKOSLOVENSKO
XXIII. MEDZINÁRODNÝ GEOLOGICKÝ KONGRES
1Kčs
⑭
TRIGONIA COUSOBRINA
90¢
FOSSIL SHELLS
ETHIOPIA

## 図版10説明 Explanation of Plate 10

——カタツムリと淡水貝の切手 Land- and Freshwater-Shells on Stamps——

1. トラフイトヒキマイマイ *Liguus flamellus*（キューバ Cuba, §1384）
2. クチヒレガイ類 *Chondropoma* sp., ニセタテイトキセルガイ類 *Brachypodella? gracilis*, オニバココアマイマイ *Pleurodonte schroeteriana*, *Annularia pulchrum*, *Poteris* sp.（ジャマイカ Jamaica, #220）
3. ミドリパプアマイマイ *Papustyla pulcherrima*（パプアニューギニア Papua N. Guninea, #278）
4. コプライトヒキマイマイ *Liguus fasciatus crenatus*（キューバ Cuba, §1388）
5. ニセオウサナギガイ *Pineria beathiana*（ 〃 〃 , §2126）
6. エスカルゴ *Helix pomatia*（ドバイ Dubai, #3）
7. ハデクチベニコダママイマイ *Hemitrochus varians*（キューバ Cuba, §2129）
8. イナヅマコダマママイマイ *Polymita s. flammulata*（ 〃 〃 , §999）
9. サザナミコダマママイマイ（新）*P. picta fulminata*（ 〃 〃 , §1002）
10. フンドシコダマママイマイ（〃）*P. p. nigrofasciata*（ 〃 〃 , 1966）
11. オハグロコダマママイマイ（〃）*P. p. fuscolimbata*（ 〃 〃 , 1966）
12. シュクチコダマママイマイ（〃）*P. p. roseolimbata*（ 〃 〃 , 1966）
13. ヨーロッパモノアラガイ *Lymnaea stagnalis*（ルーマニア Romania, #1885）
14. ホンドブガイ *Anodonta cygnaea*（ 〃 〃 , #1886）

（× 4 / 5 倍）

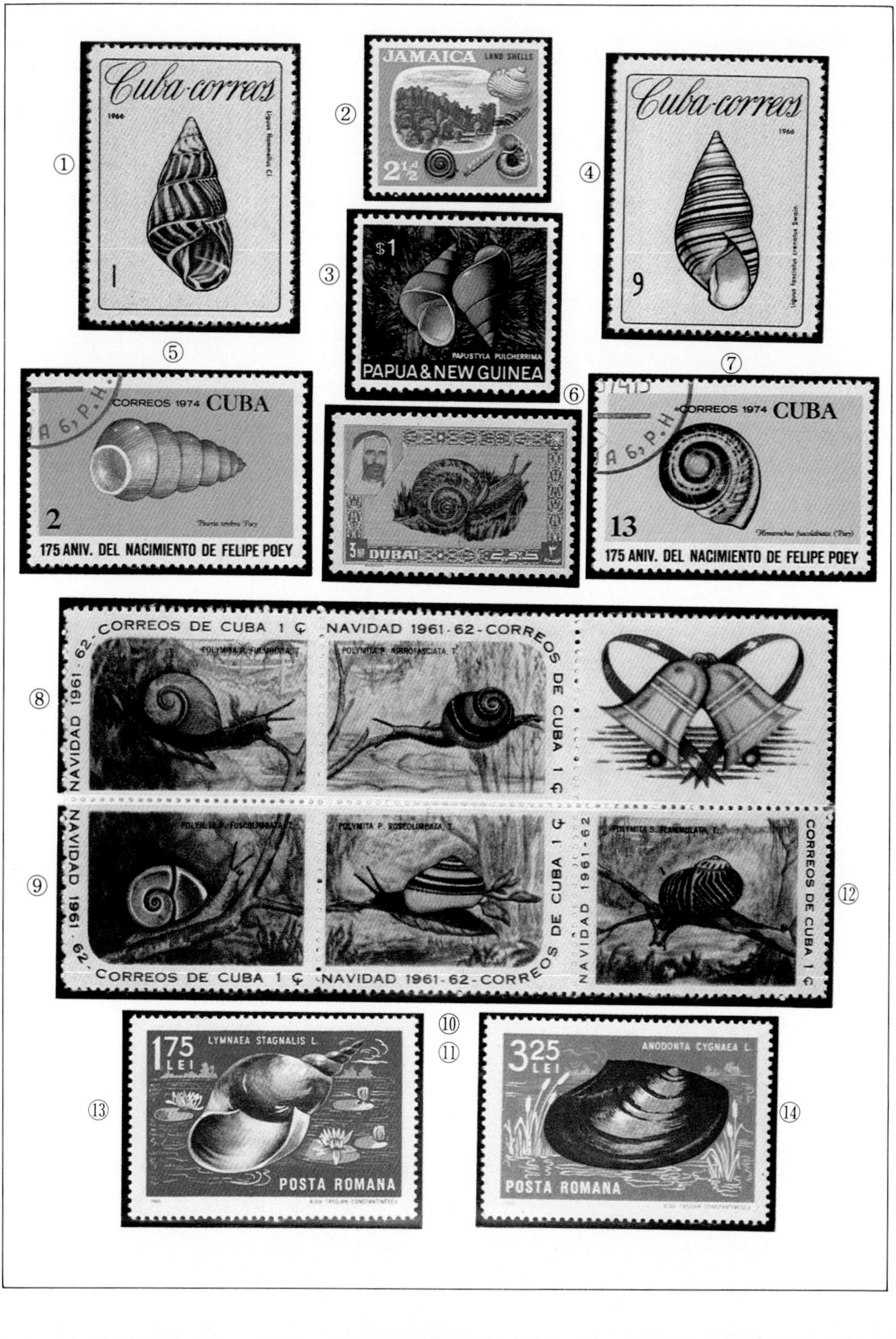
①
②
③
④
⑤
⑥
⑦
⑧
⑨
⑩
⑪
⑫
⑬
⑭
Cuba-correos
1966
1
JAMAICA
LAND SHELLS
$2\frac{1}{2}$d
$1
PAPUSTYLA PULCHERRIMA
PAPUA & NEW GUINEA
Cuba-correos
1966
9
CORREOS 1974 CUBA
2
175 ANIV. DEL NACIMIENTO DE FELIPE POEY
DUBAI
CORREOS 1974 CUBA
13
175 ANIV. DEL NACIMIENTO DE FELIPE POEY
NAVIDAD 1961-62-CORREOS DE CUBA 1 ¢
NAVIDAD 1961-62-CORREOS DE CUBA 1 ¢
NAVIDAD 1961-62-CORREOS DE CUBA 1 ¢
NAVIDAD 1961-62-CORREOS DE CUBA 1 ¢
NAVIDAD 1961-62-CORREOS DE CUBA 1 ¢
1.75 LEI
LYMNAEA STAGNALIS L.
POSTA ROMANA
3.25 LEI
ANODONTA CYGNAEA L.
POSTA ROMANA

## 図版11説明 **Explanation of Plate 11**

**——貝の図案のあるステーショナリーと切手・シートの耳紙**　Postal Stationeries and Tabs of Stamps and of Souvenir Sheets showing Shell Designs——

1. 暑中見舞葉書の印面に海産巻貝１種と二枚貝２種の図案 Stylized sea snail shell（1）and bivalves（2）in design of Post Card for Seasonal Greetings, Summer 1956（日本 Japan, 1956）
2. 航空書簡の印面にサソリガイとムラサキムカデの図案 *Lambis crocata* and *Millepes violacea* in design of Aerogramme（モーリシアス Mauritius, 1969）
3. 小型シートの耳紙にヒザラガイ１種の原色図 Souvenir Sheet has a multicoloured margin showing *Acanthopleura granulata*（グレナダ Grenada, #659）
4. 紅海産魚類切手の耳紙にリュウテン１種の図案（線画）Stylized Turban shell on tabs of stamp showing a fish of Red Sea（イスラエル Israel, #231）
5. 〃　〃　〃　ラクダガイ　〃（〃）〃　Spider conch 〃（〃　〃, #232）
6. 〃　〃　〃　タケノコガイ１種　〃（〃）〃　Auger shell 〃（〃　〃, #233）
7. 〃　〃　〃　ホラガイ１種　〃（〃）〃　Triton shell 〃（〃　〃, #234）

（×３／４倍）

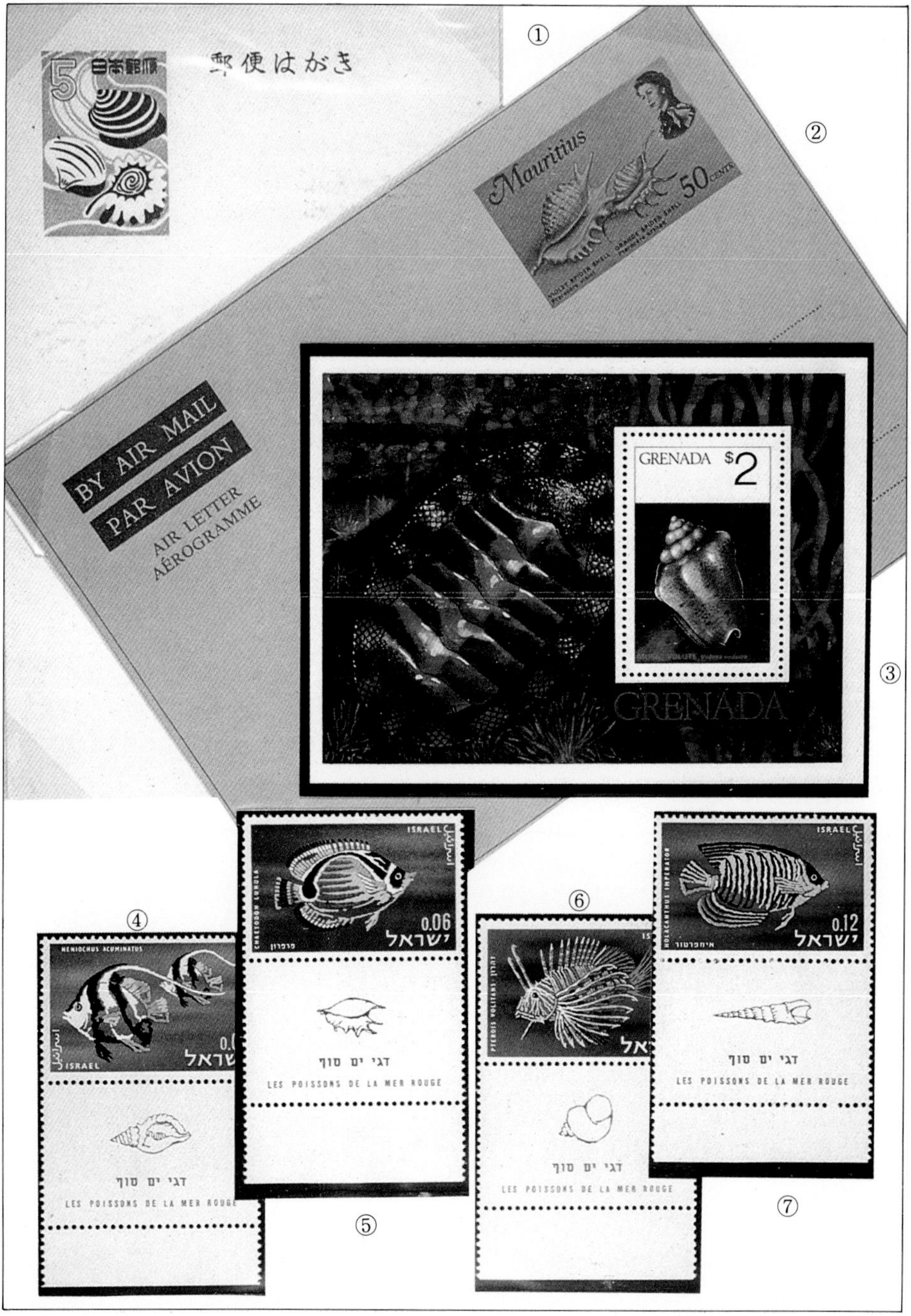
①
②
③
④
⑤
⑥
⑦
5 日本郵便
郵便はがき
Mauritius
50 CENTS
BY AIR MAIL
PAR AVION
AIR LETTER
AÉROGRAMME
GRENADA $2
GRENADA
ISRAEL
0.06
0.12
ישראל
דגי ים סוף
LES POISSONS DE LA MER ROUGE

## 図版12説明 **Explanation of Plate 12**

――貝類切手の初日カバー　First Day Covers with Stamps and Cancellations showing Shell Designs――

1. シンガポール近海産貝類切手初日カバー　First Day Cover of definitive issue on sea shells in Singapore（シンガポール Singapore, 1977. IV. 9）
2. キューバ産カタツムリ切手初日カバー　First Day Cover of definitive issue on Cuban land snail shells（キューバ Cuba, 1973. X. 29）
3. パプア・ニューギニアの後鰓類切手初日カバー　First Day Cover of definitive issue on sea slugs of Papua New Guinea（パプア・ニューギニア Papua New Guinea, 1978. VIII. 29）
4. 日本貝類学会創立35周年切手（ベニオキナエビス）初日カバー　First Day Cover of commemorative issue of 35th anniversary for the foundation of Malacological Society of Japan（*Perotrochus hirasei*）（日本 Japan, 1963. V. 15）

（× 3 / 4 倍）

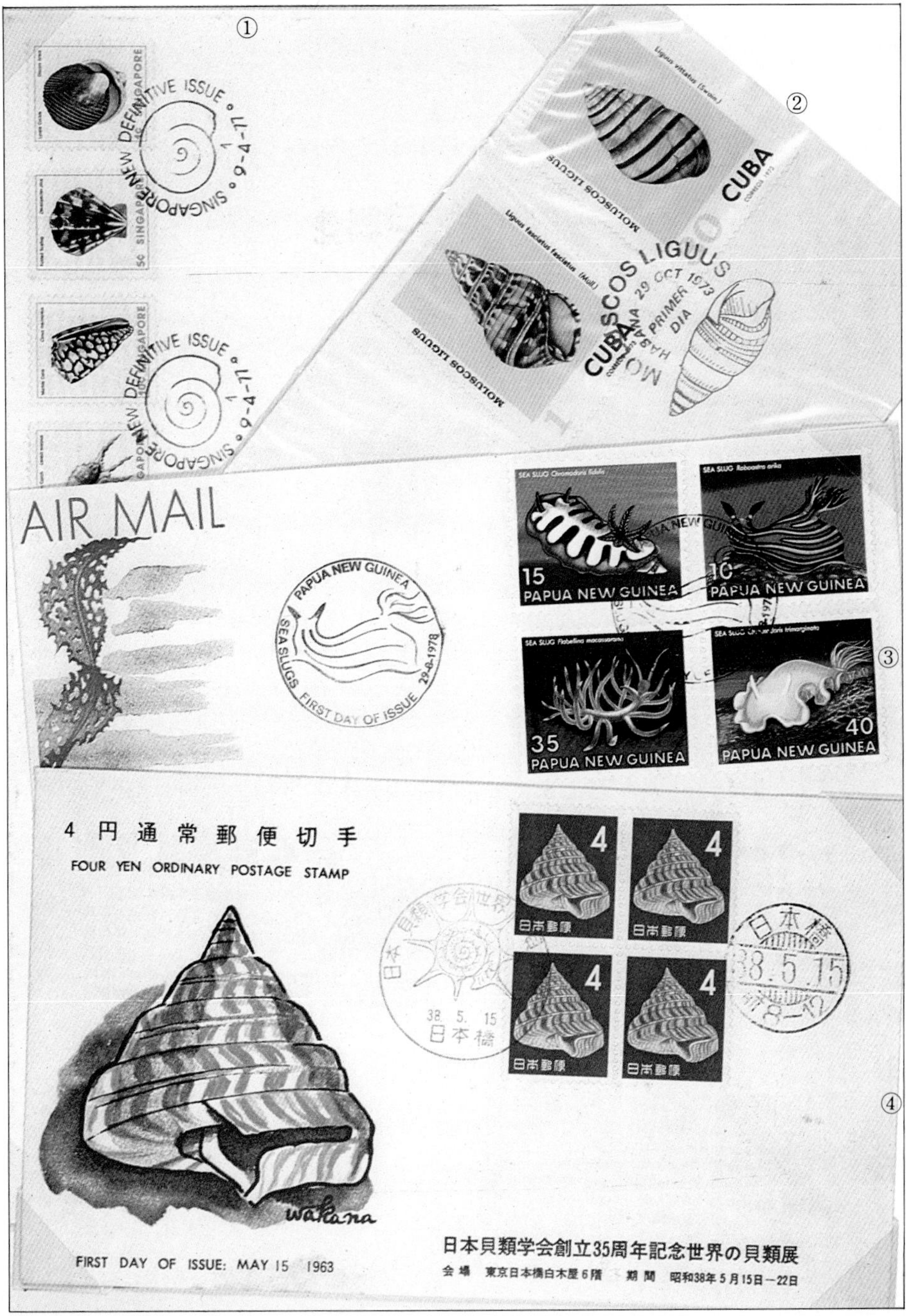
①
②
③
④
DEFINITIVE ISSUE
SINGAPORE
CUBA
MOLUSCOS LIGUUS
AIR MAIL
PAPUA NEW GUINEA
SEA SLUGS
FIRST DAY OF ISSUE 29-6-1978
4 円 通 常 郵 便 切 手
FOUR YEN ORDINARY POSTAGE STAMP
日本郵便
wakana
FIRST DAY OF ISSUE: MAY 15 1963
日本貝類学会創立35周年記念世界の貝類展
会 場　東京日本橋白木屋６階　期 間　昭和38年５月15日－22日

## 図版13説明 Explanation of Plate 13

——貝類の加刷・添刷・改刷切手 Shells on Stamps overprinted, surcharged and／or re-inscribed——

1. オウムガイ *Nautilus pompilius*（フィージーFiji, #242）
2. 〃 〃 〃 ，加刷 Overprinted（ 〃 〃 ，#286）
3. 〃 〃 〃 ，新貨幣単位表示 New values in Cents（ 〃 〃 ,#261）
4. ナンヨウ（コガネ）ダカラ *Cypraea aurantium*（ 〃 〃，#252）
5. 〃（〃） 〃 〃 〃 ，#272に加・添刷 Overprinted and surcharged on #272（ 〃 〃，#B 6）
6. 〃（〃） 〃 〃 〃 ，新貨幣単位表示 New values in Cents（ 〃 〃 ，#272）
7. フシデサソリ *Lambis scorpius*（ケニア Kenya, #50）
8. 〃 〃 〃 ，#50に添刷 Surcharged on #50（ 〃 〃 ，#55）
9. ソデイカをおそうマッコウクジラ Sperm whale attacking Giant squid, *Thysannoteuthis rhombus*（サウス・ジョージア South Georgia, # 3）
10. 〃 〃 〃， #3に添刷 Surcharged on #3（ 〃 〃 ，#20）
11. 貝殻の首飾りをもつ少女 Girl with shell necklace（ギルバート・エリス Gilbert & Ellice, #136）
12. 〃 〃 〃， #91に添刷 Surcharged on #91（ 〃 〃 ，#111）
13. スイジガイ？*Lambis chiragra*（ソロモン Solomon Is., #130）
14. 〃 〃 〃， #130に添刷 Surcharged on #130（ 〃 〃 ，#151）
15. アンティルホネガイ *Murex antillarum*（ジャマイカ Jamaica, #222）
16. 〃 〃，#222に加・添刷 Overprinted and surcharged on #222（ 〃 〃 ，#282）
17. 〃 〃， #222に新貨幣単位表示 New value in Cents on #222（ 〃 〃 ，#309）

（× 9 /10倍）

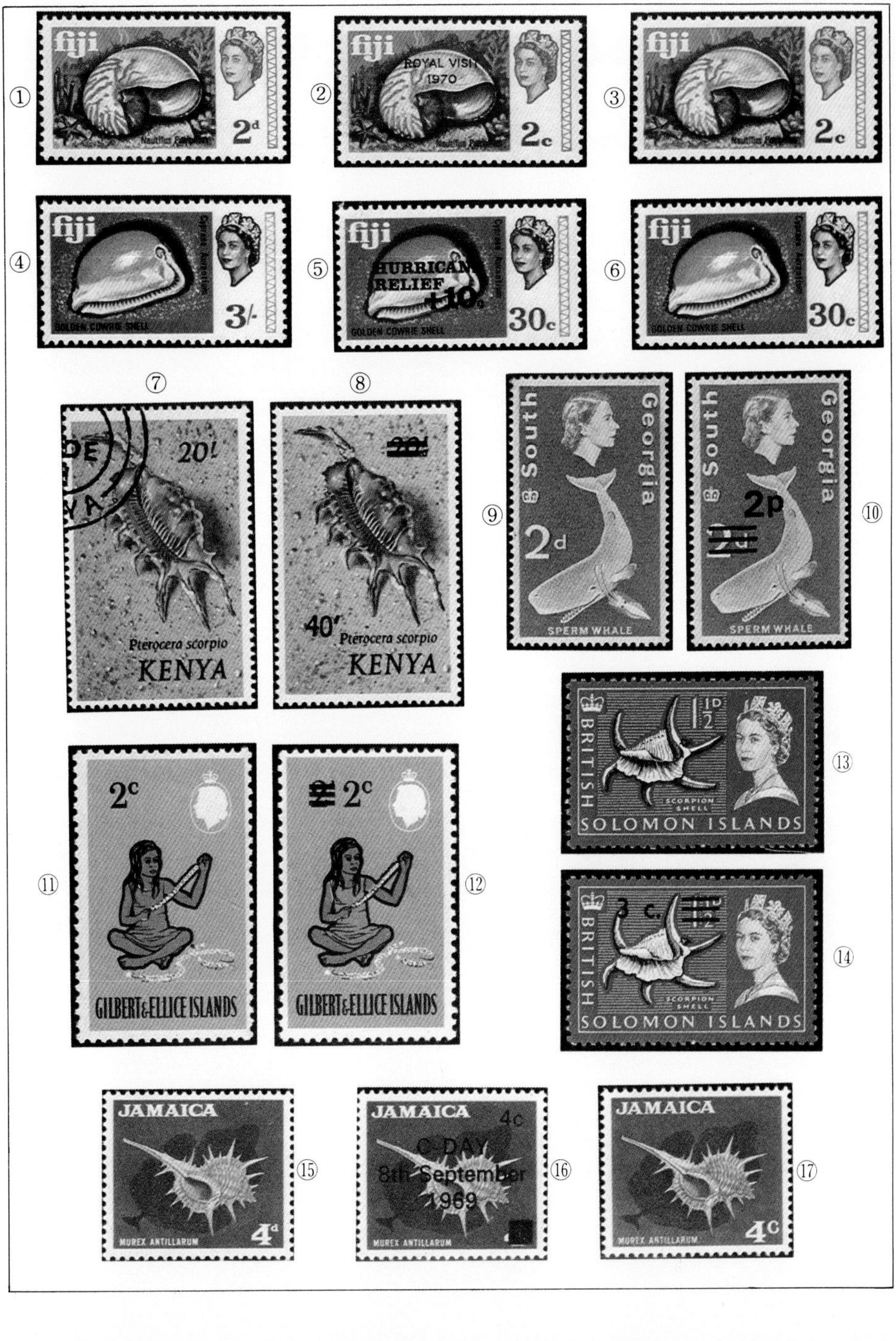
①
fiji
2d
②
fiji
ROYAL VISIT
1970
2c
③
fiji
2c
④
fiji
GOLDEN COWRIE SHELL
3/-
⑤
fiji
HURRICANE
RELIEF
+10c
GOLDEN COWRIE SHELL
30c
⑥
fiji
GOLDEN COWRIE SHELL
30c
⑦
20/
Pterocera scorpio
KENYA
⑧
40/
Pterocera scorpio
KENYA
⑨
South Georgia
2d
SPERM WHALE
⑩
South Georgia
2p
SPERM WHALE
⑪
2c
GILBERT&ELLICE ISLANDS
⑫
2c
GILBERT&ELLICE ISLANDS
⑬
BRITISH
1½D
SCORPION SHELL
SOLOMON ISLANDS
⑭
BRITISH
3c
SCORPION SHELL
SOLOMON ISLANDS
⑮
JAMAICA
MUREX ANTILLARUM
4d
⑯
JAMAICA
4c
C-DAY
8th September
1969
MUREX ANTILLARUM
⑰
JAMAICA
MUREX ANTILLARUM
4c

## 図版14説明 **Explanation of Plate 14**

——貝類の誤刷切手 Stamps showing mis-figured Shell Designs and／or misprinted Inscriptions——

1. ブラジルハッキカイ（新）*Murex tenuivaricosus*（ブラジル Brazil, #1515）
2. イシヤキイモ（〃）*Conus cabriti*（ニュー・カレドニア New Caledonia, #C 59）
3. カブトオニコブシ（〃）*Vasum cassiforme*（ブラジル Brazil, #1513）
4. エンジイモ *Conus coccineus*（ニューカレドニア New Caledonia, #C 60）
5. アンボイナ *C. geographus*（モルディブ Maldive Is., #537）
6. ヌメアイモ（新）*C. lienardi*（　〃　〃　, #C 58）
7. ショウジョウコオロギ *Cymbiola rutila*（ソロモン Solomon Is., #327）
8. アサガオガイ *Janthina janthina*（ケニア Kenya, #51）
9. 「ルリガイ」'*J. globosa*'（　〃　〃　, #42）
10. オウムガイ *Nautilus pompilius*（　〃　〃　, #70）
11. 　〃　'*N. pompileus*'（　〃　〃　, #44）
12. サザエ *Turbo cornutus*（日本 Japan, #871）
13. キサキスジボラ '*Volute*' *delessertiana*（マダガスカル Madagascar, #447）
14. オニホネガイ *Murex tribulus*（　〃　〃　, #448）
15. 「サキグロタマツメタ」'*Natica fortunei*'（北朝鮮 N. Korea, 1977）
16. フクトコブシ *Haliotis diversicolor*（北ベトナム N. Viet nam, §881）
17. コブットイモ *Conus stupella*（台湾 Taiwan, #1700）

（× 4 / 5 倍）

（詳細は本文190－193頁参照　For more details see text pp. 190－193）

①
Brasil 77 1,30
MUREX TENUIVARICOSUS
②
NOUVELLE-CALEDONIE ET DEPENDANCES
RF
POSTE AERIENNE
CONUS CABRITI
40F
③
Brasil 77 1,30
VASUM CASSIFORME
④
NOUVELLE-CALEDONIE ET DEPENDANCES
RF
POSTE AERIENNE
CONUS COCCINEUS
70F
⑤
5L
REPUBLIC OF MALDIVES
⑥
NOUVELLE-CALEDONIE ET DEPENDANCES
RF
POSTE AERIENNE
CONUS LIENARDI
39F
⑦
Cymbiola rutila
Solomon Islands
MELON or BALER SHELL
35c
⑧
50c
Janthina janthina
KENYA
⑨
50c
Janthina globosa
KENYA
⑩
70c
Nautilus pompilius
KENYA
⑪
70c
Nautilus pompilius
KENYA
⑫
日本郵便
15
NIPPON
⑬
REPOBLIKA MALAGASY
POSTES 1970
5F
VOLUTE DELESSERTIANA
⑭
REPOBLIKA MALAGASY
POSTES 1970
10F
MUREX TRIBULUS
⑮
DPRK
1977
5전
조선우표
⑯
VIỆT NAM DÂN CHỦ CỘNG HÒA
BƯU CHÍNH
BÀO NGƯ - HALIOTIS
⑰
小佛塔芋螺
CONUS (EMBRIKENA) STUPA KURODA
5.00
中華民國郵票
THOMAS DE

## 図版15説明 Explanation of Plate 15

——貝の意匠のある風景スタンプ(1)Japanese Scenic Cancellations showing Shell Designs(1)——

1. スルメイカ *Todarodes pacificus* (森 Mori)
3. エゾアワビ *Haliotis discus hannai* (野塚 Nozuka)
5. ホタテガイ *Patinopecten yessoensis* (湧別 Yubetsu)
6. エゾアワビ *Haliotis discus hannai* (余別 Yobetsu)
7. 〃 〃 〃 〃 (古平 Furuhira)
8. マガキ *Crassostrea gigas* (本厚岸 Motoakkeshi)
9. エゾアワビ *Haliotis discus hannai* (奥尻 Okujiri)
12. ホッキガイ *Spisula sacharinensis* (大湊 Oominato)
13. ホタテガイ *Patinopecten yessoensis* (野辺地 Noheji)
15. エゾアワビ *Haliotis discus hannai* (岩屋 Iwaya)
17. 〃 〃 〃 〃 (重茂 Omoe)
21. サザエ *Turbo cornutus* (上浜 Kamihama)
22. 二枚貝類 Bivalvia (大洗 Oarai)
36. 貝塚 Kitchen midden (大森 Oomori)
39. テングニシ *Hemifusus ternatanus* とオオタニシ *Cipangopaludina japonica japonica* (浜松西 Hamamatsu-nishi)
44. ハマグリ *Meretrix lusoria* (桑名 Kuwana)

(×9/10倍)

(詳細は本文196－202頁を参照　For more details see text pp. 196－202)

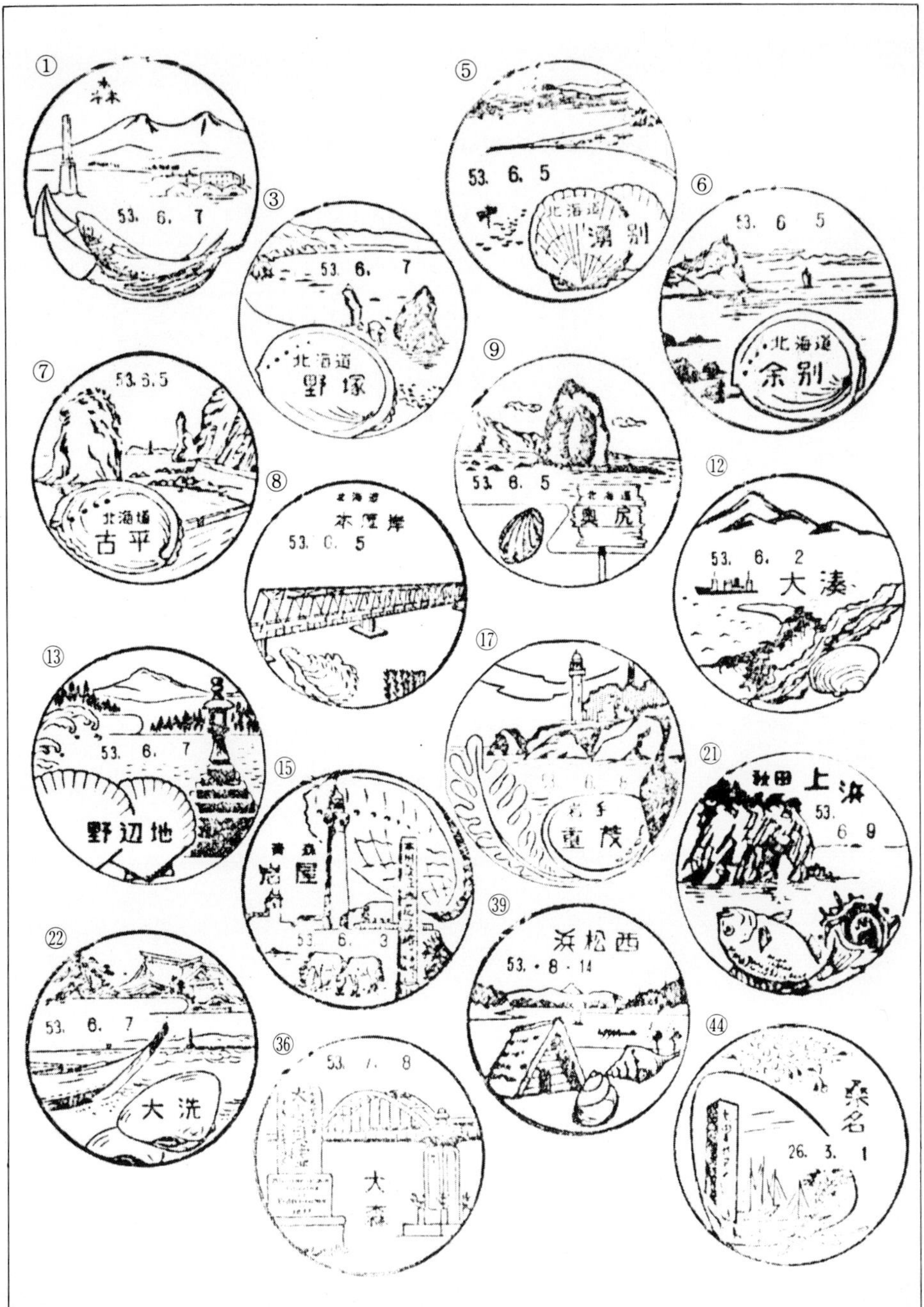
①
53. 6. 7
③
53. 6. 7
北海道
野塚
⑤
53. 6. 5
北海道
湧別
⑥
53. 6 5
北海道
余別
⑦
53. 6. 5
北海道
古平
⑧
北海道
53. 6. 5
⑨
53. 6. 5
北海道
奥尻
⑫
53. 6. 2
大湊
⑬
53. 6. 7
野辺地
⑮
青森
53. 6. 3
⑰
岩手
㉑
秋田
上浜
53.
6 9
㉒
53. 6. 7
大洗
㊱
53. 7. 8
大森
㊴
浜松西
53. ・ 8 ・ 14
㊹
26. 3. 1

## 図版16説明 **Explanation of Plate 16**

——貝の意匠のある風景スタンプ（2）Japanese Scenic Cancellations showing Shell Designs（2）——

48. 真珠貝養殖筏 Mother-of-Pearl oyster culture rafts（賢島 Kashiko-jima）
53. ホタルイカ *Watasenia scintillans*（滑川 Namerikawa）
54. 〃 〃 〃 （氷見 Himi）
55. 〃 〃 〃 （魚津 Uozu）
56. ハマグリ *Meretrix lusoria*（柴垣 Shibagaki）
57. 〃 〃 〃 （一宮 Ichinomiya）
58. マダカアワビ *Haliotis madaka* ほか二枚貝類（富来 Togi）
59. ハマグリ *Meretrix lusoria*（羽咋千里浜 Hakuichirihama）
62. サザエ *Turbo cornutus*（崎 Saki）
65. ホラガイ *Charonia tritonis*（石鎚 Ishizuchi）
66. サザエ *Turbo cornutus* とトコブシ *Haliotis diversicolor aquatilis*（串 Kushi）
67. ホネガイ *Murex pecten*（三崎 Misaki）
69. マダカアワビ *Haliosis madaka* とイワガキ？*Crassostrea nippona*（小値賀 Ojika）
70. スルメイカ *Todarodes pacificus*（石田 Ishida）

（× 9 /10倍）

（詳細は本文196－202頁参照　For more details see text pp. 196－202）

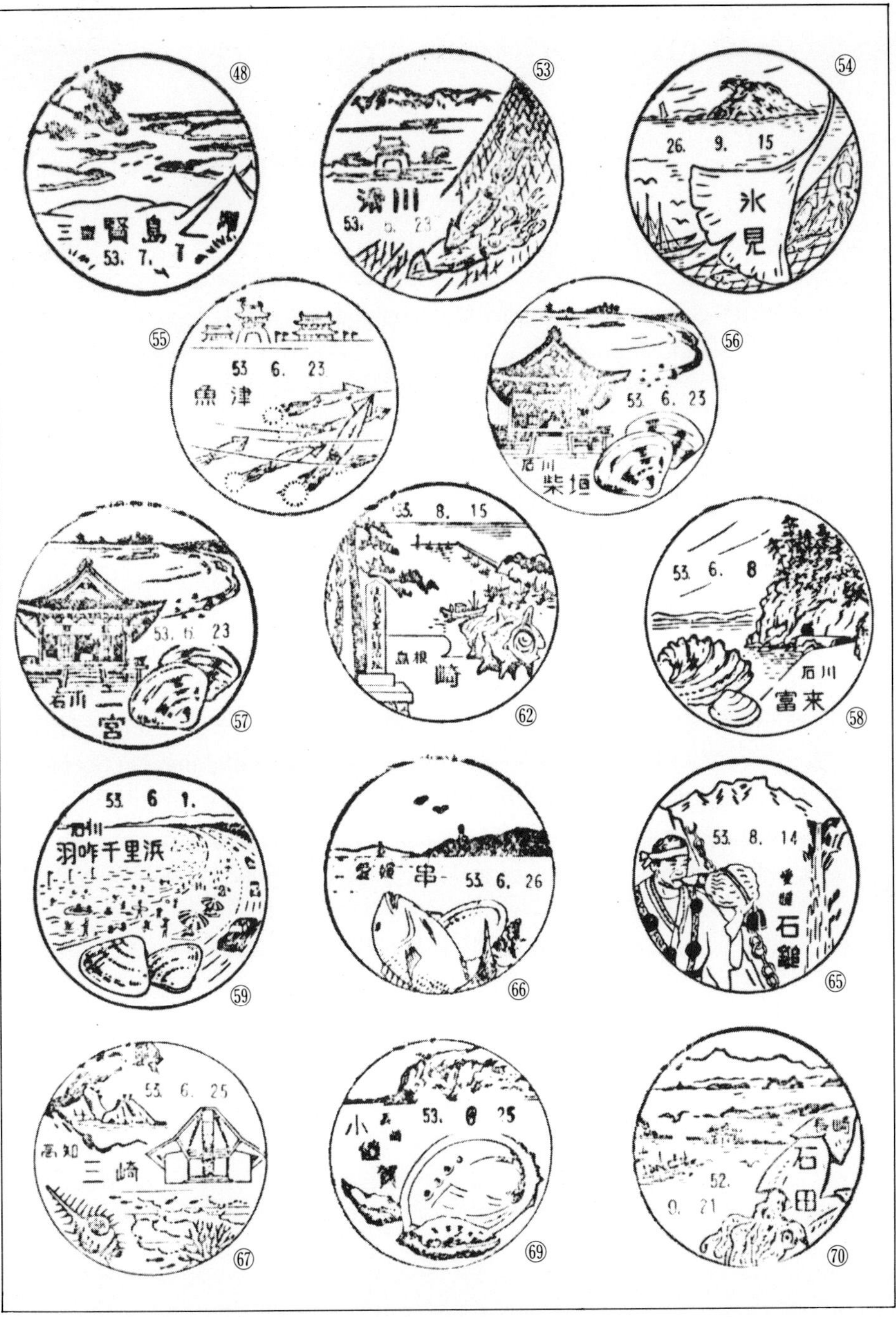
⑱
三重 賢島
⑬
滑川
54
26. 9. 15
氷見
55
53 6. 23
魚津
56
53. 6. 23
石川 柴垣
57
53. 6. 23
石川 一宮
62
53. 8. 15
島根
58
53. 6. 8
石川 富来
59
53. 6 1.
石川 羽咋千里浜
66
愛媛 串
53. 6. 26
65
53. 8. 14
石鎚
67
53. 6. 25
高知 三崎
69
53.
70
石田
52.
9. 21

# 目　次　Contents

# 図版(口絵)目次　Contents of Plates

# 序 Preface

瀧 巌
日本貝類学会名誉会長・広島大学名誉教授・理学博士
Iwao TAKI, *D. Sc., President Emeritus, Malacological Soc. Japan, Prof. Emeritus, Hiroshima University.*

趣味として貝類の標本を集める人は多い。自分で貝類を海や山に，湖沼に河川に，採集をして標本にし，その名称を調べるのは健康増進にも役立つし，学問的知識向上からも結構なものである。

一方，切手を進める趣味も盛んになりつつある。切手には時々記念切手が発売されるが，諸種の意匠のものがあり，動物の切手を集めるとか交通機関の意匠のものを集めるとか，種類が多いので全部集めることはとてもできない。

本書は世界で発行されている貝類，広い意味でいえば軟体動物の意匠のある切手を集めて解説したものであり，上記の趣味の人にはよき指導書となるものである。この種の著書は例がなく，更に世界にも類書はないので，広く外国でも利用されることが望ましい。そのため本書は英文で記された所が多い。

軟体動物を意匠とする切手を作る方法は，もっとも普通な方法でそれを写実の状態で表現することである。また「模様」として省略したり莫然と貝の類を表現することや，または別の色であらわすこともある。いずれの場合でもその種がわかりやすいことが望ましいが，時には種の同定が不可能のこともある。しかし切手に記入してある学名（種名）が誤っていたり，巻貝で右巻貝が左巻に誤って印刷されて出廻っていることは適当とは思われない。本書にはそれらも詳しく正してある。

貝を集め，また切手を集めるなど，趣味は限りなく拡がって行くものであるが，本人は楽しいのでこの道を進んでいる。これらが積み重なって多くの人々をはげまし，知識水準が高度に進み，文献が求められて行く。こうして一国の文化活動の一環をなし，貢献をしているのは，この上ない喜びである。将来も，この道を進めて行きたいものである。

昭和53年5月5日

# 緒　言　Foreward by the compiler

荒川好満

貝も切手も，はじめてから20年以上にもなるが，貝類の研究は趣味が高じて，とうとう職業となってしまった。一方，切手の趣味は，サークルにもグループにも所属せず，ひたすら我流で楽しむことが多かったので，キャリアのわりに見るべき進歩はなかったように思う。

昭和53年は，日本貝類学会の創立50周年にあたるので，かねてから自分なりに記念になる仕事を……と，世界の貝類切手の目録を編むことを思い立った。いざ，はじめてみると，予想以上に暇と金のかかる仕事で，とても一個人の余暇のてすさびくらいで手に負える代物でないことを思い知らされたが，おおくの知友の期待やはげましを心の支えに，難行の末，ようやく原稿らしい体裁がととのったのは，稿を起してから3年目の昭和53年春のことであった。その後も種々の都合で，出版がおくれたが，そのあいだに，全面的に内容を書きあらためて，昭和53年（1978）末までに世界各国から発行された貝類切手のデータを，ほぼ洩れなく採録できたのは，編者にとっても読者にとっても幸運であった。

小著は編者自身の永い切手遍歴のあいだの模索や試行錯誤の結果をもとに，貝類切手のトピカル・コレクションの収集，整理および研究に役立つ実用的な内容を目指したが，力不足で充分に意をつくすことができなかったのを残念に思っている。また，内容のかなりの部分にわたって和英両文を併記し，一般には繁雑な印象をあたえるかも知れないが，これは，世界的にみて，この種の類書がないので，国際的業績としての流通性をもたせる意図からでたもので，他意はない。

最後に，原稿の細部にわたって，ほとんど共著といえるほどの熱心さでご校閲下さり，有益なご教示をいただいた国立科学博物館地学研究部の藤山家徳博士，主として動物学的な立場から綿密なご校閲をいただいたうえ，序文を贈られ錦上花をそえて下さった日本貝類学会名誉会長瀧巖博士，切手に描かれた軟体動物について同定下さった国立科学博物館動物研究部長波部忠重博士，同奥谷喬司博士，和歌山県湊宏氏，東京大学理学部山口寿之博士，貝類切手の収集にご協力下さった日本銀行標本貨幣室岡本正豊氏，貴重な文献の入手に尽力された小菅貞男博士，北里大学水産学部福代康夫氏，困難な出版を心よくお引き受け下さり，秘蔵の貝類標本で表紙写真を飾っていただいた長崎県生物学会出版局長山本愛三氏，また昆虫切手チェック・リストを編んだ経験から，小著の出版にあたって有益なアドバイスをいただいたカタダ・スタンプ・ショップ片田純治氏らに心からお礼申し上げる。

高校2年の夏休みを暑さや睡魔とたたかいながら，無味乾燥な校正を手伝ってくれた長女の理枝と，切手の大好きな親類の女の子美帆ちゃんに，この小著を捧げたい。

なお，本著の一部には，すでに他の雑誌に寄稿したものを，内容に変更を加え，ここに再録したものもある：——

・貝類切手概説

「切手をあつめる――貝類を主として」採集と飼育，40巻1号，19－20頁より

・貝の図案のある風景印チェック・リスト

「貝の図案のある風景スタンプ集」九州の貝，11号，20－29頁より

・貝類の誤刷切手一覧

「貝類の誤刷切手について」九州の貝，13号，より

以上，転載を許された篠遠喜人(採集と飼育)ならびに平田国雄(九州の貝)両先生に謝意をあらわす。

昭和54年5月31日

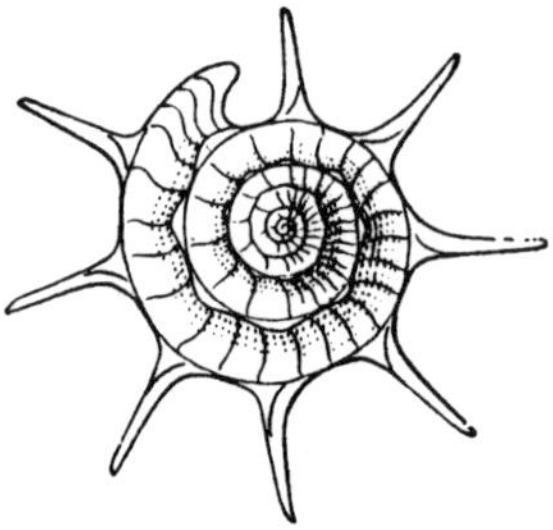

日本貝類学会の紋章(リンボウガイ) Emblem of the Malacological Society of Japan (*Guildfordia triumphans*)

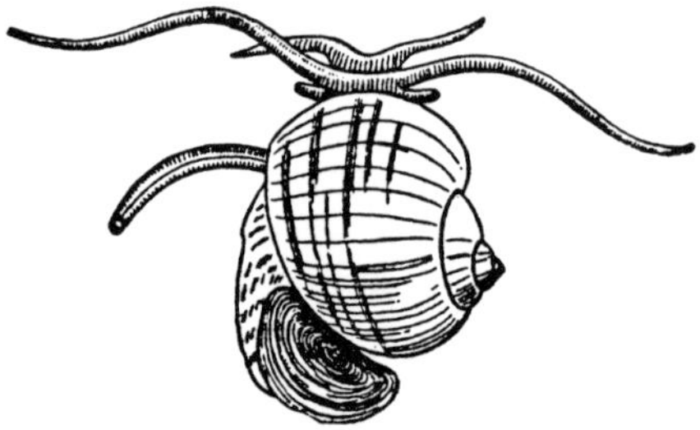

ロンドン軟体動物学会の紋章 Emblem of the Malac. Soc. of London.

# 1．貝類切手概説

# Introduction to Malacophilately

## 収集のルーツと歴史

西欧では古くから切手や蝶の収集に熱中するのを「王者の趣味」とよんで，高尚な趣味の一つにあげている。一方，貝殻の収集も，氷河期末期のクロマニョン人の洞窟やベスビアス火山の大噴火（紀元79年）で埋もれたポンペイの遺跡から，当時のマニアのものと思われるコレクションが出土するなど，歴史的にみても趣きのあるもので，現在では職業，年齢を問わず，世界的に幅ひろい人気をもっている。

貝と切手——この二つの趣味が結びついたものを，近ごろ欧米では「マラコフィラテリー Malacophilately（あるいはコンコフィラテリ—Conchophilately)」，また貝類切手専門の収集家を「マラコフィラテリスト Malacophilatelist（コンコフィラテリスト Conchophilatelist)」とよんでいる。これは「軟体動物学 Malacology（貝殻学 Conchology)」と「郵趣（切手収集の趣味）Philately」の二つの言葉を組みあわせた新造語である。

こういう新しいテクニカル・タームが生まれるほど最近では貝類の収集家や郵趣家のあいだで，貝類切手のトピカル・コレクションに熱中する人口がふえている。同時にまた，これらを対象に珍らしい美麗な貝切手のロング・セットを発行する国もふえている。

## フィラテリーと貝類学

ところで，この両者（貝と切手の収集趣味）は，ともにものを集めて系統だてて整理をするという面では，大いに共通点がある。また図柄や刷色，印刷型式，目打ち，透し，紙質などの細かい特徴の相違によって，切手の鑑別をするしかたは，生物の分類の手法や心得と一脈相通じるものがあって，貝類の同定法のよい勉強にもなる。さらに貝類のコレクションの場合は，われわれが直かに収集できふのは，通常，日本区 Japonic か，せいぜい印度太平洋区 Indo-Pacific に分布する種類までである。ところが切手では，地中海や大西洋はおろか世界中のめぼしい貝に手軽にお目にかかることができる。しかも，標本であれば整理簞笥の幾棹かを要するであろう千数百にのぼる種類が，アルバム数冊におさまってしまうという利点もある。

しかし，貝切手を集めさえすれば，貝のことは何でもわかる……と早合点するのは，はなはだ危険といわざるを得ない。切手は，たんに，方寸の紙片に実物を模写したにすぎないものであるから，学問的にみるとでたらめや間違いも少なくない(190－193頁参照)。切手から貝，あるいは貝から切手へと，いずれへ進むにしても，モチーフである貝（軟体動物）そのものについての正しい知識を身につけることが基本である。そのうえで，切手の持ち味を生かし，さまざまに活用すれば，手近かな標本からだけでは得られない幅広い知識と同時に，自然を学ぶことの醍醐味も，いっそう深められよう。

さて，貝類(軟体動物)は，自然界では，昆虫につぐ大群で，世界中から120,000をこえる種類が知られている。最近の分類法では，大きくつぎの7つのグループ(綱)に分けている：—

**●単板類 Monoplacophora**

深海産で笠型の貝殻をもち，神経やえらのしくみが体節構造をしめす原始的なグループ。俗に「生きている化石」として有名。ガラテアガイ，ユウインガイ *Neopilina* などはその代表。

**●多板類**（ヒザラガイ類）**Polyplacophora**

運動不活発で，8枚の殻とはしご型の神経系をもつことで知られる原始的なグループ。ヒザラガイ *Liolophura,* クサズリガイ *Rhyssoplax* など。

**●無板類**（溝腹類）**Aplacophora**

人生になじみのうすいグループで，腹側に溝のあるミミズ状。すべて殻をもたず，単板類についで原始的な群とされる。カセミミズ *Epimenia* など。

**●腹足類 Gastropoda**

いわゆる巻貝の類。軟体動物中もっとも多様性に富む最大のグループ。サザエ *Turbo,* ホラガイ *Charonia,* カタツムリ *Helix* などのほか，ウミウシ *Aplysia,* ナメクジ *Limax* など殻の退化したものも含む。

**●掘足類 Scaphopoda**

いわゆる角貝類。砂泥質の海底にすみ，中空牙状の殻をもち，明らかなえらを欠くグループ。ヤカドツノガイ Dentalium など。

**●二枚貝類**（斧足類・弁鰓類）**Bivalvia**

カキ *Crassostrea,* ハマグリ *Meretrix* など二枚の貝殻でからだをつつみ，砂や泥の中に埋れ住む。頭や歯舌がなく，軟体類中腹足類についで大きいグループ。

**●頭足類 Cephalopoda**

軟体動物中もっとも進化したグループで，脳の発達がいちじるしく，運動性にすぐれ，殻の退化消失したものが多い。イカ *Sepia,* タコ *Octopus,* オウムガイ *Nautilus* など。

### 貝のグループ別・種類別切手発行数

これらのうち，現在までに切手のモチーフ（主題）に描かれた，いわゆる「純貝切手」は，腹足類490，二枚貝類70，頭足類40の計600種ばかりで，そのほかのグループでは，多板（ヒザラガイ）類の1種 *Acanthopleura granulata* がグレナダ発行の小型シート（1975, #659）の耳紙に描かれたのがあるだけで，まだ切手の題材に正式にとりあげられた例はないようである。

この内容を科別にみると，腹足類ではタカラガイ科（65種）がもっともおおく，ついでスイショウガイ科（60），イモガイ科（58），アクキガイ科（40）の順となっている。この傾向は，一般の貝類の収集家の好みと，よく一致するようである。他方，二枚貝類ではイタヤガイ科（12）を筆頭に，ザルガイ科（10），マルスダレガイ科（7），シャコガイ科（6），イガイ科（5），ウミギク科（5）などの順となっている。また頭足類ではオウムガイ科（10）がトップをしめ，タコ科（6），コウイカ科（5）がこれについでいる。なお，化石種では菊石（アンモンガイ）類が断然おおい。

さらに，これを種類別に細かくみると，ホラガイを描いた切手がもっともおおく，ついでピンクガイ，オウムガイ，ホネガイ，ウネショクコウラ，セイヨウホラガイなどに人気が集っている。

貝切手には，この（純貝切手）ほかに，貝の図案やマークを印面の一部に描いた「準貝切手」があり，前者はこれまでに560種，後者は940種以上発行されている。この準切手まで含めると，インド土候国（トラバンコール，コーチンなど）発行の切手に描かれたシャンクガイ（350），西インド諸島（バハマ，タークス・カイコス諸島など）のピンクガイ（160），旧独領植民地（マーシャル群島，サモアなど）のイタヤガイ類（230以上）が目立っておおく，絶対数からいえば，これらが切手に描かれた貝のベスト3ということになろう。

### 地域別貝類切手発行頻度

貝類切手の発行種類数を地域別に比較すると，西インド諸島を筆頭に，メラネシア，ポリネシア，ミクロネシア，また東西アフリカ沿岸の比較的低緯度の発展途上国におおく，ヨーロッパや北アメリカ，オーストラリアなど高緯度の先進諸国には少ないのが，一般的な傾向である。これは貝類の分布や産出状態，あるいは国家の財政事情などとも，おおいに関係がありそうである（図4，50〜51頁参照）。

### 年代別貝類切手発行頻度

貝類切手の発行は，年々幾何級数的ともいえるほど，めざましいふえ方をみせている。純切手についていえば，1961〜70年の10年間だけでも，それまでの10倍をこえる200種以上が発行され，全世界のめぼしい貝の種類は，あらかた網羅されている（図5）。これまで発行されたものだけでも完集すれば，優に世界の貝類図鑑ができるほどである（52頁参照）。

### 貝類切手のミス（誤刷）

切手の印面に描かれた図の間違いや同定の誤り，あるいは学名のスペル（綴り）のミスなど，いわゆる誤刷も，細かく調べるとかなりの数にのぼる。図の間違いのうち，とくに貝切手に特徴的なのは，右巻きの貝を左巻きに描き誤まるケースがおおいことである。これが，図の間違いの90％ちかく（16例中14例）を占めている。これはおそらく，原画そのものの誤りのほかに，印刷工程上の製版上のミスも加わるためと思われる（190－193頁参照）。

## マラコフィラテリー(貝類郵趣)に関する文献——①


荒川好満　1974：切手になった貝（1）カイダコ（アオイガイ）．九州の貝，第4号，20〜21頁

———　1974：切手になった貝（2）サザエ．同誌，同号，22〜23頁

———　1976：切手になった貝（3）ホタルイカ．同誌，第5・6号，30頁

———　1976：切手になった貝（4）ベニオキナエビス．同誌，同号，31〜32頁

———　1976：切手になった貝（5）ヤコウガイ．同誌，同号，33頁

———　1976：切手になった貝（6）スルメイカ．同誌，同号，34〜35頁

———　1976：切手になった貝（7）ホシダカラ．同誌，同号，36頁

———　1976：切手になった貝（8）チョウセンフデ．同誌，同号，37頁

———　1977：切手になった貝（9）アオミノウミウシ．同誌，第7・8号46頁

———　1977：切手になった貝（10）コウイカ，ダイオウイカ，アメフラシ各1種．同誌，同号，47〜49頁

———　1977：切手になった貝（11）スイジガイ．同誌，同号，49〜50頁

———　1977：切手になった貝（12）クマサカガイ1種．同誌，第9号，10〜11頁

———　1977：切手になった貝（13）シャコガイ類．同誌，同号，11〜14頁

———　1977：切手になった貝（14）シャンクガイ類．同誌，同号，15〜16頁

———　1977：切手になった貝（15）菊石（アンモナイト）類．同誌，同号，16〜19頁

———　1978：貝のある風景スタンプ集．同誌，第11号，20〜29頁

———　1978：切手になった貝（16）カキ類．同誌，第12号，23〜24頁

———　1979：貝類の誤刷(ミス)切手．ちりぼたん，第10巻6号，177〜178頁

———　1979：貝と切手と貨幣．ちりぼたん．第10巻6号，177〜178頁

———　1978：切手をあつめる——貝類を主として．採集と飼育，第40巻1号，19〜20頁

———　1978：目八切手解題——1．カキ．同誌，同号，カラー口絵

———　1978：目八切手解題——2．オウムガイ．同誌，第40巻3号，カラー口絵

———　1978：目八切手解題——3．ホラガイ．同誌，第40巻5号，カラー口絵

———　1978：目八切手解題——4．ヤシガイ．同誌，第40巻7号，カラー口絵

———　1978：目八切手解題——5．カイダコ．同誌，第40巻9号，カラー口絵

———　1978：目八切手解題——6．オキナエビス．同誌，第40巻11号，カラー口絵


以下49頁へ

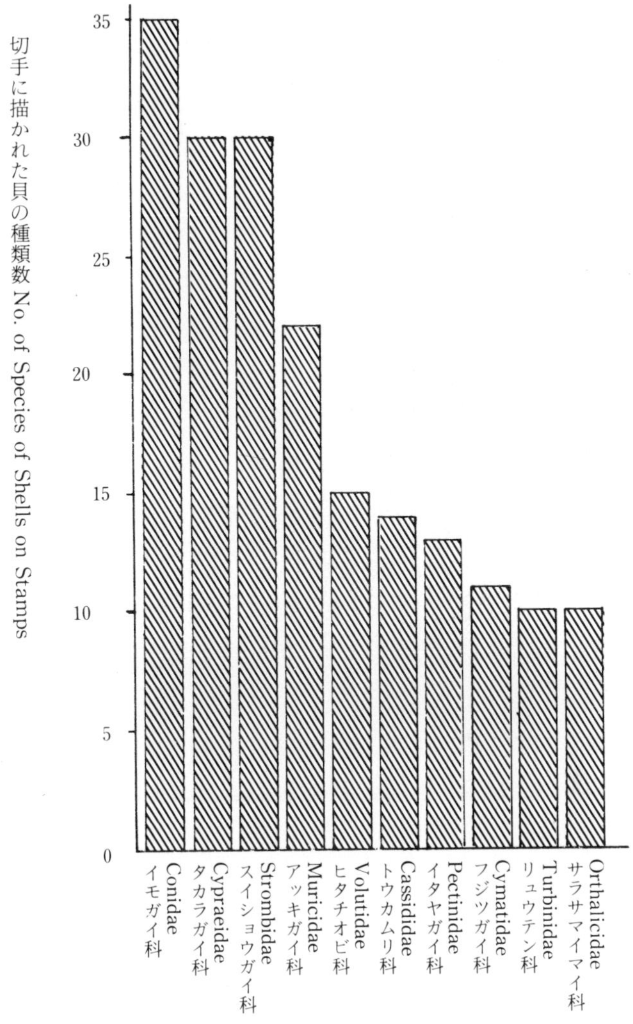


図 **Text-fig. 1.** 切手に描かれた貝の種類(科別)ベスト10
Frequency of Molluscan Species on Stamps by Families.

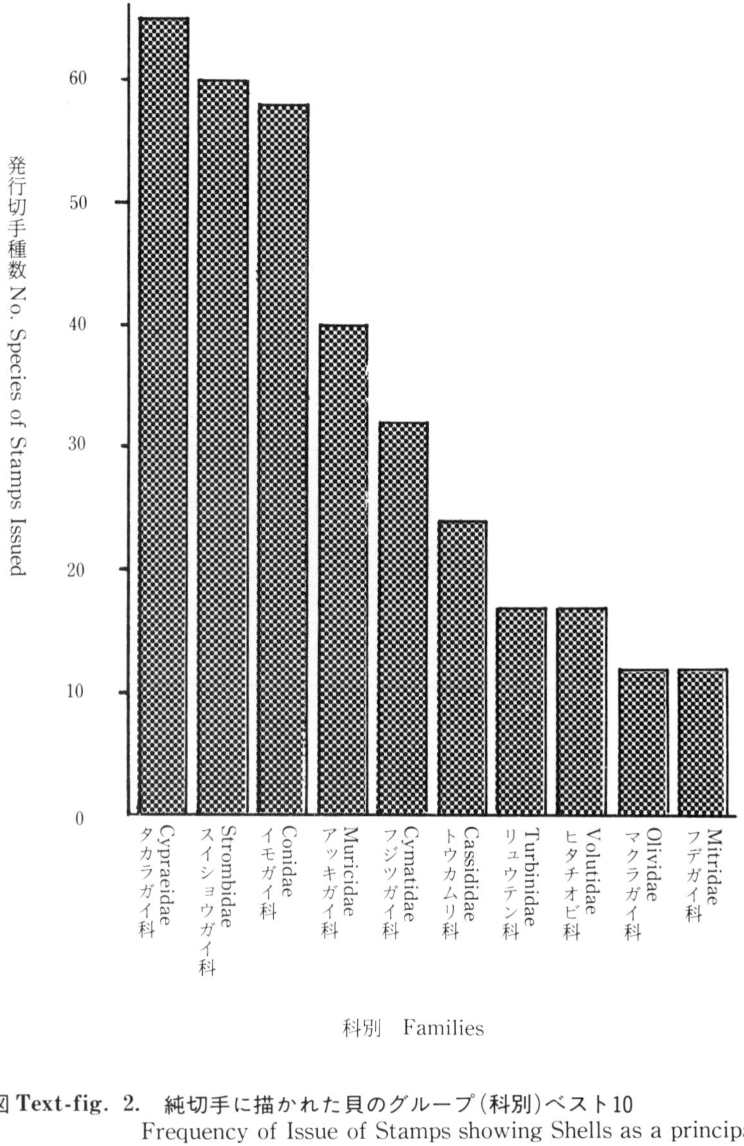


図 **Text-fig. 2.** 純切手に描かれた貝のグループ(科別)ベスト10
Frequency of Issue of Stamps showing Shells as a principal Element of Design by Molluscan Families.

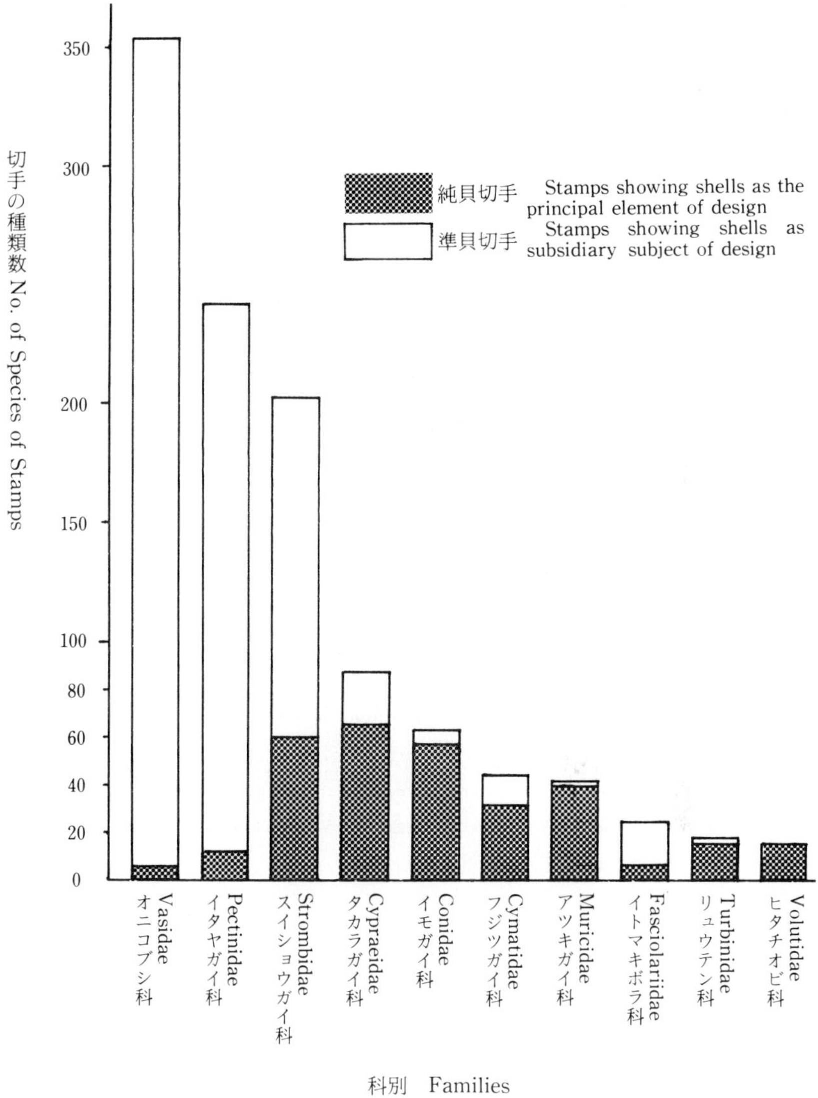


図 **Text-fig. 3.** 全(純・準)切手に描かれた貝のグループ(科別)ベスト10
Frequency of Issue of Stamps showing Shell Designs by Molluscan Families.

**表 Table 1. 切手の題材に描かれた貝類の(のべ)種類数** Frequencies of occurrence of Molluscan Species on Stamps by Families and higer Taxa.

| **軟体動物 MOLLUSCA** | | A* | (B**) | C*** |
|---|---|---|---|---|
| **腹足類 Gastropoda** | | 487 | ( 602) | 315 |
| チョウジャガイ科 | Pleurotomariidae | 2 | ( 0) | 2 |
| ミミガイ 〃 | Haliotidae | 6 | ( 1) | 7 |
| ツタノハガイ 〃 | Patellidae | 1 | ( 0) | 1 |
| ニシキウズ 〃 | Trochidae | 10 | ( 1) | 8 |
| リュウテン 〃 | Turbinidae | 17 | ( 1) | 10 |
| アマオブネ 〃 | Neritidae | 6 | ( 0) | 4 |
| ヤマタニシ 〃 | Cyclophoridae | 0 | ( 2) | 2 |
| タニシ 〃 | Viviparidae | 1 | ( 0) | 1 |
| タニシモドキ 〃 | Pilidae | 0 | ( 1) | 1 |
| クチヒレガイ 〃 | Condropomatidae | 0 | ( 1) | 1 |
| キリガイダマシ 〃 | Turritellidae | 0 | ( 6) | 1 |
| ウミニナ 〃 | Potamididae | 4 | ( 1) | 3 |
| オニノツノガイ 〃 | Cerithidae | 2 | ( 0) | 1 |
| カリバガサ 〃 | Calyptraeidae | 0 | ( 1) | 1 |
| クマサカガイ 〃 | Xenophoridae | 1 | ( 0) | 1 |
| モミジソデボラ 〃 | Aporrhaisidae | 1 | ( 0) | 1 |
| スイショウガイ 〃 | Strombidae | 60 | ( 143) | 30 |
| ウミウサギ 〃 | Ovulidae | 6 | ( 0) | 4 |
| タカラガイ 〃 | Cypraeidae | 65 | ( 23) | 30 |
| タマガイ 〃 | Naticidae | 7 | ( 0) | 6 |
| トウカムリ 〃 | Cassididae | 24 | ( 6) | 14 |
| フジツガイ 〃 | Cymatidae | 32 | ( 13) | 11 |
| オキニシ 〃 | Bursidae | 6 | ( 0) | 5 |
| ヤツシロガイ 〃 | Tonnidae | 8 | ( 0) | 3 |
| アクキガイ 〃 | Muricidae | 40 | ( 1) | 22 |
| サンゴヤドリガイ 〃 | Coralliophilidae | 1 | ( 0) | 1 |
| エゾバイ 〃 | Buccinidae | 2 | ( 3) | 4 |

A*. 純貝切手数No. of stamps showing shells as the principal element of designs.
B**. 準貝切手数No. of stamps showing shells as a subsidiary subject of designs.
C***. 切手に描かれた貝の種類数No. of molluscan species on postage stamps.

| | | | | |
|---|---|---|---|---|
| タモトガイ 〃 | Pyrenidae | 1 | ( 0) | 1 |
| ムシロガイ 〃 | Nassariidae | 2 | ( 8) | 3 |
| テングニシ 〃 | Galeolidae | 1 | ( 0) | 1 |
| イトマキボラ 〃 | Fasciolariidae | 5 | ( 20) | 5 |
| マクラガイ 〃 | Olividae | 12 | ( 0) | 7 |
| フデガイ 〃 | Mitridae | 12 | ( 0) | 5 |
| オニコブシ 〃 | Vasidae | 4 | (ca.350) | 5 |
| ショクコウラ 〃 | Harpidae | 10 | ( 9) | 5 |
| ヒタチオビ 〃 | Volutidae | 17 | ( 0) | 15 |
| コゴメガイ 〃 | Marginellidae | 5 | ( 0) | 5 |
| コロモガイ 〃 | Cancellariidae | 1 | ( 0) | 1 |
| イモガイ 〃 | Conidae | 58 | ( 5) | 35 |
| クダマキガイ 〃 | Turridae | 2 | ( 0) | 2 |
| タケノコガイ 〃 | Terebridae | 6 | ( 0) | 5 |
| クルマガイ 〃 | Architectonidae | 3 | ( 0) | 1 |
| イトカケガイ 〃 | Epitoniidae | 1 | ( 0) | 1 |
| アサガオガイ 〃 | Janthinidae | 3 | ( 0) | 3 |
| ミスガイ 〃 | Hydatinidae | 3 | ( 0) | 3 |
| カリフィラ 〃 | Caliphyllidae | 2 | ( 0) | 2 |
| アメフラシ 〃 | Aplysiidae | 1 | ( 0) | 1 |
| ウミウシ 〃 | Doriidae | 3 | ( 0) | 3 |
| ジムノドリス 〃 | Gymnodorididae | 1 | ( 0) | 1 |
| ミカドウミウシ 〃 | Hexabranchidae | 1 | ( 0) | 1 |
| フラベラ 〃 | Flabellidae | 1 | ( 0) | 1 |
| アオミノウミウシ 〃 | Glaucidae | 1 | ( 0) | 1 |
| コオダカカラマツガイ 〃 | Siphonariidae | 2 | ( 0) | 2 |
| モノアラガイ 〃 | Lymnaeidae | 1 | ( 0) | 1 |
| アフリカマイマイ 〃 | Achatinidae | 0 | ( 1) | 1 |
| サラサマイマイ 〃 | Orthalicidae | 10 | ( 0) | 10 |
| オオサナギガイ 〃 | Urocoptidae | 1 | ( 1) | 2 |
| ナンバンマイマイ 〃 | Camaenidae | 1 | ( 0) | 1 |
| コダママイマイ 〃 | Heminthoglyptidae | 8 | ( 0) | 7 |
| マイマイ 〃 | Helicidae | 6 | ( 4) | 5 |

| | | | | |
|---|---|---|---|---|
| **二枚貝類 Bivalvia** | | 70 | (259) | 67 |
| フネガイ科 | Arcidae | 3 | (0) | 3 |
| イガイ 〃 | Mytilidae | 5 | (2) | 4 |
| ハボウキガイ 〃 | Pinnidae | 2 | (0) | 2 |
| ウグイスガイ 〃 | Pteriidae | 2 | (5) | 4 |
| マクガイ 〃 | Isognomonidae | 0 | (1) | 1 |
| イタヤガイ 〃 | Pectinidae | 12 | (230) | 13 |
| ウミギク 〃 | Spondylidae | 5 | (3) | 3 |
| ミノガイ 〃 | Limidae | 2 | (0) | 1 |
| ベッコウガキ 〃 | Gryphaeidae | 2 | (2) | 3 |
| イタボガキ 〃 | Ostreidae | 3 | (2) | 2 |
| イシガイ 〃 | Unionidae | 1 | (1) | 2 |
| サンカクガイ 〃 | Trigoniidae | 1 | (0) | 1 |
| ツキガイ 〃 | Lucinidae | 1 | (0) | 1 |
| キクザルガイ 〃 | Chamidae | 1 | (0) | 1 |
| ザルガイ 〃 | Cardiidae | 10 | (0) | 6 |
| シャコガイ 〃 | Tridacnidae | 6 | (8) | 5 |
| バカガイ 〃 | Mactridae | 1 | (0) | 1 |
| フジノハナガイ 〃 | Donacidae | 2 | (0) | 2 |
| ニッコウガイ 〃 | Tellinidae | 2 | (2) | 2 |
| ナタマメガイ 〃 | Naviculidae | 0 | (1) | 1 |
| マルスダレガイ 〃 | Veneridae | 7 | (2) | 8 |
| ニオガイ 〃 | Pholadidae | 2 | (0) | 1 |
| **頭足類 Cephalopoda** | | 43 | (32) | 35 |
| オウムガイ科 | Nautilidae | 10 | (5) | 3 |
| フィロケラス 〃 | Phylloceratidae | 1 | (0) | 1 |
| ノストケラス 〃 | Nostoceratidae | 1 | (0) | 1 |
| ペリスフィンクテス 〃 | Perisphinctidae | 3 | (0) | 3 |
| モルフォケラス 〃 | Morphoceratidae | 1 | (0) | 1 |
| アマルテス 〃 | Amaltheidae | 1 | (0) | 1 |
| パキディスクス 〃 | Pachydiscidae | 1 | (0) | 1 |

| | | | |
|---|---|---|---|
| 菊石類（所属不明） | Systematic status unknown | 2 （ 0） | 2 |
| スピルラ科 | Spirulidae | 0 （ 2） | 1 |
| コウイカ〃 | Sepiidae | 5 （ 2） | 3 |
| ヤリイカ〃 | Loliginidae | 2 （ 0） | 2 |
| ホタルイカ〃 | Enoploteuthidae | 1 （ 0） | 1 |
| リコチュウティス〃 | Lycoteuthidae | 1 （ 0） | 1 |
| ダイオウイカ〃 | Architeuthidae | 1 （ 2） | 3 |
| ゴマフイカ〃 | Histioteuthidae | 1 （ 0） | 1 |
| スルメイカ〃 | Ommastrephidae | 3 （ 0） | 2 |
| ソデイカ〃 | Thysanoteuthidae | 0 （ 2） | 1 |
| タコ〃 | Octopodidae | 6 （ 11） | 4 |
| カンテンダコ〃 | Alloposidae | 1 （ 0） | 1 |
| カイダコ〃 | Argonautidae | 2 （ 8） | 2 |

埋草（42頁より）

## マラコフィラテリー(貝類郵趣)に関する文献——②


荒川好満　1978：目八切手解題—— 7．アワビ.採集と飼育,第40巻12号,カラー口絵

———　1977：王様と乞食の趣味——貝の切手のはなし（トピカル・ア・ラ・カルト），郵趣，第31巻 9 号，30～31頁

藤山家徳　1974：世界の貝切手．スタンプ・マガジン，第20号，34～39頁

———　1978：世界の化石（トピカル特集）．同誌，第69号，46～50頁

波部忠重　1968：貝の風土記．日本の貝．カラーブックス——157．保育社．大阪．

———　1975：マラコフィラテリー(貝と切手)．カラー自然ガイド——25．貝の博物誌．保育社，大阪．

図 **Text-fig. 4.** 主な貝類切手の発行国の分布と発行頻度
Distributions of Main Countries issuing Stamps showing Shell Designs.

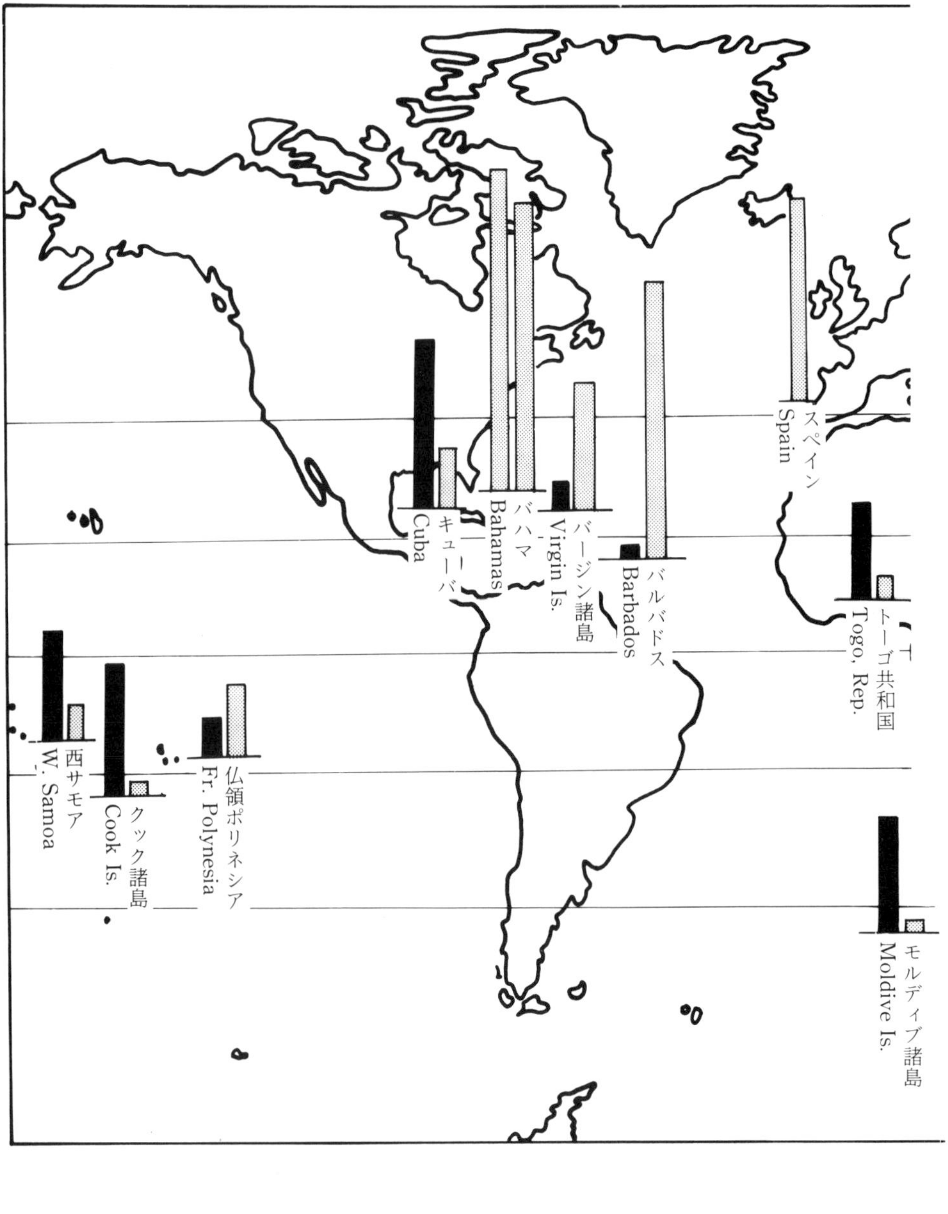

■ 純切手 Stamps showing shells as the principal element of designs.
▨ 準切手 Stamps showing shells as the subsidiary subject of designs.

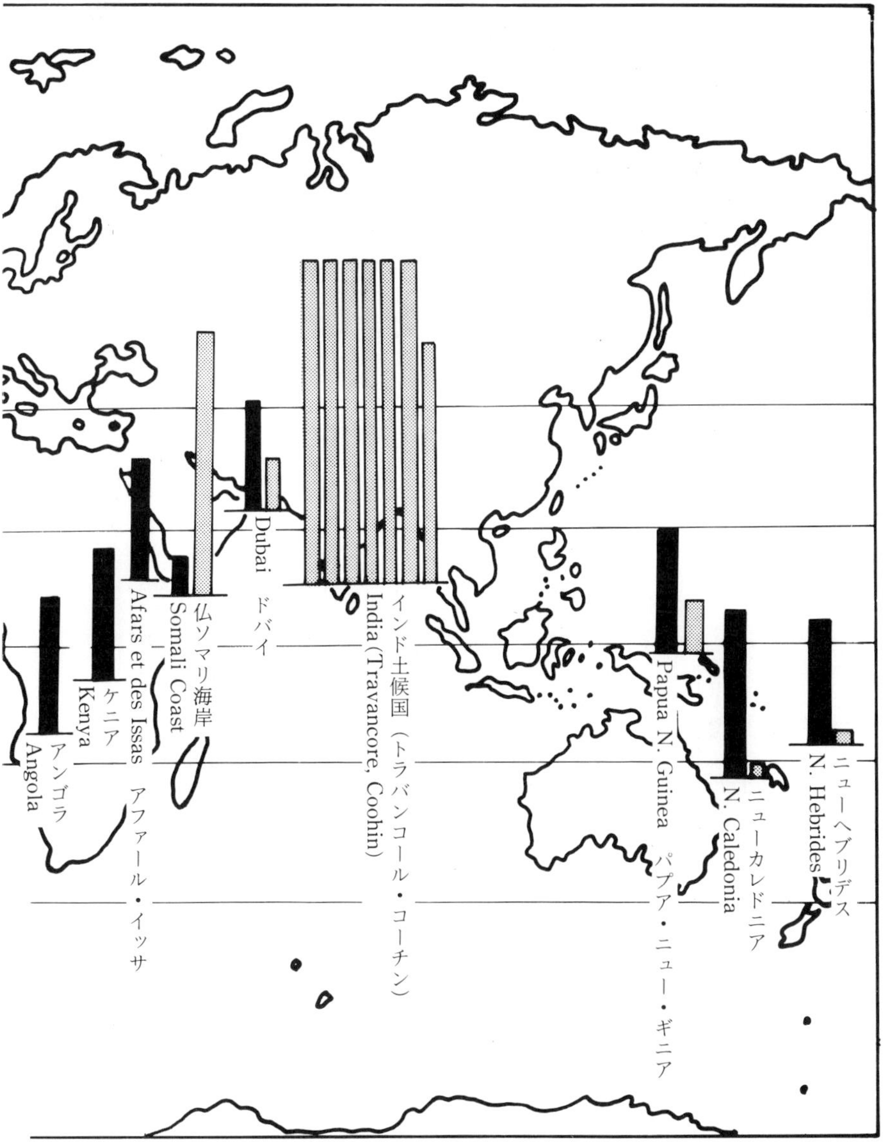

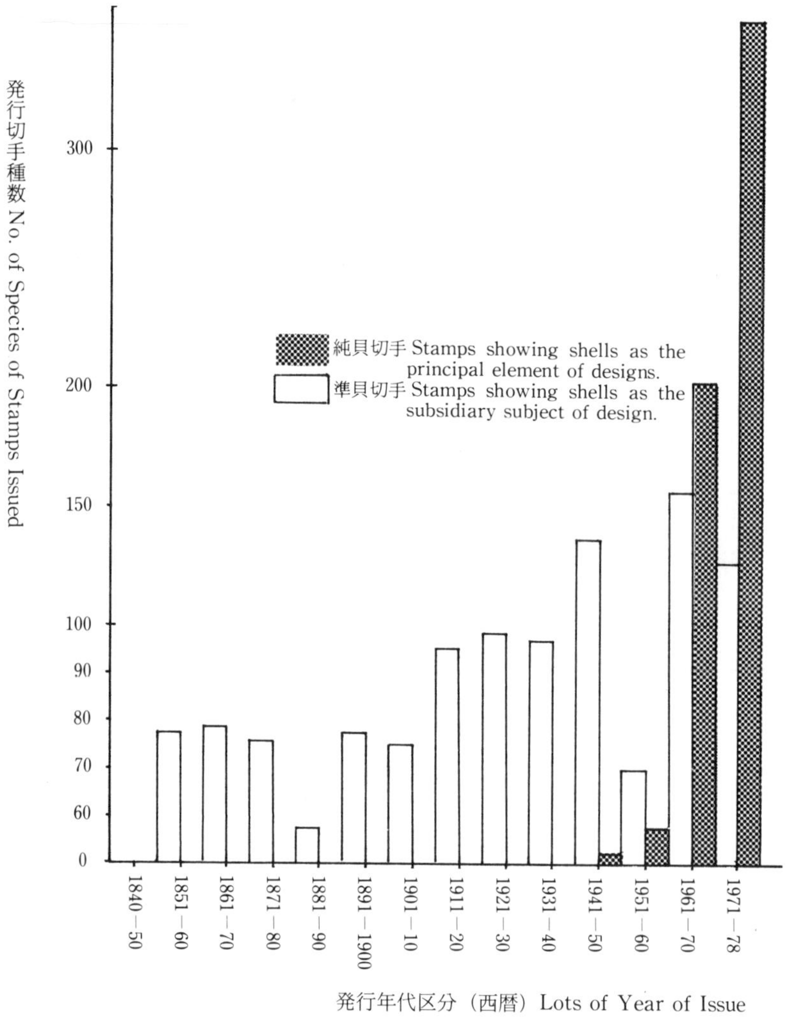


図 **Text-fig. 5.** **世界の貝類切手発行の推移** Progress of Issue of Stamps of the World showing Shell Designs.

表 **Table 2. 国別貝類切手発行種類数** Number of Species of Stamps by Countries showing Shell Designs (1840−1978).

A. 純貝切手 No. of stamps showing shells as the principal element of designs.

B. 準貝切手 No. of species of stamps showing shells as the subsidiary subject of designs.

| | 国 | 名 | A | B | A+B |
|---|---|---|---|---|---|
| 1. | アファール・イッサ | **AFARS ET DES ISSAS** | 19 | (0) | 19 |
| 2. | アイツタキ | **AITUTAKI** | 14 | (0) | 14 |
| 3. | アジマン | **AJMAN** | 0 | (8) | 8 |
| 4. | アルバニア | **ALBANIA** | 2 | (0) | 2 |
| 5. | アルジェリア | **ALGERIA** | 2 | (0) | 2 |
| 6. | アンゴラ | **ANGOLA** | 21 | (0) | 21 |
| 7. | アンギラ | **ANGUILLA** | 5 | (0) | 5 |
| 8. | アンチグア | **ANTIGUA** | 4 | (0) | 4 |
| 9. | オーストラリア | **AUSTRALIA** | 1 | (3) | 4 |
| 10. | オーストラリア南極洋地域 | **AUSTRALIAN ANTARCTIC TERRITORY** | 0 | (1) | 1 |
| 11. | オーストリア | **AUSTRIA** | 1 | (0) | 1 |
| 12. | バハマ | **BAHAMAS** | 2 | (88) | 90 |
| 13. | バーレン | **BAHRAIN** | 0 | (2) | 2 |
| 14. | バルバドス | **BARBADOS** | 2 | (43) | 45 |
| 15. | ベルギー | **BELGIUM** | 0 | (1) | 1 |
| 16. | バーミューダ | **BERMUDA** | 0 | (2) | 2 |
| 17. | ブータン | **BHUTAN** | 0 | (9) | 9 |
| 18. | ブラジル | **BRAZIL (BRASIL)** | 3 | (0) | 3 |
| 19. | 英領インド洋地域 | **BRITISH INDIAN OCEAN TERRITORY** | 5 | (1) | 6 |
| 20. | ビルマ | **BURMA** | 0 | (1) | 1 |
| 21. | ブルンジ | **BURUNDI** | 0 | (1) | 1 |
| 22. | カメルーン | **CAMEROUNS** | 0 | (8) | 8 |
| 23. | カナダ | **CANADA** | 0 | (2) | 2 |
| 24. | カロリン諸島 | **CAROLINE ISLANDS** | 0 | (4) | 4 |
| 25. | カイマン | **CAYMAN ISLANDS** | 3 | (18) | 21 |
| 26. | 中央アフリカ | **CENTRAL AFRICAN REPUBLIC** | 0 | (1) | 1 |
| 27. | チリー | **CHILE** | 0 | (3) | 3 |
| 28. | 中国 | **CHINA** | | | |
| 28a. | 中華民国（台湾） | China, Republic of (Taiwan) | 4 | (1) | 5 |
| 28b. | 膠州湾独租借地 | Kiauchau, German colony | 0 | (12) | 12 |

| | | | | | |
|---|---|---|---|---|---|
| 29. | ココス諸島 | **COCOS ISLANDS** | 3 | ( 0) | 3 |
| 30. | コモロ諸島 | **COMORO ISLANDS** | 12 | ( 1) | 13 |
| 31. | ベルギー領コンゴ | **CONGO DEMOCRATIC PEPUBLIC** | 0 | ( 4) | 4 |
| 32. | コンゴ(旧仏領) | **CONGO PEOPLE'S REPUBLIC** | 1 | ( 3) | 4 |
| 33. | クック諸島 | **COOK ISLANDS (RAROTONGA)** | 20 | ( 2) | 22 |
| 34. | コスタリカ | **COSTA RICA** | 0 | ( 1) | 1 |
| 35. | キューバ | **CUBA** | 26 | ( 9) | 35 |
| 36. | チェコスロバキア | **CZECHOSLOVAKIA** | 2 | ( 6) | 8 |
| 37. | ダホメー | **DAHOMEY** | 0 | ( 1) | 1 |
| 38. | ジブチ | **DJIBOUTI, REPUBLIC OF** | 10 | ( 0) | 10 |
| 39. | 英領ドミニカ | **DOMINICA** | 8 | ( 0) | 8 |
| 40. | ドバイ | **DUBAI** | 17 | ( 8) | 25 |
| 41. | エチオピア | **ETHIOPIA (ABYSSINIA)** | 3 | ( 0) | 3 |
| 42. | フォークランド諸島 | **FALKLAND ISLANDS** | 0 | ( 1) | 1 |
| 43. | フィージー | **FIJI** | 6 | ( 3) | 9 |
| 44. | フランス | **FRANCE** | 0 | ( 8) | 8 |
| 45. | 仏領ポリネシア | **FRENCH POLYNESIA** | 6 | ( 11) | 17 |
| 46. | 仏南方南極洋地域 | **FRENCH SOUTHERN & ANTARCTIC TERRITORIES** | 0 | ( 3) | 3 |
| 47. | フージェラ | **FUJEIRA** | 6 | ( 0) | 6 |
| 48. | ドイツ | **GERMANY** | 0 | ( 2) | 2 |
| 49. | 独領東アフリカ | **GERMAN EAST AFRICA** | 0 | ( 6) | 6 |
| 50. | 独領ニューギニア | **GERMAN NEW GUINEA** | 0 | ( 5) | 5 |
| 51. | 独領南西アフリカ | **GERMAN SOUTH-WEST AFRICA** | 0 | ( 8) | 8 |
| 52. | ジブラルタル | **GIBRALTAR** | 0 | ( 1) | 1 |
| 53. | ギルバート・エリス諸島 | **GILBERT & ELLICE ISLANDS** | 4 | ( 9) | 13 |
| 54. | 英国 | **GREAT BRITAIN** | | | |
| 54 a. | ジャージー | Jersey, Isle of | 1 | ( 4) | 5 |
| 55. | ギリシャ | **GREECE** | 0 | ( 6) | 6 |
| 56. | グレナダ | **GRENADA** | 8 | ( 0) | 8 |
| 57. | グレナダ領グレナダ諸島 | **GRENADINES OF GRENADA** | 8 | ( 0) | 8 |
| 58. | セント・ビンセント領グレナダ諸島 | **GRENADINES OF ST. VINCENT** | 19 | ( 0) | 19 |
| 59. | ギネア | **GUINEA, REPUBLIC OF** | 9 | ( 0) | 9 |
| 60. | ハイチ | **HAITI** | 2 | ( 7) | 9 |
| 61. | ハンガリー | **HUNGARY** | 1 | ( 1) | 2 |
| 62. | インド | **INDIA** | | | |
| 62 a. | コーチン | Cochin | 0 | ( 193) | 193 |

| | | | | | |
|---|---|---|---|---|---|
| 62b. | トランバンコール | Travancore | 0 | ( 98) | 98 |
| 62c. | トラバンコール・コーチン | Travancore-Cochin | 0 | ( 46) | 46 |
| 63. | インドネシア | **INDONESIA** | 4 | ( 0) | 4 |
| 64. | イスラエル | **ISRAEL** | 4 | ( 0) | 4 |
| 65. | イタリー | **ITALY** | 0 | ( 2) | 2 |
| 66. | コートジュボワール | **IVORY COAST** | 9 | ( 0) | 9 |
| 67. | ジャマイカ | **JAMAICA** | 3 | ( 1) | 4 |
| 68. | 日本 | **JAPAN** | 4 | ( 4) | 8 |
| 69. | ユーゴスラビア | **JUGOSLAVIA** | 2 | ( 3) | 5 |
| 70. | ケニア | **KENYA** | 20 | ( 0) | 20 |
| 71. | ケニア・ウガンダ・タンザニア | **KENYA / UGANDA / TANZANIA** | | ( 1) | 1 |
| 72. | 韓国 | **KOREA, SOUTH** | 0 | ( 4) | 4 |
| 73. | 北朝鮮 | **KOREA, NORTH** | 9 | ( 2) | 11 |
| 74. | レバノン | **LEBANON** | 0 | ( 1) | 1 |
| 75. | リベリア | **LIBERIA** | 0 | ( 2) | 2 |
| 76. | リヒテンシュタイン | **LIECHTENSTEIN** | 0 | ( 1) | 1 |
| 77. | マダガスカル | **MADAGASCAR (MALAGASY REP.)** | 10 | ( 4) | 14 |
| 78. | マラウイ | **MALAWI** | 0 | ( 1) | 1 |
| 79. | モルディィブ | **MALDIVE** | 18 | ( 2) | 20 |
| 80. | マリ | **MALI** | 0 | ( 1) | 1 |
| 81. | マナマ | **MANAMA** | 1 | ( 0) | 1 |
| 82. | マリアナ諸島 | **MARIANA ISLANDS** | 0 | ( 5) | 5 |
| 83. | マーシャル諸島 | **MARSHALL ISLANDS** | 0 | ( 5) | 5 |
| 84. | モーリタニア | **MAURITANIA** | 0 | ( 2) | 2 |
| 85. | モーリシャス | **MAURITIUS** | 6 | ( 0) | 6 |
| 86. | モナコ | **MONACO** | 1 | ( 7) | 8 |
| 87. | モロッコ | **MOROCCO** | 3 | ( 0) | 3 |
| 88. | モザンビーク | **MOZANBIQUE** | 1 | ( 0) | 1 |
| 89. | オランダ | **NETHERLANDS** | 1 | ( 3) | 4 |
| 90. | 蘭領アンティル | **NETHERLANDS ANTILLES (CURACAO)** | 0 | ( 1) | 1 |
| 91. | ニュー・ブリテン | **NEW BRITAIN** | 0 | ( 7) | 7 |
| 92. | ニュー・カレドニア | **NEW CALEDONIA** | 25 | ( 2) | 27 |
| 93. | ニュー・ヘブリデス | **NEW HEBRIDES** | | | |
| 93a. | 英領 | British | 9 | ( 1) | 10 |
| 93b. | 仏領 | French | 9 | ( 1) | 10 |
| 94. | ニュージーランド | **NEW ZEALAND** | 4 | ( 1) | 5 |

| | | | | | |
|---|---|---|---|---|---|
| 95. | ニカラグァ | NICARAGUA | 0 | ( 1) | 1 |
| 96. | ナイジェリア | NIGERIA | 0 | ( 2) | 2 |
| 97. | ニウエ | NIUE | 0 | ( 3) | 3 |
| 98. | ノーフォーク島 | NORFOLK ISLANDS | 0 | ( 3) | 3 |
| 99. | パプア・ニューギニア | PAPUA NEW GUINEA | 19 | ( 8) | 27 |
| 100. | パラグアイ | PARAGUAY | 0 | ( 2) | 2 |
| 101. | フィリピン | PHILIPPINES | 4 | ( 11) | 15 |
| 102. | ピットケーン諸島 | PITCAIRN ISLANDS | 4 | ( 0) | 4 |
| 103. | ポーランド | POLAND | 0 | ( 3) | 3 |
| 104. | ポルトガル | PORTUGAL | 0 | ( 2) | 2 |
| 105. | カタール | QATAR | 0 | ( 2) | 2 |
| 106. | レユニオン | REUNION | 0 | ( 1) | 1 |
| 107. | ルーマニア | ROMANIA | 6 | ( 0) | 6 |
| 108. | ルアンダ・ウルンジ | RUANDA URUNDI | 0 | ( 5) | 5 |
| 109. | ルアンダ | RWANDA (RWANDAISE REPUBLIQUE) | 0 | ( 2) | 2 |
| 110. | ソ連 | RUSSIA (USSR) | 1 | ( 0) | 1 |
| 111. | 琉球 | RYUKYU ISLANDS | 8 | ( 0) | 8 |
| 112. | セント・ルーシア | ST. LUCIA | 0 | ( 4) | 4 |
| 113. | サン・ピェール島ミケロン島 | ST. PIERRE & MIQUELON | 0 | ( 13) | 13 |
| 114. | セント・ビンセント | ST. VINCENT | 0 | ( 2) | 2 |
| 115. | サモア | SAMOA | 0 | ( 5) | 5 |
| 116. | 西サモア | WESTERN SAMOA (SAMOA I SISIFO) | 17 | ( 6) | 23 |
| 117. | サン・マリノ | SAN MARINO | 1 | ( 1) | 2 |
| 118. | セネガル | SENEGAL | 0 | ( 1) | 1 |
| 119. | セイシェル | SEYCHELLES | 6 | ( 0) | 6 |
| 120. | シャルジャー | SHARJAH | 1 | ( 3) | 4 |
| 121. | シャルジャーとその属領 | DEPENDENCY OF SHARJAH (KHOR FAKKAN) | 1 | ( 3) | 4 |
| 122. | シンガポール | SINGAPORE | 12 | ( 1) | 13 |
| 123. | ソロモン諸島 | SOLOMON ISLANDS | 11 | ( 2) | 13 |
| 124. | ソマリア | SOMALIA (SOMALI DEMOCRATIC REPUBLIC, ITALIAN SOMALILAND) | 6 | ( 0) | 6 |
| 125. | 仏領ソマリ海岸 | SOMALI COAST | 6 | ( 40) | 46 |
| 126. | 南ジョージア | SOUTH GEORGIA | 0 | ( 2) | 2 |
| 127. | スペイン | SPAIN | 0 | ( 31) | 31 |
| 128. | 西領ギネア | SPANISH GUINEA | 0 | ( 1) | 1 |
| 129. | スイス | SWITZWERLAND (HELVETIA) | 2 | ( 0) | 2 |
| 130. | シリア | SYRIA | 0 | ( 1) | 1 |

| | | | | | |
|---|---|---|---|---|---|
| 131. | タ　　　　　イ | **THAILAND** | 4 | ( 0) | 4 |
| 132. | ト　　ー　　ゴ | **TOGO** | | | |
| 132 a. | 独　　　　　領 | German Protectorate | 0 | ( 5) | 5 |
| 132 b. | 英　　　　　領 | Under British Occupation | 0 | ( 6) | 6 |
| 132 c. | 仏　　　　　領 | Under French Occupation | 0 | ( 4) | 4 |
| 133. | トーゴ共和国 | **TOGO, REPUBLIC OF** | 15 | ( 4) | 19 |
| 134. | ト ケ ラ ウ | **TOKELAU ISLANDS** | 4 | ( 0) | 4 |
| 135. | チュニジア | **TUNISIA** | 0 | ( 3) | 3 |
| 136. | タークス・カイコス諸島 | **TURKS & CAICOS ISLANDS** | 3 | ( 17) | 20 |
| 137. | ツ バ ル ウ | **TUVALU** | 1 | ( 0) | 1 |
| 138. | ウマル・クェイン | **UMM AL QIWAIN** | 1 | ( 0) | 1 |
| 139. | ウ ル ガ イ | **URUGUAY** | 2 | ( 0) | 2 |
| 140. | 北ベトナム | **VIET NAM, NORTH** | 8 | ( 0) | 8 |
| 141. | バージン諸島 | **VIRGIN ISLANDS** | 4 | ( 20) | 24 |
| 142. | ウォーリス・フーツナ | **WALLIS & FUTUNA ISLANDS** | 11 | ( 3) | 14 |
| 143. | イエーメン | **YEMEN, THE MUTAWAKELITE KINGDOM OF** | 0 | ( 2) | 2 |
| 144. | 南イエーメン | **YEMEN, PEOPLE'S DEMOCRATIC REPUBLIC** | 4 | ( 2) | 6 |

## 貝の値段と切手の値段

アメリカ映画「シャレード」でおなじみのように，切手はただ，趣味として収集の対象となるばかりでなく，古くて発行数の少ないものは，その稀少価値が高値をよんで，投機や殖産の対象にもなる。貝殻も，時にはその造化の妙が海の宝石にもたとえられて，マニアのあいだで天井しらずの高値で競売され，新聞紙上をにぎわすことがある。

つぎに切手の意匠にとりあげられた貝の値段と，それを描いた切手の値段を，それぞれ最新の専門カタログからひろってくらべてみよう：——

| | | 切手の値段 | 貝の値段 |
|---|---|---|---|
| ウミノサカエ | *Conus gloria-maris* | 24～40セント | 200～500ドル |
| ハデミナシ | *C. milneedwardsi* | 35セント | 400～800ドル |
| ダイオウソデガイ | *Strombus goliath* | 10～32セント | 50～100ドル |
| ミサカエショクコウラ | *Harpa costata* | 18～27セント | 100～400ドル |
| ナンヨウダカラ | *Cypraea aurantium* | 7セント～1.25ドル | 200～450ドル |
| リュウグウオキナエビス | *Pleurotomaria rumphii* | 38～80セント | 350～650ドル |
| ベニオキナエビス | *P. hirasei* | 7～12セント | 80～125ドル |

これをみれば，そうじて，深海産あるいは稀産の貝は，貝殻そのものよりは，それを描いた切手のほうがはるかにやすい。ただし，世界最初の純貝切手といわれるクモガイ・マガキガイ・リュウキュウオウギ3種を描いた琉球政府発行（1950年，#13）の切手は，当時，額面5円で発売されたものが，現在1,500～1,800円の高値をよんでいる。このほか，旧独領植民地で発行のイタヤガイのマークを印面の一部に画いた準貝切手には，なんと550ドルという超高値で取引きされているものもある。

# 2．凡　　　例

# Information for Users

## ◇発行国別目録

### 1．収録切手の範囲と種類

1840－1978年の約140年間に世界の140余カ国から発行の軟体動物を意匠とした，いわゆる貝切手1,512種を収録，その内容は軟体動物を主題（モチーフ）に描いた，いわゆる純（貝）切手565種と副次的にあしらった準（貝）切手947種からなる。

### 2．国名の配列

大体，英語の国名のイニシャル（頭文字）のアルファベット順にならべ，それぞれに固有の発行国番号をつけた。

（例）

1．アファール・イッサ　**AFARS ET DES ISSAS**

⋮

68．日　　本　**JAPAN**

⋮

141．バージン諸島　**VIRGIN ISLANDS**

### 3．セット見出し

切手は発行年月日の古い順にセットごとまとめ，見出しには，そのセットに共通なことがらをつぎの順序でしるしてある：——

①発行年月日，②種類（使用目的），③セット名称（発行の意義・目的），④同構成数，⑤印刷型式，⑥その他（必要に応じて加刷の有無，目打ち，透しなど）

（例）

1974．Ⅰ．7．① 航空，② A・ファウル基地開設10周年記念，③ 3種セット（完），④ グラビア⑤

### 4．切手の記載

それぞれのセットの中では，切手は額面の低額の順にならべ，切手の特徴が次の順序で簡潔にしるしてある：——

①カタグロ番号，②額面，③図案の説明（貝の名称），④その他（刷色，台切手など），⑤分類索引番号

（例）

#28① 1r② ホラガイ *Charonia tritonis* の中にヤドカリ 'Giant hermit crab' in Triton's trumpet shell③……G21⑤

1）カタログ番号：主としてスコット標準郵便切手カタログ **Scott Standard Postage**

**Stamp Catalogue**1979年版（目録中に“ # ”でしめす）によったが，これに掲載もれの切手については，一部，ギボンス・カタログ1978年版(“§”)，ミンカス・カタログ1974－’75年版（“ⓐ”）などによった。なお，スコット番号の数字の前に符号（アルファベット）がつけてあるのは，それぞれ，つぎのような切手の種類（使用目的）をあらわしている：——

**B**. 付加金つき（例.#**B**123）
**C**. 航　　空（例.#**C**45）
**E**. 速　　達（例.#**E**67）
**J**. 不 足 料（例.**J**8）
**M**. 軍 事 用（例.#**M**70）
**O**. 公（官）用（例.#**O**10）
**R**. 郵 便 税（例.#**R**20）

また，その組合わせもある：——

**CB**. 付加金つき航空（例.#**CB**987）

2）貝の名称：切手の印面に描かれた貝の図，または図案を，専門的な立場から検討のうえ，妥当と思われる名をあてた。印面にしるされた名称や図案の誤りについては，そのつど註記するとともに一括表示した。また，一般に親しみがもてるよう現生種にはすべて和（日本）名をあて，和名のないものには，新たに名をつけた：——

(例) イサリビウズ（新）*Trochus flammulatus*

3）純貝切手：貝をモチーフ（主題）に描いた切手には，和名の前に“ * ”印をつけてある。ここで「純（貝）切手」とは，①貝を主題に描いた切手で②写実的なものをいう（図6－8）。また，「準（貝）切手」とは，①印面の一部または背景に貝の図を副次的に描いたものをいい（図9，11,）たとえ，②貝を主に描いたものであっても，明らかに図案化されたもの（図10）は，これに含まれる。

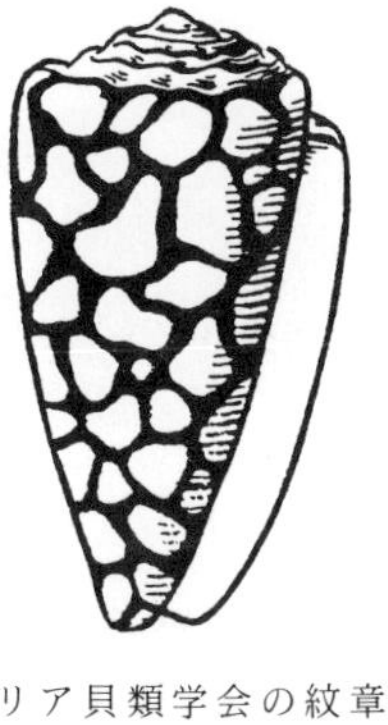

オーストラリア貝類学会の紋章(クロミナシ)
Emblem of the Malac. Soc. of Australia (*Conus marmoreus*)

図 **Tex-fig. 6.** 純(貝)切手(1)典型的なもの Stamp showing a shell as the principal element of the design.

図 **Text-fig. 7.** 純(貝)切手(2)典型的なもの Stamp showing shells as the principal element of the design.

図 **Text-fig. 8.** 純(貝)切手(3)見方によってはヤドカリが主題ともとれる例 Stamp showing a hermit crab or shell as the principal element of the design.

図 **Tex-fig. 9.** 準(貝)切手(1)写実的な貝の図を副次的にあしらったもの Stamp showing a shell as subsidiary subject of the design.

図 **Text-fig. 10.** 準(貝)切手(2)図案化した貝を主題に描いた例 Stamp showing a stylized shell as a principal element of the design.

図 **Text-fig. 11** 準(貝)切手(3)まわりに小さな貝の図案をあしらった例 Stamp showing stylized shells as subsidary subject of the design.

4) 化石切手：化石種を描いた切手には，和名の前に"†"(短剣票) 印をつけた。

5) 分類索引番号：大きい分類単位（綱）をしめす符号（アルファベット）と小さな分類単位(科) をあらわす数字 (科番号) の組み合わせからなっており，それぞれの符号は：——

**G.** 腹 足 類 (綱)

**B.** 二枚貝類 (綱)

**C.** 頭 足 類 (綱)

をあらわしている。また，それぞれの綱にぞくする科には固有の通し番号（科番号）がふっ

てある。したがって，(206－234参照)

#89　$10^c$　ホネガイ *'Murex'* (*Acupurpura*) *pecten* ……………………………………G22

とあれば，索引の中から

**腹足綱 Gastropoda**

と

G22…………………………アクガイ科 **Muricidae**

をさがして，その中を従覧すれば，

ホネガイ *Murex* (*Acupurpura*) *pecten* (Lightfoot) (＝*triremis, tenuispina*), Venus' Comb Murex　　2 (74-75), 106(76), 67(75), 88(70), 96(67-68), 125(62-63)

がもとめられ，①分類学上の位置や正しい学名，②同種異名（シノニム），③英名，さらには，同じ種類の貝切手が④どの国から，⑤何年に発行されたか――まで見当がつくしくみになっている。

## ◆分類索引

**1．分類の方法**

最近の軟体動物（貝類）の分類体系にしたがい，原始的なものから進化したグループの順に，門・綱(亜綱)・目・科の階級別にまとめて表にしめした。

**2．属の名称**

属・亜属の名称をこまかくあげつらうのは，この目録の性質上，一般にはかえって混乱をまねくおそれがあるので，ここではスイショウガイ科，タカラガイ科，イモガイ科など一部をのぞき，疎分法により，やや古くから使われている安定した学名をもちいた。

**3．分類索引見出し**

綱および科名は太字でしめし，その左端に，それぞれに固有の符号や番号がふってある。これは発行国別目録の右端の分類索引番号と対応する見出しである(前述「分類索引番号」の項参照)。

**4．貝の名称の記載**

それぞれの科の中では属ごとにまとめて，種名の頭文字のアルファベット順にならべ，和名・学名・同種異名・英名・切手索引番号などがしるされている。

1）切手索引番号：発行国番号とセット発行年をあらわす数字〔1800年代はフルに，1900年代は末尾2つの数字だけを（　）内にしめす〕の組合わせからなる。したがって

(例)

トウカムリ *Cassis cornuta* (**L.**), Horned helmet　　79(65), 127(*72*)

とあれば，発行国別目録の79番目と127番目の国，つまりモルディブ **MALDIVE ISLANDS** とスペイン **SPAIN** から，それぞれ1965年と1972年に発行されたセットの一つであることが知られる。さらに，それぞれのセットの中を従覧すれば，切手に関するデータがひととおりわかるしくみになっている。なお，（　）の中のセット発行年をあらわす数字が立体（普通字体）ならば純切手を，斜体（イタリック）であれば準切手であることを示している。

*　　*　　*

**Key to the Symbol and Lettering used on the Catalogue of Stamps by Countries :**

* : Stamp with shell(s) as the principal element of the design.

† : Fossilized shell(s) on stamp

# : Number from *Scott Standard Postage Stamp Catalogue* (1979).

#B : Semi-postal

#C : Air-post

#E : Special Delivery

#J : Postage Due

#M : Military

#O : Official

#R : Postal Tax

#CO : Air-post Official

§ : Number from *Stanley Gibbons Stamp Catalogue* (1977)

ⓐ : Number from *Minkus New World Wide Stamp Catalogue* (1974-75).

(The letter and figure combination at the right end of the Catalogue indicates systematic position of each shell on stamp on the Systematic Index, pp. 205-234)

G 1 : Gastropoda, Pleurotomariidae

B10 : Bivalvia, Ostreidae

C20 : Cephalopoda, Argonautidae

アメリカ軟体動物連合体の紋章　EmblemEmblem of the Malaco-American logical Union, Inc.

# 3．発行国別貝類切手目録

# Catalogue of Stamps by Countries showing Shell Designs

## 1．アファール・イッサ　AFARS ET DES ISSAS

100 centimes サンチーム(c)＝1 franc フラン (fr)

1972. III. 8．通常，**海の貝 Sea Shells** 4種セット(完)，グラビア Photo.

#358　4 fr *イチゴナツモモ *'Clanculus' pharaonius* ……G 4
#359　9　*ヒョウダカラ *'Cypraea' (Cypraea) 'pantherina'* ……G18
#360　20　*マンボウガイ *'Cypraecassis rufa'* ……G20
#361　50　*ヤヨイハルガゼ *Cymbium 'aethiopicus'* ……G35

1973. III. 16. 航空，**海の生物 Marine Life**　2種の1．グラビア Photo.

#C81　40 fr *サメハダテナガダコ *Octopus macropus luteus* ……C18

1975－'76　通常，**海の貝 Sea Shells** シリーズ10種セット(完)，凹版，Enger.

#382　5 fr　*タガヤサンミナシ[1] *'Conus' (Darioconus) 'textile'* ……G38
　1）左隅にヒオウギ類の図案
#383　5　*インドセンジュガイ *'Murex' (Triplex) 'palmarosae'* ……G24
#384　10　*スマトライモ[1] *'Conus' (Rhizoconus) 'sumatrensis'* ……G38
　1）左側にスピルラ（？）の図案
#385　15　*サフランダカラ *'Cypraea' (Luria) 'pulchra'* ……G18
#386　20　*ヤマシギホネガイ(新) [1] *'Murex' (Murex) scolopax* ……G24
　1） 左隅にタコとヤドカリのはいった巻貝の図案
#387　20　*スルスミダカラ *'Cypraea' (Talparia) 'exhusta'* ……G18
#388　40　*ミヤコボラ *Bursa rana*[1] ……G22

1）　*B. rana*（×*'Ranella spinosa'*，同定の誤り mis-identified)

#389　45　*ヤマシギホネガイ(新)[1] *'Murex'* (*Murex*) *'scolopax'* ……………………G 24

1）左隅にタコとヤドカリのはいった巻貝の図案

#390　55　*インドスソヨツメダカラ(新)[1] *'Cypraea'* (*Bistolida*) *stolida 'erythraensis'* ……………………G 18

1）左隅にイタヤガイ類の図案

#391　60　*ハチマキイモ(新) *'Conus'* (*Virroconus*) *'taeniatus'* ……………………G 38

発行年月日：1975／Ⅰ／10(#386)，'75／Ⅲ／7 (#382-385)，'75／Ⅻ／4 (#390-391)，'76／Ⅺ／17(#383, 387)

1977. 通常，**海の貝 Sea Shells** 4 種類セット(完)，凹版 *Engr.*

#433　$5^{fr}$ *ホシダカラ *'Cypraea'* (*Cypraea*) *'tigris'* ……………………G 18

#434　30　*ダイミョウイモ *'Conus'* (*Cleobula*) *'betulinus'* ……………………G 38

#435　70　*ニシキミナシ *'Conus'* (*Dendroconus*) *'striatus'* ……………………G 38

#436　85　*ハチジョウダカラ *'Cypraea'* (*Mauritia*) *'mauritiana'* ……………………G 18

発行年月日：1977／Ⅲ／16(#434-435)，Ⅵ／3 (#433, 436)

# 2．アイツタキ　AITUTAKI

100 cents セント ($c$)＝1 dollar ドル ($)

1974－'75. 通常，太平洋の貝 **Pacific Shells** シリーズ14種セット(完)，グラビア Photo.

#82　$½^c$ *テングガイ *'Murex'* (*Chicoreus*) *'ramosus'* ……………………G 24

#83　1　*オオベソオオムガイ *'Nautilus'* cf. *'macromphalus'* ……………………C 1

#84　2　*ウネショクコウラ *'Harpa major'* ……………………G 34

#85 3 *カズラガイ *'Phalium strigatum'* ……G20
#86 4 *タルダカラ *'Cypraea'* (*Talparia*) *'talpa'* ……G18
#87 5 *ニシキノキバフデ *'Mitra' cardinalis*[1] ……G32
1) *M. cardinalis* (= *'stictica'*, 異名 synonym)
#88 8 *ホラガイ *'Charonia tritonis'* ……G21
#89 10 *ホネガイ *'Murex'* (*Acupurpura*) *pecten*[1] ……G24
1) *M. pecten* (= *'triremis'*, 異名 synonym)
#90 20 *オオジュドウマクラ *'Oliva sericea'* ……G31
#91 25 *シワクチナルトボラ *Bursa 'rubeta'* ……G22
#92 60 *ゴホウラ *'Strombus'* (*Tricornis*) *'latissimus'* ……G16
#93$ 1 *マツカワガイ *Applon* (*'Biplex'*) *'perca'* ……G21
#94 2 *リュウキュウタケ *'Terebra maculata'* ……G40
#95 5 *シロガネダカラ *'Cypraea'* (*Umbilia*) *'hesitata'* ……G18
発行年月日：1974／I／31(#82-93), '75／I／20(#94), '75／II／28(#95)

# 3．アジマン AJMAN

100 naya paise ナヤペーズ (np) = 1 rupee ルピー (r)

1972. I. 20. 通常・航空, **野生動物と熱帯魚 Tropical Fishes and Stylized Marine Life in Margins**16種セットの8

ⓐ1279 5$^{np}$ 熱帯魚（ハッチェット・フイッシュ）のまわりに海の生物とムシロガイ *Nassarius* sp. の図案 Hatchet and, dog whelk and various marine life in margins ……G28
ⓐ1280 10 〃 （チョウチョウウオ） 〃 Butterfly fish and, dog whelk and various marine life in margins ……G28
ⓐ1281 15 〃 （ベタ） 〃 Siamese fighting fish and, dog whelk and various marine life in margins ……G28
ⓐ1282 20 〃 （エンゼル・フィッシュ） 〃 〔航空〕Angel fish and, dog whelk and various marine life in margins.〔Airmail〕 ……G28
ⓐ1283 25 〃 （チョウチョウウオ） 〃 〔〃〕Butterfly fish and, dog whelk and various marine life in margins〔〃〕 ……G28
ⓐ1284 50 〃 （カーディナル・テトラ） 〃 Cardilal and, dog whelk and

various marine life in margins ……………………………………………… G 28
ⓐ1285 75 〃 （グッピー） 〃 Guppy and, dog whelk and
various marine life in margins ……………………………………………… G 28
ⓐ1286 $1^r$ 〃 （ネオン・テトラ） 〃 Neon tetra and, dog whelk
and various marine life in margins ………………………………………… G 28

## 4．アルバニア ALBANIA

100 qintar (qindarka) キンター (q)＝1 lek レク (l)

1968. VIII. 20. 通常，**海の生物 Marine Life** 4種セットの2，平版 Litho.
#1170 $15^q$ *ヨーロッパヤリイカ *'Loligo vulgaris'* ……………………………… C 11
#1172 25 *セイヨウエゾボラ（ヨーロッパバイ）*'Buccinum undatum'*〔生貝〕
Common northern whelk ………………………………………………………… G 26

## 5．アルジェリア ALGERIA

100 centimes サンチーム (c)＝1 franc フラン (fr), 100 centimes＝1 dinar ディナール (d) (1964)

1952. VIII. 11. 通常，**第19回万国地質学会議記念**（化石）**19th International Geological Congress** 2種セットの1，凹版 Engr.
#247 $15^{fr}$ *†ベルベリケラス・セキケンシス（菊石類）*'Berbericeras sekikensis'*
(Fossil ammonite) ………………………………………………………………… C 4

1970. III. 28. 通常，**海の生物 Marine Life** シリーズ4種セットの1，グラビア Photo.
#436 $40^{fr}$ *シシリアタイラギ *'Pinna nobilis'* …………………………………… B 3

# 6．アンゴラ　ANGOLA

100 centavos センタボ（c）=1 escudo エスカド（e）

1970．X．31．通常，**鉱物化石 Fossils & Minerals** シリーズ12種セットの1，平版 Litho.

#561　6[e]　*†ノストケラス・ヘリキヌム（菊石類）*'Nostoceras helicinum'*（Fossil ammonite）……C 3

1974．X．25．通常，**海の貝 Sea Shells** 20種セット(完)，平版 Litho.

#573　25[c]　*バライロショクコウラ *'Harpa' rosea*[1)]……G34

1）*H. rosea*（=*'doris'*，異名 synonym）

#574　30　*オハグロホネガイ(新) *'Murex'*（*Homalocantha*）*'melanemathos'*……G24

#575　50　*スキヤアサリ(〃) *'Venus foliacea lamellosa'*……B20

#576　70　*ペテンツノマタ(〃) *Latirus*[1)] *'filosus'*……G30

1）*Latirus*（×*'Lathryrus'*，誤綴 mis-spelled）

#577　1[e]　*オミナハツカイ *'Cymbium cisium'*……G35

#578　1.50　*モザイクトウカムリ(新) *'Cassis tesselata'*……G20

#579　2　*ヨモスガラダカラ *'Cypraea'*（*Trona*）*'stercoraria'*……G18

#580　2.50　*ダイオウイモ *'Conus'*（*Lithoconus*）*'prometheus'*……G38

#581　3　*アンゴラソデガイ *'Strombus'*（*Lentigo*）*'latus'*……G16

#582　3.50　*ツノダシヘナタリ *'Tympanotonus fuscatus'*……G11

#583　4　*ワダチザル *'Cardium costatum'*……B15

#584　5　*イカヅチタマガイ(新) *'Natica fulminea* var. *cruentata'*……G19

#585　6　*コブナデシコ *'Chlamys*（*Nodipecten*）*'nodosus'*……B 6

#586　7　*オオミヤシロガイ *'Tonna galea'*……G23

#587　10　*サザナミノコガイ(新) *'Donax rugosus'*……B17

#588　25　*フロリダイボボラ *Distorsio clathrata*[1)]……G21

1） *D. clathrata* (×*'Cymatium trigonum'*, 同定の誤り mis-identified)

#589 30 *トガリハコマクラ(新) *'Olivancillaria acuminata'* ……… G31

#590 35 *フヌケニシ(新) *Hemifusus*[1]*'morio'* ……… G29

1） *Hemifusus* (×*'Semifusus'*, 誤綴 mis-spelled)

#591 40 *アンゴラクダマキ(新) *'Clavatula lineata'* ……… G39

#592 50 *イボグルマ *'Solarium' nobilis*[1] ……… G41

1） *S. nobilis* (=*'granulatum'*, 異名 synonym)

# 7．アンギラ ANGUILLA

100 cents セント(c)＝1 dollar ドル ($)

1969. IX. 22. 通常, **海の貝 Sea Shells** シリーズ4種セット(完), 平版 Litho.

#74 10^c^ * { マキミゾサザエ *Turbo canaliculatus*, 'Turban' ……… G 5
オオタカラシタダミ *Gaza superba* ……… G 4
スカシウラウズ *Astraea caelata*, 'Star shell' ……… G 5 }

#75 15 *アメリカショウジョウ *Spondylus americanus*, 'Spiny oysters' ……… B 7

#76 40 * { ツヅレウラシマ(新) *Phalium cicatricosum*, 'Smooth scotch bonnet' G20
スコンスボラ *Scontia striata*, 'Royal bonnet' ……… G20
イボウラシマ *Phalium granulatum*, 'Scotch bonnet' ……… G20 }

#77 50 *セイヨウホラガイ *Charonia variegata*, 'Triton's trumpet' ……… G21

1977. IV. 18. 通常, **動植物 Fauna and Flora** 7種セットの1, 平版 Litho.

#277 3^c^ *ピンクガイ *'Strombus'* (*Tricornis*) *'gigas'* ……… G16

# 8．アンチグア ANTIGUA

100 cents セント (c)＝1 dolar ($)

1972. VIII. 1. 通常，**海の貝 Sea Shells** 4種セット(完)，平版 Litho.

#288 3 c *フグリウラシマ *Cypraecassis testiculus,* 'Reticulated Cowrie-helmet' … G20

#289 5 *シマウマダカラ *Cypraea* (*Trona*) *zebra,* 'Measled Cowrie' …………… G18

#290 35 *ソデボラ *Strombus* (*Sorombus*) *pugilis,* 'West Indian Fighting Conch' …………… G16

#291 50 *タカノハソデガイ *Strombus* (*Triconis*) *raninus,* 'Hawk-wing Conch' G16

# 9. オーストラリア AUSTRALIA

12 pence ペンス (p)=1 shilling シリング (sh), 20 shillings=1 pound ポンド (£), 100 cents セント(c)=1 dollar ドル ($) (1966)

1936. IV. 1. 通常，**オーストラリア・タスマニア間電話開通記念 Linking of Australia & Tasmania by Telephone** 2種セット(完)，凹版 Engr.

#157 2 p ジェームズホタテガイ *Pecten jacobaeus* の上に立つ海の女神 Amphitrite astride a Jacob's scallop shell …………… B 6

#158 3 〃 〃 〃 〃 …………… B 6

1966. 通常，(これより10進通貨＄表示 Decimal Currency Definitive Series)，グラビア Photo.

#404 9 c *ウズラガイ *Tonna perdix* の殻に入ったヤドカリ Hermit crab in a Tun shell …………… G23

1972. IV. 18. 通常，**地方婦人会発足50周年記念 50th Anniversary of Country Women's Association,** グラビア Photo.

#518 7 c カメオ・ブローチ Cameo brooch

# 10. オーストラリア北極洋地域 AUSTRALAIAN ANTARCTIC TERRITORY

1973. VIII. 15. **海洋の食物連鎖 Food Chain in Ocean (Essential for Survival)** 12種セットの1，グラビア Photo.

#L34 $1 ハーベイダイオウイカ（新）*Architeuthis harveyi*をおそうマッコウクジラ Sperm whale attacking Giant squid ……………… C14

# 11. オーストリア AUSTRIA

100 groshen グロッセ（g）＝1 schilling シリング（s）

1976. IV. 30. 通常，**ウィーン自然史博物館100年記念 Centenary Exhibition of Vienna Museum of Natural History** 1種（完），グラビア Photo.

#1032 3s *† ビルガトスフィンクテス・トランシトリウス（菊石類）*Virgatosphinctes transitorius* (Fossil ammonite) ……………… C 4

# 12. バハマ BAHAMAS

12 pence ペンス（p）＝1 shilling シリング（sh），20 shillings＝1 pound ポンド（£），
100 cents セント（c）＝1 dollar ドル（$）（1966）

1860 通常，凹版 Engr.（透しなし Unwmkd., 目打なし Imperf.)

#1 1p ビクトリア女王の肖象とピンクガイ *Strombus* (*Tricornis*) *gigas* の図案（右下隅）A portrait of Queen Victoria & stylized Queen conch (in margins)（くすんだこい赤 dull lake） ……………… G16

1861 通常，凹版 Engr.（透しなし Unwmkd., 粗目打 Rough Perf.：14－16）

#2 1 p ビクトリア女王の肖像とピンクガイ *Strombus*（*Tricornis*）*gigas* の図案（右下隅）A portrait of Queen Victoria & stylized Queen conch（in margins）（こい赤 lake）……G16

1862. 通常，凹版 Engr.（透しなし Unwmkd.）

#5 1 p ビクトリア女王の肖像とピンクガイ *Strombus*（*Tricornis*）*gigas* の図案（右下隅）A portrait of Queen Victomia & stylized Queen conch（in margins）（こい赤 lake, 目打 perf.：11½，12）……G16

#8 1 〃 〃 〃 （〃） 〃 （茶味こい赤 brown lake，目打 perf. 13）……G16

1863－75. 通常，凹版 Engr.（透し Wmkd.：王冠 Crown と "C. C."，目打 perf.：12½）

#11 1 p ビクトリア女王の肖像とピンクガイ *Strombus*（*Tricornis*）*gigas* の図案（左下隅）A portrait of Queen Victoria & stylized Queen conch（in margins）（こい赤 lake）……G16

#12 1 〃 〃 （〃） 〃 （朱 vermilion）……G16

#15 1 sh ビクトリア女王の肖像（横顔）とピンクガイ *Strombus*（*Tricornis*）*gigas* の図案（右下隅）A portrait of Queen Victoria & stylized Queen conch（in margins）（緑 green）……G16

1863－81. 通常，凹版 Engr.（透し Wmkd.：冠 Crown と "C. C."，目打 Perf.：14）

#16 1 p ビクトリア女王の肖像とピンクガイ *Strombus*（*Tricornis*）*gigas* の図案（右下隅）A portrait of Queen Victoria & stylized Queen conch（in margins）（朱 vermilion）……G16

#17 1 〃 〃 （〃） 〃 〃 （紅 carmine）……G16

#19 1 sh 〃 （横顔） 〃 （〃） 〃 （緑 green）……G16

1882－98. 通常，凹版 Engr.（透し Wmkd.：冠 Crown と "C. A."）

#20 1 p ビクトリア女王の肖像とピンクガイ *Strombus*（*Tricornis*）*gigas* の図案（右下隅）A portrait of Queen Victoria & Queen conch（in margins）（朱 vermilion, 目打 perf.：14）……G16

#22 1 sh 〃 （横顔） 〃 （〃） 〃 （緑 green，目打 perf.：14）…G16

#23 1 〃 （〃） 〃 （〃） 〃 （青緑 blue green，目打 perf.：14）……G16

#24 1 p 〃 〃 〃 〃 （〃） 〃 （朱 vermilion，目打 perf.：12）……G16

1884−90. 通常，凸版 Typo.（透し Wmkd.：冠 Crown と "C. A."，目打 Perf.：14）

#27 1 p ビクトリア女王の肖像（横顔）とピンクガイ *Strombus*（*Tricornis*）*gigas* の図案（右下隅）A portrait of Queen Victoria & stylized Queen conch (in margins)（紅桃色 carmine rose） ……G16
#28 2½ 〃 〃 〃 〃 （紫青 ultra-marine） ……G16
#29 4 〃 〃 〃 〃 （黄 yellow） ……G16
#30 6 〃 〃 〃 〃 （すみれ violet） ……G16
#31 5 sh 〃 〃 〃 〃 （オリーブ緑 olive green） ……G16
#32 £1 〃 〃 〃 〃 （茶 brown） ……G16

1902. 通常，凸版 Typo.（透し Wmkd.：冠 Crown と "C. A."）

#37 1 p エドワードⅦの肖像とピンクガイ *Strombus*（*Tricornis*）*gigas* の図案 A portrait of King Edward VII and stylized Queen conch (in margins)（紅桃 carmine rose） ……G16
#38 2½ 〃 〃 〃 〃 （紫青 ultra-marine） ……G16
#39 4 〃 〃 〃 〃 （橙 orange） ……G16
#40 6 〃 〃 〃 〃 （暗い茶 bistre brown） ……G16
#41 1 sh 〃 〃 〃 〃 （茶・黒・紅 gry., blk. & car.） ……G16
#42 5 〃 〃 〃 〃 （すみれ・紫青 vio. & ultra.） ……G16
#43 £1 〃 〃 〃 〃 （緑・黒 grn. & blk.） ……G16

1906−11. 通常，凸版 Typo.（透し Wmkd.：多重冠 Multiple crown と "C. A."）

#44 ½ p エドワードⅦの肖像とピンクガイ *Strombus*（*Tricornis*）*gigas* の図案 A portrait of King Edward VII & Queen conch (in margins)（緑 green） G16
#45 1 〃 〃 〃 〃 （紅桃 carmine rose） ……G16
#46 2½ 〃 〃 〃 〃 （紫青 ultramarine） ……G16
#47 6 〃 〃 〃 〃 （暗い茶 chocolate） ……G16

1912−19. 通常，凸版 Typo.（透し Wmkd.：多重冠 Multiple crown に "C. A.".）

#49 ½ p ジョージVの肖像とピンクガイ *Strombus*（*Tricornis*）*gigas* の図案 A portrait of King George V & Queen conch (in margins)（緑 green） ……G16
#50 1 〃 〃 〃 〃 （紅桃 carmine rose） ……G16
#51 2½ 〃 〃 〃 〃 （紫青 ultramarine） ……G16
#52 4 〃 〃 〃 〃 （橙 orange） ……G16
#53 6 〃 〃 〃 〃 （暗い茶 bristre brown） ……G16
#54 1 sh 〃 〃 〃 〃 （黒・赤 blk. & red） ……G16
#55 5 〃 〃 〃 〃 （すみれと紫青 vio. & ultra.） ……G16

#56 £1 〃 〃 〃 〃 (緑・黒 green & blk.) ……G16

1918. II. 21. 戦時税，加刷 Optd.（1912年発行切手に"WAR TAX"）

#MR1 ½ᵖ ジョージVの肖像にピンクガイ *Strombus*（*Tricornis*）*gigas* の図案（#49に加刷）A portrait of King George V and stylized Queen conch (in margins) ……G16

#MR2 1 〃 〃 〃 (#50〃) ……G16

#MR4 1 sh 〃 〃 〃 (#54〃) ……G16

1918. VI. 戦時税，加刷 Optd.（1912年発行切手に太字で"WARTAX"）

#MR6 ½ᵖ ジョージVの肖像にピンクガイ *Strombus*（*Tricornis*）*gigas* の図案（#49に加刷）A portrait of King George V & stylized Queen conch (in margins) ……G16

#MR7 1 〃 〃 〃 (#50〃) 〃 (〃) ……G16

#MR8 1 sh 〃 〃 〃 (#54〃) 〃 (〃) ……G16

1919. VII. 14. 戦時税，加刷 Optd.（1912年発行切手に太字で"WARTAX"）

#MR11 ½ᵖ ジョージV肖像とピンクガイ *Strombus*（*Tricornis*）*gigas* の図案（#49に加刷）A portrait of King George V & stylized Queen conch (in margins) ……G16

#MR12 1 〃 〃 〃 (#50〃) ……G16

#MR13 1 sh 〃 〃 〃 (#54〃) ……G16

1921–31. 通常，凸・凹版 Engr. & Typo.（透し Wmkd.：多重冠 Multiple crown に筆記体で"C. A."）

#70 ½ᵖ ジョージVの肖像とピンクガイ *Strombus*（*Tricornis*）*gigas* の図案 A portrait of King George V & stylized Queen conch (in margins)（緑 green）…G16

#72 1 〃 〃 〃 (こいピンク carmine rose) ……G16

#73 1½ 〃 〃 〃 (淡黄褐 fawn) ……G16

#74 2 〃 〃 〃 (灰 gray) ……G16

#75 2½ 〃 〃 〃 (紫青 ultramarine) ……G16

#76 3 〃 〃 〃 (すみれ・黄 violet & yellow) ……G16

#77 4 〃 〃 〃 (黄 yellow) ……G16

#79 6 〃 〃 〃 (暗い茶 bristre brown) ……G16

#80 1 sh 〃 〃 〃 (黒・赤 blk. & red) ……G16

#83 5 〃 〃 〃 (すみれ・紫青 vio. & ultra.) ……G16

#84 £1 〃 〃 〃 (緑・黒 grn. & blk.) ……G16

1938−46. 通常，凸版 Typo.

#100 ½ᵖ ジョージVIの肖像とピンクガイ *Strombus* (*Tricornis*) *gigas* の図案 A portrait of King George VI and stylized Queen conch (in margins) (緑 green) ……G16

| | | | |
|---|---|---|---|
| #101 | 1 | 〃 〃 〃 | (紅 carmine) ……G16 |
| #102 | 1½ | 〃 〃 〃 | (赤茶 red brown) ……G16 |
| #103 | 2 | 〃 〃 〃 | (灰 gray) ……G16 |
| #104 | 2½ | 〃 〃 〃 | (紫青 ultramarine) ……G16 |
| #105 | 3 | 〃 〃 〃 | (うすいすみれ light violet) ……G16 |
| #109 | 10 | 〃 〃 〃 | (黄味橙 yellow orange) ……G16 |
| #110 | 1 sh | 〃 〃 〃 | (黒と紅 blk. & car.) ……G16 |
| #112 | 5 | 〃 〃 〃 | (赤味紫と紫青 pur. & ultra.) ……G16 |
| #113 | £1 | 〃 〃 〃 | (緑と黒 grn. & blk.) ……G16 |

1940. XI. 28. 加刷 Surch. (#104に額面変更)

#115 3ᵖ on 2½ᵖ ジョージVIの肖像とピンクガイ *Strombus* (*Tricornis*) *gigas* の図案 A portrait of King George VI and stylized Queen conch (in margins) ……G16

1942. X. 12. 通常，コロンブス大陸発見450年記念 **450th Anniversary of Landfall of Columbus** 加刷 Optd.(1931−42 発行切手に"1492／LANDFALL／OF／COLUMBUS／1942")

| | | | |
|---|---|---|---|
| #116 | ½ᵖ | (#100に加刷) | ……G16 |
| #117 | 1 | (#101A 〃 ) | ……G16 |
| #118 | 1½ | (#102 〃 ) | ……G16 |
| #119 | 2 | (#103B 〃 ) | ……G16 |
| #120 | 2½ | (#104 〃 ) | ……G16 |
| #121 | 3 | (#105A 〃 ) | ……G16 |
| #125 | 1 sh | (#110 〃 ) | ……G16 |
| #128 | 5 | (#112a 〃 ) | ……G16 |
| #129 | £1 | (#113 〃 ) | ……G16 |

1951−52. 通常，凸版 Typo. (透し Wmkd.：多重冠 Multiple crown と筆記体 script"C. A.", 目打 Perf.：13½×14)

#154 ½ᵖ ジョージVIの肖像とピンクガイ *Strombus* (*Tricornis*) *gigas* の図案 A portrait of King George VI & stylized Queen conch (in margins) (紫味赤 claret)

……………………………………………………………………………………G16

#155 2 〃 〃 〃 (緑 green) ……………………………………G16

#156 3 〃 〃 〃 (桃紅 rose red) ……………………………………G16

1959. VI. 10. 通常，バハマ郵便切手発行100年記念 **Centenary of the First Postage Stamps of Bahamas** 4種(完)，凹版 Engr.

#174 1$^p$ エリザベスIIの肖像とピンクガイ *Strombus* (*Tricornis*) *gigas* の図案 A portrait of Queen Elizabeth II and stylized Queen conch (in margins) (暗い赤 dark red) ……………………………………G16

#175 2 〃 〃 〃 (緑 green) ……………………………………G16

#176 6 〃 〃 〃 (青 blue) ……………………………………G16

#177 10 〃 〃 〃 (茶 brown) ……………………………………G16

1965. I. 7. 通常，凹版と平版 Engr. & Litho.

#217 10$^{sh}$ *ピンクガイ *Strombus* (*Tricornis*) *gigas* とエリザベスII Queen conch & QE II ……………………………………G16

1966. V. 25. 通常，加刷 Optd.(1965年発行切手に額面・貨幣単位変更 New values in Cents & $)

#243 $ 2 on 10$^{sh}$ *ピンクガイ *Strombus* (*Tricornis*) *gigas* とエリザベスII Queen conch & Q E II ……………………………………G16

1967. V. 25. 通常，(1965年発行切手に新貨幣単位表示 New values in Cents & $)

#265 $ 2 *ピンクガイ *Strombus* (*Tricornis*) *gigas* とエリザベスII Queen coch & QE II ……………………………………G16

1973. VII. 10. 通常，**独立記念 Independence 1973** 4種セットの1と小型シート Souvenir sheet，平版 Litho.

#349 11$^c$ バハマ国章の中にピンクガイの図案 Queen cohh in new Bahaman coat of arms ……………………………………G16

#351 a 小型シート Sheet of 4 (上記のほかに#348，350−351を含む) 大きさ size：85½×120㎜) ……………………………………G16

## 13. バーレン島　BAHRIN

100 fils フィル(f)＝1 dinar ディナール（d）

1966. I. 1. 通常，バーレン郵政記念 **Bahrain Postal Administration** 12種セットの2，グラビア Photo.

#149 100[f] 真珠貝採り Pearl divers

#152 1[d] 真珠の首飾り Pearl necklace

## 14. バルバドス　BARBADOS

4 farthings ファージング(f)＝1 penny ペニー(p)，12 pence＝1 shilling シリング(sh)，
20 shillings＝1 pound ポンド（£），100 cents セント（c）＝1 dollar ドル（$）
(1950)

1892—1903 通常，凸版 Typo（透し Wmkd.：冠 Crown と 'C. A.'）

| | | | |
|---|---|---|---|
| #70 | 1[f] | 女神ブリタニアの馬車にホタテガイ1種の飾り Stylized scallop shell chariot in design with 'Brittania' riding (Badge of colony)（暗い青味灰・紅 slate & car.） | B 6 |
| #71 | ½[p] | 〃 〃 〃（〃）（緑 green） | B 6 |
| #72 | 1 | 〃 〃 〃（〃）（紅桃色 car. rose） | B 6 |
| #73 | 2 | 〃 〃 〃（〃）（暗い青味灰・橙 slate & orge.） | B 6 |
| #74 | 2½ | 〃 〃 〃（〃）（紫青 ultra.） | B 6 |
| #75 | 5 | 〃 〃 〃（〃）（オリーブ緑 olive grn.） | B 6 |
| #76 | 6 | 〃 〃 〃（〃）（すみれ・紅 viol. & car.） | B 6 |
| #77 | 8 | 〃 〃 〃（〃）（橙・紫青 orge. & ultra.） | B 6 |
| #78 | 10 | 〃 〃 〃（〃）（青緑・紅 bl. grn. & car.） | B 6 |
| #79 | 2[sh]6[p] | 〃 〃 〃（〃）（暗い青味灰・橙 slate & orge.） | B 6 |
| #80 | 2[sh]6[p] | 〃 〃 〃（〃）（紫 purple） | B 6 |

1897 通常，ビクトリア女王治世50年記念 **Victoria Jubilee Issue**，凸版 Typo，（透し Wmkd.：冠 Crown と 'C. C.'）

#81 1$^{f}$ 女神ブリタニアの馬車にホタテガイ1種 *Pecten* sp. の飾り Stylized scallop shell chariot in design with 'Brittania' riding (Badge of colony) ……B 6

#82 ½$^{p}$ 〃 〃 〃 (〃) ……B 6

#83 1 〃 〃 〃 (〃) ……B 6

#84 2½ 〃 〃 〃 (〃) ……B 6

#85 5 〃 〃 〃 (〃) ……B 6

#86 6 〃 〃 〃 (〃) ……B 6

#87 8 〃 〃 〃 (〃) ……B 6

#88 10 〃 〃 〃 (〃) ……B 6

#89 2$^{sh}$ 〃 〃 〃 (〃) ……B 6

1904−10. 通常，凸版 Typo (透し Wmkd.：多重冠 Multiple Crown に 'C. A.')

#90 1$^{f}$ 女神ブリタニアの馬車にホタテガイ1種 *Pecten* sp. の飾り Stylized scallop shell chariot in design with 'Brittania' riding (Badge of colony) (灰・紅 gray & car.) ……B 6

#91 1 〃 〃 〃 (茶 brown) ……B 6

#92 ½$^{p}$ 〃 〃 〃 (緑 green) ……B 6

#93 1 〃 〃 〃 (紅桃 car. rose) ……B 6

#94 1 〃 〃 〃 (紅 carmine) ……B 6

#95 2 〃 〃 〃 (灰 gray) ……B 6

#96 2½ 〃 〃 〃 (紫青 ultramarine) ……B 6

#97 6 〃 〃 〃 (すみれ・紅 vio. & car.) ……B 6

#98 6 〃 〃 〃 (くすんだすみれ・すみれ dull vio. & vio.) ……B 6

#99 8 〃 〃 〃 (橙・紫青 orge. & ultra.) ……B 6

#100 1$^{sh}$ 〃 〃 〃 (緑 green) ……B 6

#101 2$^{sh}$6$^{p}$ 〃 〃 〃 (紫・緑 pur. & grn.) ……B 6

1912. 通常，凸版 Typo.

#116 ¼$^{p}$ ジョージVの肖像とブリタニアの馬車にホタテガイ1種 *Pecten* sp. の飾り A portrait of King George V and stylized scallop shell chariot in design with 'Brittania' riding. ……B 6

#117 ½ 〃 〃 〃 〃 ……B 6

#118 1 〃 〃 〃 〃 ……B 6

#119 2 〃 〃 〃 〃 ……B 6

#120 2½ 〃 〃 〃 〃 ……B 6

#121 3 〃 〃 〃 〃 ……B 6

#122 4 〃 〃 〃 〃 ……B 6

#123 6 〃 〃 〃 〃 ……………………………………………… B 6
#124 1 sh 〃 〃 〃 〃 ……………………………………………… B 6
#125 2 〃 〃 〃 〃 ……………………………………………… B 6
#126 3 〃 〃 〃 〃 ……………………………………………… B 6

1965. VII. 15. 通常，**海の生物 Marine Life** 14種セットの2，グラビア Photo.
#273 8 c *バハマハネガイ *'Lima'* (*Ctenoides*) *scabra*, 'File shell' …………… B 8
#279 $ 1 *ピンクガイ *Strombus* (*Tricornis*) *gigas*, 'Queen Conch Shell' …… G 16

## 15. ベルギー BELGIUM

100 centimes サンチーム (c) = 1 franc フラン (fr)

1967. IX. 30. 通常，**ガン・リージェ両大学開学150年記念 150th Anniversaries of the Universities of Ghent and Liege** 2種セットの1，凹版とグラビア Engr. & Photo.
#651 3 fr ガン大学の学章の中にホタテガイ1種 *Pecten* sp. の図案 Stylized scallop shell in design of emblem of Ghent University …………………… B 6

## 16. バーミューダ BERMUDA

12 pence ペンス (p) = 1 shilling シリング (sh). 20 shillings = 1 pound ポンド (£),
100 cents セント (c) = 1 dollar ドル ($) (1970)

1969. IX. 29. 通常，**バーミューダ沖宝さがし Treasures Salvaged off the Coast of Bermuda** シリーズ4種セットの2，グラビア Photo.
#235 1 sh 3 p 黄金とエメラルドをちりばめた十字架とイモガイ1種 *Conus* sp. (海底風景) Cone shell and gold and emerald Cross ………………………… G 38

#237 26 〃 〃 (〃) 〃 〃 ……………………………… G 38

# 17. ブータン BHUTAN

100 chetrum チェトラム (ch) = 1 ngultrum (rupee) ニュルトラム (nu)

1969. V. 2. 通常，**万国郵便連合加盟記念 Admission of Bhutan into U. P. U.** 8種セット (完)

------ 5ch シャンクガイ *Xancus pyrum* の図案 Stylized Chank shell ……………G 33
------ 10 〃 〃 〃 ……………G 33
------ 15 〃 〃 〃 ……………G 33
------ 45 〃 〃 〃 ……………G 33
------ 60 〃 〃 〃 ……………G 33
------ 1.05nu 〃 〃 〃 ……………G 33
------ 1.40 〃 〃 〃 ……………G 33
------ 4 〃 〃 〃 ……………G 33

1974. II. 15. 通常(?)，**読み書き Reading and Writing, Paintings** シリーズ12種セットの1

------ 1.25nu シャンクガイ *Xancus pyrum* の図案 Styliyed Chank shell …………G 33

# 18. ブラジル BRAZIL(BRASIL)

100 centavos センタボ (c) = 1 cruzeiro クルゼイロ (cr)

1977. VII. 14. 通常，**巻貝 Sea Shells** 3種セット(完)，平版 Litho.

#1513 1.30cr *カブトオニコブシ(新)[1]'*Vasum cassiforme*' ……………G 33

1) 右巻き right-handed (×左巻き left-handed, 図の誤り misfigured)

#1514 1.30 *ダイオウソデガイ '*Strombus*' (*Tricornis*) '*goliath*' ……………G 16

#1515 1.30 *ブラジルハッキガイ(新)[1]*Murex*' (*Siratus*) '*tenuivaricosus*' ………G 24

1) 右巻き right-handed (×左巻き left-handed, 図の誤り misfigured)

# 19. 英領インド洋地域
# BRITISH INDIAN OCEAN TERRITORY

100 cents セント（c）=1 rupee ルピー（r）

1968－78. 通常，**海の動物 Marine Fauna** シリーズ17種のうち1，平版 Litho.

#28 $1^r$ *ホラガイ *Charonia tritonis* の殻にはいったヤドカリ 'Giant Hermit Crab' in Triton's trumpet ……G21

1971. II. 1. 通常，**アルダブラの自然保護 Aldabra Nature Reserve** 4種セットの1，平版 Litho.

#41 $1^r$ アルダブラのカタツムリ 'Aldabra tree snail'

1974. XI. 12. 通常，**海の貝 Sea Shells（Wild Life 1974）** 4種セット(完)，平版 Litho.

#59 $45^c$ * { シュマダラギリ *'Terebra' nebulosa*[1)] ……G40
タケノコガイ *'Terebra subulata'* ……G40 }

1）シュマダラギリ *T. nebulosa*（×リュウキュウタケ *T. maculata*，同定の誤り miss-identified）

#60 75 *ヤコウガイ *'Turbo marmoratus'* ……G5

#61 $1^r$ *アカイガレイシ *'Drupa rubusidaeus'* ……G24

#62 1.50 *マンボウガイ *Cypraecassis 'rufa'* ……G20

# 20. ビルマ BURMA

100 pyas ピア（p）=1 kyat キアト（k）

1968. III. 4. 通常，ビルマの真珠業 **Burma Pearl Industry**，平版 Litho.

\#196 15$^{p}$ ビルマ真珠 'Burma pearls'

# 21. ブルンジ BURUNDI

100 centimes サンチーム（c）=1 franc フラン（fr）

1967. VI. 5. 航空，アフリカの美術 **African Arts** 5種セットの1，グラビア Photo.

\#C37 14$^{fr}$ サルタンの真珠の玉座 Pearl thorne of sultan of the Bamum

# 22. カメルーン CAMEROUNS

100 Pfennige ペニヒ（pf）=1 Mark マルク（m），1 pence ペンス（p）=1 shilling シリング(sh), 100 centimesサンチーム（c）=1 franc フラン（fr）

1900 通常，凹版 Engr.

\#16 1$^{m}$ カイザー・ヨットにイタヤガイ1種 *Pecten* sp. の図案（両下隅に2）Kaiser's yacht and stylized scallop shells (at both lower corners) ……………… B 6

\#17 2 〃 〃 （〃） 〃 ……………… B 6

\#18 3 〃 〃 （〃） 〃 ……………… B 6

\#19 5 〃 〃 （〃） 〃 ……………… B 6

1915. 通常，加刷 Optd. & surch.（1900年発行切手に‘C. E. F.’と額面変更）

#62 1 $^{sh}$on 1 $^{m}$ カイザー・ヨットにイタヤガイ1種 *Pecten* sp. の図案 Kaiser's yacht and stylized Scallop shells (at both lower corners) ……………………B 6

#63 2 on 2 〃 〃 (〃) ……………………B 6

#64 3 on 3 〃 〃 (〃) ……………………B 6

#65 5 on 5 〃 〃 (〃) ……………………B 6

## 23. カナダ CANADA

100 cents セント（c）=1 dollar ドル（$）

1951. II. 1. 通常，**カナダの漁業費源 Canada's Fur Resources** 1種(完)，凹版 Engr.

#302 $ 1 漁網をもつ漁夫のまわりにアメリカガキ *Crassostrea virginica,* アメリカイタヤ *Chlamys* (*Argropecten*) *irradians* およびホンビノスガイ *Mercenaria mercenaria* の図案 Fishermen with net and scallop, oyster and clam in margins ……………………B 10, B 6, B 20

1951. 公用，加刷 Optd.（#302に“G”）

#027 $ 1 漁網をもつ漁夫のまわりにアメリカガキ *Crassostrea virginica*, アメリカイタヤ *Chlamys* (*Argropecten*) *irradians* およびホンビノスガイ *Mercenaria mercenaria* の図案 Fishermen with net and scallop, oyster and clam in margins ……………………B 10, B 6, B 20

## 24. カロリン諸島 CAROLINE ISLANDS

100 Pfennige ペニヒ (pf) =1 Mark マルク (m)

1900 通常，凹版 Engr.

#16 1 $^{m}$ カイザー・ヨットにイタヤガイ1種 *Pecten* sp. の図案（両下隅に2）Kaiser's

yacht and stylized scallop shells (at both lower corners) ………………… B 6
#17 2 〃 〃 〃 〃 (〃) 〃 ………………………… B 6
#18 3 〃 〃 〃 〃 (〃) 〃 ………………………… B 6
#19 5 〃 〃 〃 〃 (〃) 〃 ………………………… B 6

# 25. カイマン CAYMAN ISLANDS

12 pence ペンス (p) =1 shilling シリング(sh), 20 shillings=1 poundポンド (£),
100 cents セント (c)=1 dollar ドル ($) (1969)

1935 通常，凹版 Enger.

#88 1 ½$^p$ ジョージVの肖像とピンクガイ *Strombus* (*Tricornis*) *gigas* の図案 (左右両下隅に 2) A portrait of King George V and stylized Queen conchs (at both lower corners) ………………………………………………………………… G 16
#96 10$^{sh}$ 〃 〃 〃 〃 (〃) 〃 ………………………… G 16

1938. V. 5. 通常，凹版 Engr, (目打 Pref. : 13×11 ½)

#100 ¼$^p$ 海岸風景とピンクガイ *Strombus* (*Tricornis*) *gigas* の卵嚢 (左右両下隅に 2) Scene of sea shore and egg clusters of Queen conch ……………………… G 16
#102 1 カイマンの地図とピンクガイ *Strombus* (*Tricornis*) *gigas* の図案(右下隅に 1) Map of Cayman and stylized Queen conch (at right lower corner) … G 16
#103 1 ½ 海岸風景とピンクガイ *Strombus* (*Tricornis*) *gigas* の卵嚢 (両下隅に 2) Scene of sea shore and egg clusters of Queen conch ……………………… G 16
#105 2 ½ カイマン・スクーナーとピンクガイ *Strombus* (*Tricornis*) *gigas* の図案 Cayman schooner and stylized Queen conch ……………………………… G 16
#106 3 カイマンの地図とピンクガイ *Strombus* (*Tricornis*) *gigas* の図案 Map of Cayman and stylized Queen conch ……………………………………………… G 16
#109 2$^{sh}$ 海岸風景とピンクガイ *Strombus* (*Tricornis*) *gigas* の卵嚢 Scene of sea shore and egg clusters of Queen conch ……………………………………… G 16
#110 5 カイマン・スクーナーとピンクガイ *Strombus* (*Tricornis*) *gigas* の図案 Cayman schooner and stylized Queen conch ……………………………… G 16

1947. 通常，凹版 Engr.（目打 Pref.：12 ½）

#114 2 ½$^p$ カイマン・スクーナーとピンクガイ *Strombus* （*Tricornis*） *gigas* の図案 Cayman schooner and Queen conchs (at both lower corners) …………G16

#115 3 カイマンの地図とピンクガイ *Strombus* （*Tricornis*） *gigas* の図案 Map of Cayman and stylized Queen conch (at lower right corner) ……………G16

1962. IX. 28. 通常，凹版 Engr,（目打 Pref.：11×11 ½，11 ½×11）

#153 ¼$^p$ エリザベスIIの肖像とピンクガイ *Strombus* （*Tricornis*） *gigas* の図案 Cayman Parrot, Portrait of Q E II and stylized Queen conch (at lower left corner) ……………………………………………………………G16

#161 9 〃 〃 〃 〃 （〃）…………………………………G16

#166 10$^{sh}$ 〃 〃 〃 〃 （〃）…………………………………G16

#167 £1 〃 〃 〃 〃 （〃）…………………………………G16

1972. XI. 20. 通常，エリザベスII銀婚記念 **Silver Wedding of Royal Couple** 2種(完)，グラビア Photo.

#304 12$^c$ 女王夫妻の肖像にタイマイとピンクガイ *Strombus* （*Tricornis*） *gigas* の図案 A portrait of Royal Couple and stylized Queen conch and Hawksbill turtle (in border design) ……………………………………………………G16

#305 30 〃 〃 〃 〃 ……………………………………………………G16

1974. VIII. 1. 通常，海の動物と海賊の宝 **Marine Fauna and Pirate Treasures** 15種セットのうち 4，平版 Litho.

#331 1$^c$ *ヤドカリのはいったダイオウガンゼキ（*Murex* （*Phyllonotus*） *regius* と珊瑚に金塊 Hermit crab in Regal murex shell, Staghorn coral & pirate treasures ……………………………………………………………………………G24

#332 3 宝箱とコブナデシコ *Chlamys* （*Nodipecten*） *'nodosus'*. Pirate treasure chest and 'Lion's paw scallop' ……………………………………………………B 6

#340 15 *バラツブリ *'Murex'* （*Murex*） *'cabriti'* と首飾り 'Cabrit's Murex' and jeweled necklace ……………………………………………………G24

#341 20 *ピンクガイ *'Strombus'* （*Tricornis*） *'gigas'* とピストルと金杯 'Queen conch', pistol and gold cup ……………………………………………………G16

## 26. 中央アフリカ CENTRAL AFRICAN REPUBLIC

100 centimes サンチーム (c) = 1 franc フラン (fr)

1971. II. 9. 付加金つき，グラビア Photo.

#B4 $10^{fr}+5^{fr}$ モグリカモシカとメノウアフリカマイマイ *Achatina achatina.* Land snail and Yellow-backed Duiker ……G51

## 27. チ リ — CHILE

100 centavos センタボ(c) = 1 peso ペソ (p),
1000 milesimos ミレシモ (m) = 100centesimos サンテシモ (c) = 1 escudo エスカド (e) (1950),
100 centavos センタボ (c) = 1 peso ペソ (1975)

1958. X. 18. 通常，切手博覧会記念 **National Philatelic Exposition, Santiago** 1種(完)，凹版 Engr.

#303 $10^{p}$ サンチャゴ市章の中にホタテガイ1種 *Pecten* sp. の図案 Stylized scallop shells in arms of Santiago ……B 6

1958. X. 18. 航空，**切手博記念 National Philatelic Exposition, Santiago** 1種(完)，凹版 Engr.

#C194 $50^{p}$ サンチャゴ市章の中にホタテガイ1種 *Pecten* sp. の図案 Stylized scallop shells in Arms of Santiago ……B 6

1972. IX. 20. 通常，**アメリカ観光年キャンペーン Tourism Year of the Americas,** 平版 Litho.

#431 $2.65^{e}$ 貝，カニ，魚とその製品 Shell, fishes and produces

# 28. 中　国　CHINA

## 28a. 中華民国（台湾）　CHINA, REPUBLIC OF (TAIWAN)

100 cents セント (c)＝1 dollar ドル ($)（円）

1971. II. 25. 通常，**台湾産稀貝 Rare Taiwan Shells** 4種セット(完)，平版 Litho.

#1698　$ 1　*ハシナガソデガイ *'Tibia fusus'* ……………… G 16

#1699　2.50　*アデヤカスノコボラ *Lyria 'kurodai'* ……………… G 35

#1700　5　*コブットウイモ[1] *'Conus'* (*kurodaconus*) *'stupella'*[2] ……………… G 38

1) 右巻き right-handed（×左巻き left-handed, 図の描き誤り misprinted）

2) *C. stupella*（× *'stupa'*, 同定の誤り mis-identified）

#1701　8　*リュウグウオキナエビス *'Entemnotrochus rumphii'* ……………… G 1

1973. II. 7. 通常，**中国民衆芸能 Chinese Folklore Popular Entertainment** 4種セットの1，グラビア Photo.

#1823　$ 4　漁夫とドブガイ *Anodonta* sp. の妖精の踊り Mussel fairry and fisherman's dance ……………… B 11

## 28b. 膠州湾独租借地　KIAUCHAU, GERMAN COLONY

100 Pfenndge ペニヒ (pf)＝1 Mark マルク (m),
100 cents セント (c)＝1 dollar ドル ($)（1905）

1900　通常，凹版 Engr.（透しなし Unwmkd.）

#19　1 m　カイザー・ヨットとイタヤガイ *Pecten* sp. の図案（左右両下隅に2）Kaiser's yachat and stylized scallop shells (at both lower corners) ……………… B 6

#20　2　〃　〃　〃　(〃) ……………… B 6

#21　3　〃　〃　〃　(〃) ……………… B 6

#22　5　〃　〃　〃　(〃) ……………… B 6

1905　通常，凹版 Engr.（透しなし Unwmkd.）

#29　$ ½　カイザー・ヨットとイタヤガイ *Pecten* sp. の図案（左右両下隅に2）Kaiser's yacht and stylized scallop shells (at both lower corners) ……………… B 6

#30 $ 1 〃 〃 〃 (〃) ……B 6
#31 1 ½ 〃 〃 〃 (〃) ……B 6
#32 2 ½ 〃 〃 〃 (〃) ……B 6

1905－07 通常，凹版 Engr. (透し Wmk.：菱形紋 Lozenges)
#39 $ ½ カイザー・ヨットとイタヤガイ *Pecton* sp. の図案（左右両下隅に 2）Kaiser's yachat and stylized scallop (at both lower corners) ……B 6
#40 1 〃 〃 〃 (〃) ……B 6
#41 1 ½ 〃 〃 〃 (〃) ……B 6
#42 2 ½ 〃 〃 〃 (〃) ……B 6

## 29. ココス諸島 COCOS ISLANDS

100 cents セント (c) ＝1 dollar ドル ($)

1969. VII. 9. 通常，鳥と海の生物 **Birds and Marine Life** 11種セットの 3，グラビア Photo.
#8 1[c] *キーリングサザエ(新)'*Turbo lajonkairii*' ……G 5
#9 2 *ヒメジャコ '*Tridacna crocea*' ……B16
#10 3 *ヒレナシジャコ '*Tridacna derasa*' ……B16

## 30. コロモ諸島 COMORO ISLANDS

100 centimes サンチーム(c) ＝1 franc (fr)

1962. I. 13. 通常，海の貝 **Sea Shells** 6 種セット(完)，グラビア Photo.

#48　$50^{c}$　*マンボウガイ *'Cypraecassis rufa'* ………… G21
#49　$1^{fr}$　*ショクコウラ *Harpa conoidalis'* ………… G34
#50　2　*テングガイ *'Murex'* (*Chicoreus*) *'ramosus'* ………… G24
#51　5　*ヤコウガイ *'Turbo marmoratus'* ………… G 5
#52　20　*インドフシデサソリ(新) *Lambis* (*'Millepes'*) *'scorpius' indormaris* ………… G16
#53　25　*ホラガイ *'Charonia tritonis'* ………… G21

1962. I. 13. 航空, **海の生物 Marine Life** 2種セットの1, グラビア Photo.
#C5　$100^{fr}$　オオジャコ *Tridacna gigas* とサンゴおよびイソギンチャク Giant clam, coral and sea anemones ………… B16

1971. X. 4. 通常, **海の貝 Sea Shells** 5種セット(完), グラビア Photo.
#99　$5^{fr}$　*ナガサラサミナシ *'Conus'* (*Darioconus*) *'lithoglyphus'* ………… G38
#100　10　*アンボンクロザメ *'Conus'* (*Conus*) *'litteratus'* ………… G38
#101　20　*ツボイモ *'Conus'* (*Regiconus*) *'aulicus'* ………… G38
#102　35　*ニシキアマオブネ *'Nerita polita'* ………… G 6
#103　60　*ハナマルユキ *'Cypraea'* (*Ravitrona*) *'caputserpentis'* ………… G18

1975　通常, 加刷 Optd. & surch.(1971年発行切手に "ETAT COMORIEN" と額面変更)
#150　$75^{fr}$ on $60^{fr}$　*ハナマルユキ *'Cypraea'* (*Ravitrona*) *'caputserpentis'* (#103に加刷) ………… G18

# 31. ベルギー領コンゴ
# CONGO DEMOCRATIC REPUBLIC

100 centimes サンチーム(c)＝1 franc フラン(fr)

1947−50　通常, **バルバ族の面と彫像 Carved Figures and Masks of Baluba Tribe** 16種セットのうち4, 凹版 Engr.
#235　$40^{c}$　タカラガイの飾りをつけた婦人の面 'Ngadimuashi' female mask with cowrie shell ornament ('48) ………… G18
#241　$1^{fr}$ $25^{c}$　〃　〃　〃　〃　(〃) ………… G18
#250　$6^{fr}$　〃　〃　〃　〃　(〃) ………… G18
#252　8　〃　〃　〃　〃　('50) ………… G18

## 32. コンゴ（旧仏領）
## CONGO PEOPLE'S REPUBLIC (Ex French)

100 centimes サンチーム(c)＝1 franc フラン (fr)

1964. X. 20. 通常，**海の生物 Marine Life** 2種セットの1，凹版 Engr.

#119 $2^{fr}$ *セイヨウホタルイカ(新) *'Lycoteuthis diadema'* Deep-sea luminous squid attacking fishes ……… C 13

1975—76. 通常，**古代コンゴの貨幣 Ancient Congolese Money** シリーズ8種の2，凹版 Engr.

#344 $30^{fr}$ タカラガイ1種 *Cypraea* sp.（古代コンゴの貝貨 Ancient Dzeke shell money ……… G 18

#346 35 〃 〃 （〃 〃）（#344と同図柄色違い） ……… G 18

1977. Ⅷ. 20. 通常，**ユーゴ生誕175年記念(作品集)175th Anniversary of Birth of Victor Hugo** (1802–85) 3種セットの1，凹版 Engr.

#405 $100^{fr}$ ユーゴの肖像とタコ1種 *Octopus* sp. の図案 A ptrtrait of V. Hugo and stylized octopus ……… C 18

## 33. クック諸島 COOK ISLANDS (RAROTONGA)

12 pence ペンス(p)=1 shilling シリング (sh), 20 shillings=1 pound ポンド (£),
100 cents セント (c)=1 dollar ドル ($) (1967)

1938. V. 2. 通常，凹版 Engr.

#114 3 sh 海岸の風景とシャコガイ1種 *Tridacna* sp. の図案（両上隅に2）Scene of sea shore and stylized Giant clam (at both upper corners) ………………… B16

1945 通常，凹版 Engr，(#114と同図柄，透しちがい)

#124 3 sh 海岸風景とシャコガイ1種 *Tridacna* sp. の図案（両上隅に2）Scene of sea shore and stylized Giant clar (at both upper corners) ………………… B16

1974−75 通常，**クック諸島の貝 Cook Islands Sea Shells** シリーズ20種セット(完)，グラビア Photo.

#381 ½c *カンコガイ *Phalium 'glaucum'* ………………… G20
#382 1 *コオニコブシ *'Vasum' turbinellum*[1] ………………… G33
1) *turbinellum* (× *'turbinellus'*, 誤綴 mis-spelled)
#383 1½ *リュウキュウアオイ *'Corculum cardissa'* ………………… B15
#384 2 *トンボガイ *'Terebellum terebellum'* ………………… G16
#385 3 *トウコオロギ *Cymbiola* (*'Aulica'*) *'vespertilio'* ………………… G35
#386 4 *ネジマガキ(?) *'Strombus'* (*Canarium*) *'gibberulus'* ………………… G16
#387 5 *シノマキ *'Cymatium pileare'* ………………… G21
#388 6 *ハナマルユキ *'Cypraea'* (*Ravitrona*) *'caputserpentis'* ………………… G18
#389 8 *イワカワウネボラ *'Bursa granularis'* ………………… G22
#390 10 *ウシノツノタケ *Terebra*[1] *areolata*[2] ………………… G40
1) *Terebra* (× *'Tenebra'*, 誤綴 mis-spelled)
2) *T. areolata* (= *'muscaria'*, 異名 synonym)
#391 15 *チョウセンフデ *'Mitra mitra'* ………………… G32
#392 20 *フロガイ *'Natica' alapapilionis*[1] ………………… G19
1) *alapapilionis* (× *'alopapillonis'*, 誤綴 mis-spelled)
#393 25 *チサラガイ *Chlamys* (*'Gloripallium'*) *'pallium'* ………………… B6
#394 30 *ヤナギボシボリイモ *'Conus'* (*Rhizoconus*) *'miles'* ………………… G38
#395 50 *タガヤサンミナシ *'Conus'* (*Dariocosus*) *'textile'* ………………… G38
#396 60 *オオジュドウマクラ *'Oliva sericea'* ………………… G31
#399 $4 *エリザベス女王とクック諸島の貝 A portrait of Q E II and Cook Islands sea shells[1]
#400 6 * 〃 〃 〃 1) (#399と同図柄)
#401 8 * 〃 〃 〃 1) ( 〃 〃 )

#402 10 * 〃 〃 〃 1) ( 〃 〃 )

1) タガヤサンミナン *Conus textile* (G38), リュウキュウアオイ *Corculum cardissa* (B15), ハナマルユキ *Cypraea caputserpentis* (G18), チサラガイ *Chlamys pallium* (B6), チョウセンフデ *Mitra mitra* (G32), フロガイ *Natica alapapilionis* (G15), オオジュドウマクラ *Oliva sericea* (G31), カンコガイ *Phalium glaucum* (G20), その他 (計11種) & others.

# 34. コスタリカ COSTA RICA

100 centimos サンチモ(c) = 1 colon コロン(col)

1969. XI. 14. 通常, **紋章 Coats of Arms** 7種セットの1, 平版 Litho.

#272 1 $^{cd}$ 紋章の中に貝の図案 Stylized shell in design of coat of arms of Puntarenas

# 35. キューバ CUBA

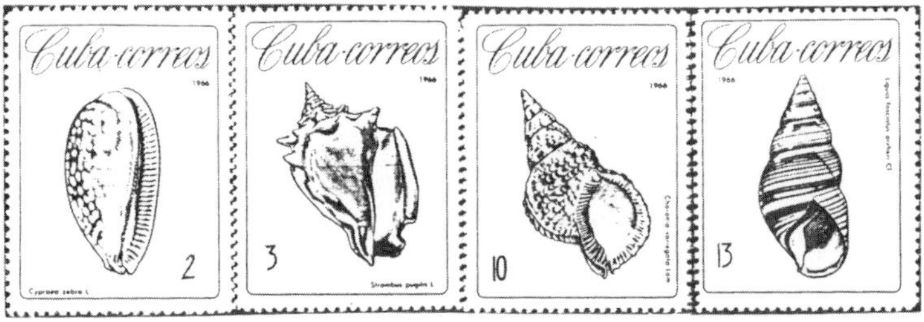


1000 milesimos ミレシモ(m) = 100 centavos センタボ(c) = 1 peso ペソ(p)

1944. V. 19. 通常, **米大陸発見450年記念 450th Anniversary of the Discovery of America** 5種セットの1, 凹版 Engr.

#390 13$^{c}$ ホタテガイ1種 *Pecten* sp. の図案とコロンブスの大陸発見 Scallop shell and Columbus sighting, land ··························· B 6

1958. IX. 26. 通常, **自然科学者フェリップ・ポウイ顕彰 Honouring Felipe Poey**

**(1799-1891), Naturalist** 凹版 Engr.

#608 2[c] 「ポウイ追憶誌」タイトル・ページの背景にピンクガイ *Strombus* (*Tricornis*) *gigas* の図案 Queen conch on title page of Poey's "Memorias" ………G16

#609 4 F. ポウイの肖像の片隅にカタツムリ A portrait of F. Poey and land snails at lower left corner

1958. Ⅷ. 29. 航空, **生物学者カルロス・ド・ラ・トーレ博士生誕100年記念 Centenary of Birth of Dr. Carlos de la Torre, Naturalist** 4種セットの2, 凹版 Engr.

#C182 8[c] *コダマママイマイ *Polymita picta*(生態図) ………G55

#C184 30 *†ペリスフィンクテス・カリビアヌス(菊石類) *Perisphinctes* cf. *carribeanus* (Fossil ammonite) ………C4

1961. Ⅻ. 1. 通常, **1961年クリスマス Christmas, 1961** 平版 Litho.

§999 1[c] *イナヅマコダマママイマイ *'Polymita s. flammulata'* ………G55

§1002 1 *サザナミコダマママイマミ(新) *'Polymita fulminata'* ………G55

....... 1 *フンドシコダマママイマイ(〃) *'Polymita nigrofasciata'* ………G55

....... 1 *オハグロコダマママイマイ(〃) *'Polymita fuscolimbata'* ………G55

....... 1 *シュクチコダマママイマイ(〃) *'Polymita roseolimbata'* ………G55

1966. II. 28. 通常, **キューバの手工芸 Cuban Handicrafts** 7種の1, 平版 Litho.

§1338 13[c] *コダマママイマイ *Polymita picta* の殻でつくったネック・レースとイヤ・リング Land-snail-shell neklace and ear-rings ………G55

1966. Ⅷ. 25. 通常, **キューバの貝 Cuban Molluscs** 7種セット(完), 平版 Litho.

§1384 1[c] *トラフイトヒキマイマイ *'Liguus flamellus'* ………G52

§1385 2 *シマウマダカラ *'Cypraea'* (*Trona*) *'zebra'* ………G18

§1386 3 *ソデボラ *'Strombus'* (*Strombus*) *'pugilis'* ………G16

§1387 7 *アザミヒヨク *Chlamys* (*'Aequipecten'*) *'muscosus'* ………B6

§1388 9 *コブライトヒキマイマイ(新) *'Liguus fasciatus crenatus'* ………G52

§1389 10 *セイヨウホラガイ *'Charonia variegata'* ………G21

§1390 13 *イトヒキマイマイ *'Liguus fasciatus archeri'* ………G52

1966. Ⅻ. 12. 通常, **第1回国内電気通信会議記念 1st Tele-communication Conference** 3種セットの1, 平版 Litho.

§1438 13[c] 貝の図案と人工衛星 Stylized shell and man-made satellites

1967. IX. 5. 通常, **世界潜水漁業選手権大会記念 World Sub-marine Fishing Championship** 7種セットの1, 平版 Litho.

§1528 2 c *タコ1種 *Octopus* sp. とダイバー Octopus[1] and diver ……… C18

1) ?*O. vulgaris* または *O. briareus*

1969. V. 20. 通常, **甲殻類 Crustaceans** 7種セットの4, 平版 Litho.

§1639 1 c *クチベニシャンクガイ *Vasum angulata* とヤドカリHermit crab in the shell of West Indian Chank ……… G33

§1640 2 エビ, ヤギ類とタカラガイ1種 *Cypraea* sp. Cowrie shell, shrimp and corals ……… G18

§1643 5 オカガニ1種とハバナシシュモクアオリ(新) *Isognomon alatus* Flat tree oysters and Land crab ……… B5

§1645 30 カニ, サンゴとヒラクルスガイ(新) *Crepidula plana* Eastern white slipper-shells, crab and corals ……… G13

1972. VI. 5. 通常, **童謡コンクール記念 Kid's Music Concours** 1種(完), 平版 Litho.

§1937 3 c タコ1種 *Octopus* sp. とヒトデ, クジラと楽譜 Octopus, sea star, whale and kid's music book ……… C18

1973. II. 26. 通常, **第6次国立博物館所蔵絵画シリーズ National Museum Paintings** (**6th Series**) 7種の1, 平版 Litho.

§2006 2 c 貝一種(静物画, W・C・ヘーダ作) Sea shells in still life by W.C.Heda

1973. X. 29. 通常, **陸産貝類 Land Snails** シリーズ7種セット(完), 平版 Litho.

§2075 1 c *ゴシキイトヒキマイマイ '*Liguus fasciatus fasciatus*' ……… G52

§2076 2 *マンボイトヒキマイマイ(新) '*Liguus fasciatus guitarti*' ……… G52

§2077 3 *カストロイトヒキマイマイ(〃) '*Liguus fasciatus whartoni* ……… G52

§2078 4 *テンシイトヒキマイマイ(〃) '*Liguus fasciatus angelae*' ……… G52

§2079 5 *トバゴイトヒキマイマイ(〃) '*Liguus fasciatus trinidadense*' ……… G52

§2080 13 *ハデイトヒキマイマイ '*Liguus blainianus*' ……… G52

§2081 30 *ハタイトヒキマイマイ '*Liguus vittatus*' ……… G52

1974. V. 26. 通常, **自然科学者フェリッペ・ポウイ生誕175年記念175th Anniversary of Birth of F. Poey, Naturalist**

§2126 2 c *ニセオウサナギガイ(新) '*Pineria beathiana*[1] ……… G53

1) *P. beathiana* (× '*P. terebra*', 同定の誤り mis-identified)

§2129 13 *ハデクチベニコダママイマイ(〃) '*Hemitrochus*' *varians*[1] ……… G55

1) *H. varians* (× '*H. fuscolabiata*', 同定の誤り mis-identified)

# 36. チェコスロバキヤ CZECHOSLOVAKIA

100 haleru ヘラー (h) = 1 Koruma コルマ (k)

1956. III. 17. 通常, チェコスロバキアの工芸品 **Products of Czechoslvakian Industries**
4種のうち1, 凹版 Engr.
#736 30$^h$ 宝石箱と真珠の首飾り Pearl-necklace and jewelry chest

1958 通常, ブラッセル万国博記念 **Universal and International Exposition at Brussels**
5種のうち1, 凹版 Engr.
#849 30$^h$ 装身具に真珠, タカラガイ Pearls and cowries in jewelry ……………… G 18

1968. VIII. 8. 通常, 第23回万国地質学会議記念 **23rd International Geological Congress, Prague** 化石 **Fossils** 5種セットの2, 凹版とグラビア Engr. & Photo.
#1559 30$^h$ *†ヒポフィロケラス・ビゾナートム (菊石類) *Hypophylloceras bizonatum* (Fossil ammonite) ……………… C 2
#1562 1$^k$ *†クラミス・ギガス (二枚貝類) *Chlamys gigas* (Fossil bivalve) … B 6

1974. IV. 25. 通常, ユネスコ水質学10年記念 **Hydrological Decade (1965-74) UNESCO**
5種セットの1, 凹版 Engr.
#1933 1.20$^k$ 巻貝, ヤドカリと魚の図案 Sea snail shell, Hermit crab and fishes (Study of the oceans)

1975. IV. 27. 通常, 熱帯魚 **Tropical Fishes** 5種セットの3, グラビアと凹版 Photo. & Engr.
#2009 1$^k$ 巻貝と水草と魚 Fresh water snails, fishes and weeds
#2010 1.20 〃 〃 〃 〃
#2012 2 〃 〃 〃 〃

# 37. ダホメー DAHOMEY

100 centimes サンチーム (c)＝1 franc フラン (fr)

1968. XI. 25. 航空，1968年クリスマス **Christmas, 1968** 藤田嗣次画伯作品 **Paintings by T. Fujita** 4種セットのうち1，グラビア Photo.

#C92 200$^{fr}$ シャコガイ1種 *Tridacna* sp. (キリスト洗礼の聖盤) Giant clam and Baptism of Christ ………………………………………………………… B16

# 38. ジ ブ チ DJIBOUTI, REPUBLIC OF

100 centimes サンチーム (c)＝1 franc フラン (fr)

1977. VI. 27. 通常，加刷 Optd. & surch. (アファール・イッサ1972－'77年発行切手に新国名"REPUBLIQUE DE DJIBOUTI"加刷，あるいは額面変更)

#439 1$^{fr}$on 4$^{fr}$ *イチゴナツモモ '*Clanculus pharaonius* (#358に加刷) ………… G 4

#440 2 on 5 *ホシダカラ '*Cypraea*' (*Cypraea*) '*tigris*' (#433 〃 ) ………… G18

#443 20 *スルスミダカラ '*Cypraea*' (*Talparia*) '*exhusta*' (#387 〃 ) ………… G18

#444 30 *ダイミョウイモ '*Conus*' (*Cleobula*) '*betulinus*' (#436 〃 ) ……… G38

#445 40 *ウニミヤコボラ *Bursa* ('*Ranella*') *rana*[1] (#388 〃 ) ……………… G22

1) *B. rana* (× '*spinosa*', 同定の誤り mis-identifed)

#449 60 *ハチマキイモガイ(新) '*Conus*' (*Virroconus*) '*taeniatus*' (#391 〃 ) ………………………………………………………………………… G38

#451 70 *ニシキミナシ '*Conus*' (*Dendroconus*) '*striatus*' (#439 〃 ) ……… G38

1977. IX. 21. 通常，海産動物 **Marine Fauna** 3種セットの1，平版 Litho.

#465 45$^{fr}$ *イロウミウシの1種 '*Glossodoris*' sp. ……………………………… G46α

1978. 通常, ホラガイ類 **Trumpet Shells** 2種セット(完), 平版 Litho.

...... 10$^{fr}$ *タンコブボラ(新) '*Charonia lampas*'[1] ……………… G 21

1) *C. lampas* (=*nodifera*, 同種異名 synonym)

...... 80 *セイヨウホラガイ '*Charonia variegata*' ……………… G 21

# 39. 英領ドミニカ DOMINICA

100 cents セント (c)=1 dollar ドル ($)

1976. XII. 20. 通常, 海の貝 **Sea Shells** 7種セット(完)と小型シート Souvenir sheet, 平版 Litho.

#513 ½$^c$ *イボグルマ '*Architectonica nobilis*' ……………… G 41
#514 1 *カエントウカムリ '*Cassis flammea*' ……………… G 20
#515 2 *ネズミイモ '*Conus*' (*Virroconus*) '*mus*' ……………… G 38
#516 20 *カリビアオニコブシ '*Vasum muricatum*' ……………… G 33
#517 40 *ソデボラ '*Strombus*' (*Strombus*) '*pugilis*' ……………… G 16
#518 50 *シロクチトヨツガイ '*Coralliophila abbreviata*' ……………… G 25
#519 $3 *クダモノツブリ '*Murex*' (*Phyllonotus*) '*pomum*' ……………… G 24
#520 2 *フロリダアザミ '*Astraea phoebia*' (小型シート Sheet of I, 大きさ size: 101×76mm, マージンに貝の図あり. #520 has multicoloured margin showing sea shells) ……………… G 5

# 40. ドバイ DUBAI

100 naya paise ナヤペーズ (np)=1 rupee ルピー (r),
100 dirhames ダーラム (d)=1 riyal リヤル (ri) (1966)

1963. VI. 15. 通常, ドバイの動物と風景 **Fauna and Views of Dubai** 17種セットの6, 平

版 Litho.

#1 1[np] *ウミニナ1種 *Cerithidea* sp. とヨコバサミ Hermit crab in Horn shell G11
#2 2 *コウイカ1種 *Sepia* sp.[1], Cuttle-fish ······ C10
1) ? トラフコウイカ *S. pharaonis*
#3 3 *エスカルゴ *Helix pomatia*, escargot ······ G56
#6 10 *シマガンゼキ *Murex* (*Muricanthus*) *nigritus* ······ G24
#7 15 *ウミニナ1種 *Cerithidea* sp. とヨコバサミ Hermit crab in Horn shell ···G11
#8 20 *コウイカ1種 *Sepia* sp.[1], Cuttle-fish ······ C10
1) ? トラフコウイカ *S. pharaonis*
#9 25 *エスカルゴ *Helix pomatia*, escargot ······ G56
#12 50 *シマガンゼキ *Murex* (*Muricanthus*) *nigritus* ······ G24

1963. VI. 15. 不足税, **海産二枚貝類 Marine Bivalves** 9種セット(完), 平版 Litho.

#J3 1[np] *ヨーロッパザルガイ *Cardium deule* ······ B15
#J2 2 *ヨーロッパイガイ *Mytilus edulis* ······ B 2
#J3 3 *ポルトガルガキ *Crassostrea angulata* ······ B10
#J4 4 *ヨーロッパザルガイ *Cardium edule* ······ B15
#J5 5 *ヨーロッパイガイ *Mytilus edulis* ······ B 2
#J6 10 *ポルトガルガキ *Crassostrea angulata* ······ B10
#J7 15 *ヨーロッパザルガイ *Cardium edule* ······ B15
#J8 25 *ヨーロッパイガイ *Mytilus edulis* ······ B 2
#J9 35 *ポルトガルガキ *Crassostrea angulata* ······ B10

1969. V. 26. 通常, **海産魚 Marine Fishes** 8種(完), 平版 Litho.

#101 60[d] 魚のまわりに貝(6種)[1]の図案 Fish and various stylized shells in margins
#102 60 〃 〃 〃 (〃)[1] 〃
#103 60 〃 〃 〃 (〃)[1] 〃
#104 60 〃 〃 〃 (〃)[1] 〃
#105 60 〃 〃 〃 (〃)[1] 〃
#106 60 〃 〃 〃 (〃)[1] 〃
#107 60 〃 〃 〃 (〃)[1] 〃
#108 60 〃 〃 〃 (〃)[1] 〃

1) タコブネ類 *Argonauta* (C20), リンボウガイ類 *Astraea* (G5), ハシナガソデガイ類 *Tibia* (G16), ショクコウラ類 *Harpa* (G34), ホタテガイ類 *Pecten* (B6), キリガイダマシ類 *Turritella* (G10)

## 41. エチオピア ETHIOPIA(ABYSSINIA)

100 cents セント (c) = 1 ethiopian dollar エチオピア・ドル ($)

1977. VIII. 15. 通常，**化石介類 Fossil Shells** 5種セットの3，グラビア Photo.

#846 $25^c$ *†ククレア・レフェブリアナ (二枚貝類) *Cucullaea lefeburiana*[1] (Fossil bivalve) ………… B 1

1) *Cucullaea lefeburiana* (× '*Cuculloea lefebriaua*' 誤綴 mis-spelled)

#847 50 *†カティヌラ・プリカティシマ (二枚貝類) *Catinula*[1] '*plicatissima*' (Fossil bivalve) ………… B 9

1) *Catinula* (× '*Gryphaea*', 同定の誤り mis-identified)

#848 90 *†トリゴニア・クソブリナ (二枚貝類) '*Trigonia cousobrina*' (Fossil bivalve) ………… B 12

## 42. フォークランド諸島 FALKLAND ISLANDS

12 pence ペンス (p) = 1 shilling シリング (sh), 20 shillings = 1 pound ポンド (£),
100 pence = 1 pound (1971)

1970. X. 30. 通常，**グレート・ブリテン号 H. M. S. The Great Britain (1945 – '70)** 5種セットの1，平版 Litho.

#196 $2^{sh}$ 船のまわりに貝，シャチ，タツコオトシゴの図案 Shells and marine creatures in margins of the Great Britain in 1970

# 43. フィージー FIJI

12 pence ペンス (p)＝1 shilling シリング (sh), 20 shillings＝1 pound ポンド (£),
100 cents セント (c)＝1 dollar ドル ($) (1969)

1962 XII. 3. 通常, 凹版 Engr.
#165 1 ½$^p$ トグロコウイカ *Spirula spirula* の図案(両下隅) Stylized Little nautilus on both lower corners ……C 9

1968. VII. 15. 通常, グラビア Photo.
#242 2$^p$ *オウムガイ *'Nautilus pompilius'* ……C 1
#252 3$^{sh}$ *ナンヨウダカラ *'Cypraea'* (*Callistocypraea*) *'aurantium'*, 'Golden Cowrie Shell' ……G 18

1969. I. 13. 通常 (1968年発行切手に新貨幣単位表示 New values in Cents & $), グラビア Photo.
#261 2$^c$ *オウムガイ *'Nautilus pompilius'* (#242と同図柄) ……C 1
#272 30 *ナンヨウダカラ *'Cypraea'* (*Callistocypraea*) *'aurantium'*, 'Golden Cowrie Shell' (#252と同図柄) ……G 18

1970. III. 4. 通常, **英王室来訪記念 Royal Visit to Fiji,** 加刷 Optd. (1969年発行切手に "ROYAL VISIT／1970")
#286 2$^c$ *オウムガイ *'Nautilus porpilius'* (#261に加刷) ……C 1

1972. IX. 20. 通常, **エリザベスII銀婚記念 Silver Wedding of Royal Couple** 2種(完), グラビア Photo. (アンチグア#296と同図柄)
#328 10$^c$ ホラガイ *Charonia tritonis*, 花, 鯨の歯とエリザベスII Shells, flowers, tooth of Sperm whale and Q E II ……G 21
#329 25 〃 〃 〃 ……G 21

1972. XII. 4. 付加金つき, 加刷 Optd. (1979年発行切手に額面変更と **"HURRICANE RELIEF"**)
#B6 30$^c$+10$^c$ *ナンヨウダカラ *'Cypraea'* (*Callistocypraea*) *'aurantium'*, 'Golden Cowrie Shell' (#272に加刷) ……G 18

# 44. フランス FRANCE

100 centimes サンチーム (c)=1 franc フラン (fr)

1946. X. 28. 付加金つき, 凹版 Engr.
#B209 4$^{fr}$+3$^{fr}$ P.コミネ肖像の中に貝の図案 Stylized shells in portrait of Philippe de Comynes
#B212 10+6 シャルルVIIの肖像の中に貝の図案 Stylized shells in portrait of Charles VII

1954. V. 6. 通常, **フランスの高級手工芸 French Industrial Arts** 5種セットの1, 凹版 Engr.
#714 50$^{fr}$ 真珠の首飾りと金銀細工 Pearl-necklace and metalsmith's work

1960. XI. 14. 通常, **解放20周年記念 20th Anniversary of Order of Liberation** 1種(完), 凹版 Engr.
#977 20$^{c}$ 解放記念章にイタヤガイ1種 *Pecten* sp. (8)の図案 Stylized scallop shells on badge of Order of Liberation ……… B 6

1974. V. 11. 通常, **観光 Tourist Issue** 4種セットの1, 凹版 Engr.
#1406 3$^{fr}$ 巻貝の図案とコルシカ風景 Sea shell over Corsica

1974. XI. 30. 付加金つき(赤十字寄金 Surtax for Red Cross), **四季をえがく児童画 Chiliren's Paintings on the Four Seasons** 2種のうち1, 凹版 Engr.
#B479 60$^{c}$+15$^{c}$ 海水浴場に子供と貝殻 Children and sea shells at sea shore

1975. XI. 29. 付加金つき, **四季をえがく児童画 Children's Paintings on the Four Seasons** 2種のうち1, 凹版 Engr.
#B482 80$^{c}$+20$^{c}$ カタツムリ *Helix* sp.. ウサギ,傘,茸など Land snail, umbrella, rabbits and champinions

1978. I. 17. 通常, **星座 Constellations** 4種セットの1, 凹版 Engr.
...... 0.58$^{fr}$ カニ(座)の図案にトグロコウイカ(?) *Spirula* sp. Stylized crab, little nautilus(?) and marine creatures ……… C 9

# 45. 仏領ポリネシア　FRENCH POLYNESIA

100 centimes サンチーム (c)＝1 franc フラン (fr)

1958. XI. 3. 通常，ポリアネシアの風俗 **Polynesian Customs** 9種セットの2，凹版 Engr.
#189　10$^{fr}$　浜辺で貝を手にする少女 Girl with shells on beach
#190　20　〃　〃　〃　〃　〃

1958. XI 3. 航空，ポリネシアの風俗 **Polynesian Customs** 4種セットの1，凹版 Engr.
#C24　13$^{fr}$　真珠貝 *Pinctada* sp. 細工師 Mother-or-Pearl shell artist ………………B 4

1968. II. 28. 航空，マーケサス諸島の美術 **Art of Marquesas Islands** 8種セットの1，凹版 Engr.
#233　10$^{fr}$　真珠貝 *Pinctada* sp. の彫刻 Carved Mother-of-Pearl shell　……………B 4

1970. IX. 30. 航空，ポリネシアの真珠貝業 **Pearl Industy of French Polynesia** 5種セット(完)，凹版 Engr.
#C57　2$^{fr}$　真珠貝採取篭とダイバー　Pearl diver descending, and basket
#C58　5　真珠貝 *Pinctada* sp. を採るダイバー　Diver collecting pearl oysters … B 4
#C59　18　真珠貝 *Pinctada* sp. の核入れ　Inplantation into oyster …………………B 4
#C60　27　真珠の入った貝 Open oyster with pearl ………………………………………B 4
#C61　50　真珠をもつ女 Woman with Mother-of-Pearl jewelry

1970. XII. 14. 航空，ポリネシア在住画家の作品 **Paintings by Artists Living in Polynesia** 5種セットの1，グラビア Photo.
#C65　60$^{fr}$　貝と婦人の絵（ジロア作）Shells and woman (by J. Gillois)

1977. III. 14. 航空，海の貝 **Sea Shells** 3種セット(完)，グラビア Photo.
#C138　25$^{fr}$　*ナンカイセンジュモドキ(新) *'Murex'* (*Chicoreus*) *'steeriae'* ………G24
#C139　27　*ゴーギャンイモ *'Conus'* (*Chelyconus*) *'gauguini'* ………………………G38
#C140　35　*ダンシャクイモ(新) *'Conus'* (*Conus*) *'marchionatus'* ………………G38

1977. V. 23. 航空，第3回国際珊瑚礁シンポジウム記念 **3rd International Symposium on Coral Reefs, Miami, Fla.** 2種セットの1，グラビア Photo.
#C145　25$^{fr}$　シャコガイ1種 *Tridacna* sp. とサンゴ Giant clam and corals　……B16

1978. IV. 13. 通常，**海の貝 Sea Shells** シリーズ 3 種(完)，グラビア Photo.

...... $22^{fr}$ *ビャクレンダカラ *'Cypraea'* (*Monetaria*) *'obvelata'* ……………………G 18

...... 24 *キンカン（フスベ）ダカラ *'Cypraea'* (*Cypraea*) *'ventriculus'* ………G 18

...... 31 *オニサソリガイ(新) *'Lambis'* (*Millepes*) *'robusta'* ……………………G 16

1978. 通常，**仏領ポリネシア切手発行20周年記念 20th Anniversary of Issue of Postage Stamps in French Polynesia** 3 種セットの 1 と小型シート Souvenir sheet，凹版 Engr.

...... $20^{fr}$ 浜辺で貝を手にする少女 Girl with shells on beach

...... 84 小型シート Sheet of 3（上記 3 種を含む）大きさ size：13×10mm

# 46. 仏領南方・南極洋地域
# FRENCH SOUTHERN & ANTARCTIC TERRITORIES

100 centimes サンチーム (c)＝1 franc フラン (fr)

1974. I. 7. 航空，**アルフレッド・ファウル基地開設10周年記念 10th Anniversary of the Alfred Faure Antarctic Base** 3 種セット(完)，グラビア Photo.

#C 33 $75^{fr}$ ホタテガイ 1 種 *Pecten* sp. の図案と基地風景 Views of the Base and stylized scallop shells ……………………………B 6

#C 34 110 〃 〃 〃 〃 ……………………………B 6

#C 35 150 〃 〃 〃 〃 ……………………………B 6

## 47. フージェラ FUJEIRA

1972 通常，**海の動物 Marine Life** 20種セットの5

ⓐ1142 $5^d$ *ピンクガイ *'Strombus'* (*Tricornis*) *'gigas'* ……G16
ⓐ1143 10 *ソボデラ *'Strombus'* (*Strombus*) *'pugilis'* ……G16
ⓐ1144 15 *アッキガイ *'Murex'* (*Murex*) *'troscheli'* ……G24
ⓐ1145 20 *コブナデシコ *Chlamys* (*Nodipecten*) *nodosus* ……B 6
ⓐ1146 25 *セイヨウホラガイ *'Charonia' variegata* ……G21
ⓐ1153 60 *ヤドカリのはいったキムスメカノコ *Neritina virginea*, Hermit crab in Virgin nerite ……G 6

## 48. ドイツ GERMANY

100 Pfennige ペニヒ (pf)＝1 Mark マルク (m)

1944. IX. 11. 付加金つき，**ドイツ金工業協会記念 German Glodsmith's Society** 2種(完)，グラビア Photo.

#B286 $6^{pr}+4^{pr}$ 鸚鵡螺杯（ノーティラス・カップ）Nautilus Cup.
#B287 12＋88 〃 （ 〃 ） 〃

# 49. 独領東アフリカ GERMAN EAST AFRICA

64 pesa ペサ (p)＝1 rupee ルピー (r), 100 heller ヘラー (h)＝1 rupee ルピー (r),
100 centimes サンチーム (c)＝1 franc フラン (fr) (1916)

1900. 通常, 凹版 Engr. (透しなし Unwmkd.)

| | | | |
|---|---|---|---|
| #19 | $1^r$ | カイザー・ヨットとホタテガイ 1 種 *pecten* sp. の図案 (両下隈) Kaizer's yacht and stylized scallop shells (at both lower corners) | B 6 |
| #20 | 2 | 〃 〃 ( 〃 ) | B 6 |
| #21 | 3 | 〃 〃 ( 〃 ) | B 6 |

1905－16. 通常, 凹版 Engr. (透し Wmkd.：菱形紋 Lozenges)

| | | | |
|---|---|---|---|
| #39 | $1^r$ | カイザー・ヨットとホタテガイ 1 種 *Pecten* sp. の図案 (両下隅) Kaizer's yacht and stylized scallop shells (at both lower corners) | B 6 |
| #40 | 2 | 〃 〃 ( 〃 ) | B 6 |
| #41 | 3 | 〃 〃 ( 〃 ) | B 6 |

# 50. 独領ニュー・ギニア GERMAN NEW GUINEA

100 Pfennige ペニヒ (pf)＝1 Mark マルク (m)

1901. 通常, 凹版 Engr. (透しなし Unwmkd.)

| | | | |
|---|---|---|---|
| #16 | $1^m$ | カイザー・ヨットとホタテガイ 1 種 *Pecten* sp. の図案 (両下隅) Kaiser's yacht and stylized scallop shells (at both lower corners) | B 6 |
| #17 | 2 | 〃 〃 ( 〃 ) | B 6 |
| #18 | 3 | 〃 〃 ( 〃 ) | B 6 |
| #19 | 5 | 〃 〃 ( 〃 ) | B 6 |

1914. 通常, 凹版 Engr. (透し Wmkd.：菱形紋 Lozenges)

| | | | |
|---|---|---|---|
| #23 | $5^m$ | カイザー・ヨットとホタテガイ 1 種 *Pecten* sp. の図案 (両下隅) Kaiser's yacht and stylized scallop shells (at both lower corners) | B 6 |

# 51. 独領南西アフリカ
# GERMAN SOUTH-WEST AFRICA

100 Pfennige ペニヒ (pf) = 1 Mark マルク (m)

1900. 通常，凹版 Engr.（透しなし Unwmkd.）

#22 1$^{m}$ カイザー・ヨットとホタテガイ1種 *Pecten* sp. の図案（両下隅）Kaizer's yacht and stylized scallop shells (at both lower corners) ………………………… B 6

#23 2 〃 〃 ( 〃 ) ………………………… B 6

#24 3 〃 〃 ( 〃 ) ………………………… B 6

#25 5 〃 〃 ( 〃 ) ………………………… B 6

1906－19. 通常，凹版 Engr.（透し Wmkd.：菱形紋 Lozenges）

#31 1$^{m}$ カイザー・ヨットとホタテガイ1種 *Pecten* sp. の図案（両下隅）Kaiser's yacht and stylized scallop shells (at both lower corners) ………………………… B 6

#32 2 〃 〃 ( 〃 ) ………………………… B 6

#33 3 〃 〃 ( 〃 ) ………………………… B 6

#34 5 〃 〃 ( 〃 ) ………………………… B 6

# 52. ジブラルタル GIBLALTER

12 pence ペンス (p) = 1 shilling シリング (sh), 20 shillings = 1 pound ポンド (£)

1960. X. 29. 通常，グラビア Photo.

#155 9$^{p}$ コウイカ1種 *Sepia* sp. の図案と米戦争記念碑 American War Memorial and stylized Sepia ………………………… C 10

# 53. ギルバート・エリス諸島 GILBERT & ELLICE ISLANDS

12 pence ペンス (p)=1 shilling シリング (sh), 20 shillings=1 pound ポンド (£),
100 cents セント (c)=1 dollar ドル ($) (1966)

1965. VIII. 16. 通常, ギルバート島の風俗 **Gilbertese Customs** 15種セットの1, 平版Litho.
#89 ½$^p$ ホラガイ *Charonia tritonis* を吹く島の長老と集会所 Village elder blowing shell trumpet and meeting house ……………………………………………G 21

1966. II. 14. 通常, 加刷 Surch.(1965年発行切手に額面変更)
#113 4$^c$ on ½$^p$ ホラガイ *Charonia tritonis* を吹く島の長老と集会所 (#89に加刷) Village elder blowing shell trumpet and meeting house ………………G 21

1968. I. 1. 通常, ギルバート島の風俗 **Gilbertese Customs** 15種セットの1 (1965年発行切手に新額面表示 New values in Cents & $)
#138 4$^c$ ホラガイ *Charonia tritonis* を吹く島の長老と集会所 (#89と同図柄) Village elder blowing shell trumpet and meeting house ………………………G 21

1972. IX. 15. 通常, 1972年クリスマス **CHristmas,** 1972, 平版 Litho.
#204 10$^c$ 貝殻[1]細工の聖家族 Holy Farily made of shells[1]
1) アンボンクロザメ *Conus* (*C.*) *litteratus* (G 38), トウコオロギ *Cymbiola* (*Aulicina*) *vespertilio* (G 35) &ニシキウズ *Trochus maculatus* (G 4)
#205 35 オオジャコ *Tridacna gigas* の殻のゆりかごに眠るスミナガシダカラ *Cypraea diluculum* のキリスト Christ child sleeping in Giant clam and covered with Dawn cowries ……………………………………………………B 16, G 18

1973. IX. 24. 通常, 1973年クリスマス **Christmas, 1973,** 平版 Litho.
#212 3$^c$ オウムガイ *Nautilus* sp. の断面中に島の踊り子 saggital section of stylized Nautilus shell and dancer ……………………………………………C 1
#213 10 〃 〃 カヌー 〃 〃 〃 canoe ……………………C 1
#214 35 〃 〃 礁湖 〃 〃 〃 lagoon ……………………C 1
#215 50 〃 〃 クリスマス島の地図 〃 〃 map of Christmas Island ……………………………………………………C 1

1975. V. 26. 通常，**タカラガイ Living Cowries and Empty Shells** 4 種セット（完）と小型シート Souvenir sheet, 平版 Litho.

#241 4 $^{c}$ *ジャノメダカラ *'Cypraea'* (*Talparia*) *'argus'* ……………… G18

#242 10 *カノコダカラ *'Cypraea'* (*Cribraria*) *'cribraria'* ……………… G18

#243 25 *タルダカラ *'Cypraea'* (*Talparia*) *'talpa'* ……………… G18

#244 35 *ハラダカラ *'Cypraea'* (*Leporicypraea*) *'mappa'* ……………… G18

#244a 小型シート Sheet of 4（上記#241－244を含む，大きさ size:146×135 ㎜）

# 54. 英　国 GREAT BRITAIN

12 pence ペンス (p)＝1 shilling シリング (sh)，20 shillings＝1 pond ポンド (£)，
100 pence＝1 pound (1970)

## 54a. ジャーシー島 JERSEY, ISLE OF

1969. X. 1. 通常，グラビア Photo.

#17 12 $^{sh}$ 9 $^{p}$ エリザベス女王IIとエゾボラ 1 種 *Buccinum* sp. およびホタテガイ 1 種 *Pecten* sp. の図案 A portrait of Q E II and stylized Whelk and Scallop ……………… G26, B 6

#21 £ 1 〃 〃 〃 〃 ……………… G26, B 6

1971. 通常，10進通貨記念**Decimal Currency Issue**（1969年切手の "d" のかわりに "p" 表示）

#45 9 $^{p}$ エIIとエゾボラ *Buccinum* sp. およびホタテガイ 1 種 *Pecten* sp. の図案（#17, 21と同図柄）……………… G26, B 6

1973. IX. 15. 通常，**海の動物 Marine Fauna** 4 種セットの 1，グラビア Photo.

#94 20 $^{p}$ *セイヨウトコブシ *Haliotis tuberculatus*, 'Ormer' ……………… G 2

1975. VI. 8. 通常，**観光宣伝 Tourist Publicty** 4 種セットの 1，グラビア Photo.

#124 5 $^{p}$ 巻貝の断面図案（Jersey の "J" をシンボライズ）Snail shell design as letter "J", Jersey

# 55. ギリシャ GREECE

100 Lepta レプタ (l)=1 Drachma ドラクマ (d)

1942. VIII. 15. 航空, **風の神 Winds** シリーズ6種セットの1, 平版 Litho.
#C55 $2^{d}$ ホラガイ *Charonia tritonis* を吹く北風の神 Boreas bugling with Triton's trumpet ……G21

1943. IX. 15. 航空, **風の神 Winds** シリーズ6種セットの1, 平版 Litho.
#C64 $100^{d}$ ホラガイ *Charonia tritonis* を吹く北風の神 Boreas bugling with Triton's trumpet ……G21

1944. VI. 付加金つき航空, 加刷 Optd. & surch. (1943年発行切手に額面変更とギリシャ文字)
#CB4 $100,000^{d}$ on $100^{d}$ホラガイ *Charonia tritonis* を吹く北風の神 (#C64に加刷) Boreas bugling with Triton's trumpet ……G21

1944. VII. 付加金つき航空, 加刷 Optd. & surch. (1943年発行切手に額面変更とギリシャ文字)
#CB9 $50,000^{d}+450,000^{d}$ ホラガイ *Charonia tritonis* を吹く北風の神 (#C64に加刷) Boreas bugling with Triton's trumpet ……G21

1963. VIII. 1. 通常, **第11回ボーイ・スカウト大会記念 11th Boy Scout Jamboree, Marathon,** 平版 Litho.
#763 $450^{d}$ ホラガイ *Charonia tritonis* を吹くボーイ・スカウト Scout bugling with Triton shell ……G21

1964. VII. 20. 通常, **ギリシア・イオニア諸島併合100年記念 Centenary of Union of Ionian Islands with Greece** シリーズ5種セットの1, 平版 Litho.
#794 $30^{l}$ ホタテガイ1種 *Pecten* sp. から美神誕生 (Kythera島の紋章) Birth of Aphrodite in Scallop (emblem of Kythera) ……B 6

## 56. グレナダ GRENADA

100 cents セント (c)=1 dollar ドル ($)

1975. Ⅷ. 1. 通常, **海の貝 Sea Shells** シリーズ8種セット(完)と小型シート Souvenir Sheet 平版 Litho.

#652 ½c *フロリダケイトウガイ *'Chama macrophylla'*, Leafy jewel box' ………B14

#653 1 *エメラルドカノコ *Smaragdia viridis*, Emerald nerite' …………………G 6

#654 2 *キイロザルガイ (新) *'Trachycardium muricatum*, Yellow cockle' …B15

#655 25 *アサガオガイ *'Janthina janthina*, Purple sea snail' ……………………G43

#656 50 *コンドルノハ *'Arca zebra*, Turkey wing' ……………………………………B 1

#657 75 *ソデボラ *'Strombus'* (*Strombus*) *'pugilus'*, West Indian fighting conch' ……………………………………………………………………………G16

#658 $1 *ナジミイトカケ(新) *'Sthenorytis pernobilis*, Noble wentletrap' ……G42

#659 2 *ガクフボラ *'Voluta musica*, Music volute' (小型シート Sheet of 1, マージンにヒザラガイ1種の図あり。#659 has mlticoloured margin showing *Acanthopleura granulata*, 大きさ size : 100×75mm)

## 57. グレナダ領グレナダ諸島 GRENADINES OF GRENADA

1975. Ⅻ. 通常, **海の貝 Sea Shells** シリーズ7種セット(完)と小型シート Souvenir Sheet.

§137 ½c *チダシアマオブネ *'Nerita peloronta'*, 'Bleeding tooth' G 6

§138 1 *クサビナミノコガイ (新) *'Donax denticulata'*, 'Wedge clam' …………B17

§139 2 *タカノハマソデガイ *'Strombus'* (*Tricornis*) *'raninus'*, 'Hawk wing conch' ……………………………………………………………………………G16

§140 3 *フロリダイボボラ *'Distorsio clathrata'* ……………………………………G21

§141 25 *イドウラシマ(新) *'Phalium granulatum'*, 'Scotch bonnet' ……………G20

§142 50 *ダイトウトウカムリ *'Cassis tuberosa*, King helmet' ………………………G20

§143 75 *ピンクガイ *'Strombus'* (*Tricornis*) *'gigas'*, Queen conch' ……………G16

......$2 *セイヨウホラガイ '*Charonia variegata,* Atlantic triton'（小型シート Sheet of 1, $2 1種を含む，大きさ size：105×80mm）..............................G21

# 58. セント・ビンセント領グレナダ諸島 GRENADINES OF ST. VINCENT

1974. XI. 通常，海の貝 **Sea Shells** 18種セット(完)

§35 1ᶜ *アメリカショウジョウ '*Spondylus americanus,* Altantic thorny oyster' B 7

§36 2 *イナズマイタヤ '*Pecten*'（*Euvola*）'*ziczac,* Zigzag scallop' ..............B 6

§37 3 *フグリウラシマ '*Cypraecassis testiculus,* Reticulated helmet' ..............G20

§38 4 *ガクフボラ '*Voluta musica,* Music volute' ....................................G35

§39 5 *テボウキガイ(新) '*Pinna carnea,* Amber pen shell' ........................B 3

§40 6 *コオモリボラ '*Cymatium femorale,* Angular triton' ........................G21

§41 8 *カエントウカムリ '*Cassis flammea,* Flame helmet' ........................G20

§42 10 *カリビアマクラ(新) '*Oliva*' *scripta*[1], Caribbean olive ......................G31

1） *O. scripta*（='*caribbaeensis*'，異名 synomym)

§43 12 *イボグルマ '*Architectonica*' *nobilis*[1], Common sundial' ..................G41

1） *A. nobilis*（'*granulata*'，異名synonym)

§44 15 *ニキビイモ(新) '*Conus*'（*Hermes*）'*granulatus*', Glory-of-the-Atlantic cone' ..............................................................................G38

§45 20 *カリビアタケ '*Terebra taurina,* Flame auger ..................................G40

§46 25 *アツハナガイ *'Chine paphia,* King venus' ……B20
§47 35 *フロリダアザミ *'Astraea' phoebia*[1]. 'Long-spined star-shell' ……G 5

1） *A. phoebia*（= *'longispina'*, 異名 synonym）

§48 45 *カバフヒノデガイ *'Tellina listeri,* Speckled tellin' ……B18
§49 50 *ルンバソデガイ *'Strombus'*（*Tricornis*）*'gallus,* Rooster tail conch' …G16
§50 $1 *ワカクサウズ *'Astraea tuber,* Green star shell' ……G 5
§51 2.50 *ドミニカイモ(新) *'Conus'*（*Stephanoconus*）*'dominicanus,* Incomparable cone' ……G38
§52 5 *バハマハネガイ *'Lima scabra,* Rough file clam' ……B 8

1976. VII. 12. 通常，宝貝 **Cowrie Shells** 1種（完）
$10 *シマウマダカラ *'Cypraea'*（*Trona*）*'zebra',* Measled cowrie ……G18

# 59. ギニア GUINEA, REPUBLIC OF

100 caury カウリ (c)＝1 syli シリ (s)

1977. IV. 15. 通常，海の貝 **Sea Shells** 9種セット（完）
（大きさ size：50×25㎜）

#729 1ˢ *ギニアツブリ(新) *Murex*（*'Hexaplex'*）*'hoplites'* ……G24
#730 2 *イモクダマキ(〃) *'Perrona lineata'* ……G39
#731 4 *ミドリヘリトリガイモドキ(〃) *'Marginella pseudofaba'* ……G36
#732 5 *ツノダシヘナタリ *Tympanotonus*[2] *fuscatus*[1] ……G11

1） *T. fuscatus*（= *'radula'*, 異名 synonym）

2） *Tympanotonus*（× *'Tympanotonos'*, 誤綴 mis-spelled）

#733 7 *サザナミヘリトリガイ(新) *'Marginella strigata'* ……………………………G 36

#734 8 *バライロショクコウラ *'Harpa' rosea*[1) ……………………………………G 34

1) *H. rosea* (= *'doris'*, 異名 synonym) (大きさ size : 50×30㎜)

#735 10 *ドングリバイ (新) *'Demoulia pinguis'* …………………………………G 28

#736 20 *ギニアナルトボラ(〃) *'Bursa'* (*Butonariella*) *'scrobiculator'* …………G 22

#737 25 *アダンソントリノコガイ(〃) *'Marginella adansoni'* …………………G 36

# 60. ハ イ チ HAITI

100 centimes サンチーム (c) = 1 piastre (gourde) ピアストル (グルデ) (p, g)

1968. X. 28. 通常, **1791年奴隷解放暴動記念Slaves' Rebellion of 1791** 3種 (完), 平版 Litho.

#596 5 c ピンクガイ *Strombus* (*Tricornis*) *gigas* の図案と鎖を切る奴隷 Stylized Queen conch (Slave breaking chain and,) ……………………………………G 16

#597 10 〃 〃 〃 〃 ……………………………………………………G 16

#598 25 〃 〃 〃 〃 ……………………………………………………G 16

1968. X. 28. 航空, **1791年奴隷解放暴動記念 Slaves' Rebellion of 1791** 4種 (完), 平版 Litho.

#C 310 50 c ピンクガイ *Strombus* (*Tricornis*) *gigas* の図案と鎖を切る奴隷 Stylized Queen conch (Slave breaking chain and,) …………………………………G 16

#C 311 1 g 〃 〃 〃 〃 ……………………………………………G 16

#C 312 1.50 〃 〃 〃 〃 ……………………………………………G 16

#C 313 2 〃 〃 〃 〃 ……………………………………………G 16

1973. XI. 4. 通常, **海の生物 Marine Life** 4種セットの2, 平版 Litho.

#669 5 c *フロリダヤカタガイ(新) *Micromelo undatus* ………………………………G 44

#671 25 *カリビアミノウミウシ(〃) *Cyerce cristallina* ……………………………G 45

# 61. ハンガリー HUNGARY

100 filler フィラー (f)=1 forint フォリント (fo)

1969. XI. 21. 通常，ハンガリー国立地質調査所創立100年記念 **Centenary of the Hungarian State Institute of Geology** 鉱物化石 **Minerals & Fossils** シリーズ 8 種セットの 1，グラビア Photo.

#1994 $20^{fo}$ *†レイネッケイア・クラシコスタータ（菊石類）*Reineckeia crassicostata* (Fossil ammonite) ……C 5

1971. VII. 9. 通常，ブタペスト東洋美術館所蔵浮世絵 **Japanese Prints from Museum of East Asian Art, Budapest** 8 種の 1，グラビア Photo.

#2081 $2^{fo}$ アワビ *Haliotis* sp. 採り（歌麿）'Awabi-fishing women' by Utamaro

# 62. イ ン ド INDIA

## 62 a. コーチン Cochin

12 pies パイ (p)=1 anna アンナ (a)，16 annas=1 rupee ルピー (r)

1892 通常，凸版 Typo. 透しなし Unwmkd.

#1－3 ½－$2^{p}$ 国章の中に小さなシャンクガイ *Xancus pyrum* の図案 Small stylized Chank shell in design of state seal of Cochin ……G33

1896 通常，凸版 Typo. 透し Wmkd. 紋章と文字 Coat of arms & Inscription (#4)：あるいはシャンクガイ Chank shell (#4 A)

#4－4 A $1^{p}$ 国章の中に小さなシャンクガイ *Xancus pyrum* の図案 Small stylized Chank shell in design of state seal of Cochin ……G33

1897 通常，凸版Typo.透しWmkd.：小さな傘Small umbrella，簿紙Thin paper使用
#5－7 ½－2$^{p}$ 国章中に小さなシャンクガイ *Xancus pyrum* の図案Small stylized Chank shell in design of state seal of Cochin ……G33

1911－14 通常，凹版Engr.
#14－21 2$^{p}$－3$^{a}$ スリ・ラマ・バーマIの肖像と小さなシャンクガイ *Xancus pyrum* の図案（右上隅）A portrait of Sri Rama Varma I and small stylized Chank shell (upper right corner) ……G33

1913－14 公用，加刷Optd.（1911－14年発行通常切手に **"ON／C G／S"**)
#01－09 2$^{p}$－1½$^{r}$ S・R・バーマIとシャンクガイ *Xancus pyrum* の図案S. R. Varm I and small stylized Chank shell ……G33

1918－34 公用，加刷Optd.（1918－23年発行通常切手に **"ON／C G／S"**)
#010－022 4$^{p}$－1½$^{r}$ スリ・ラマ・バーマIIの肖像と小さなシャンクガイ *Xancus pyrum* の図案A portrait of Sri Rama Varma II and small stylized Chank shell ……G33

1921 公用，加刷Optd.（#15に **"ON／C G／S"**)
#023 3$^{p}$ S・R・バーマIIとシャンクガイ *Xancus pyrum* の図案S. R. Varma II and stlized Chank shell ……G33

1918－23. 通常，凹版Engr.
#23－33 2$^{p}$－3$^{r}$ S・R・バーマIIとシャンクガイ *Xancus pyrum* の図案S. R. Varma II and stylized Chank shell ……G33

1922－29. 通常，加刷Surch.（#15に額面変更)
#34 2$^{p}$on 3$^{p}$ S・R・バーマIとシャンクガイ *Xancus pyrum* の図案S. R. Varma I and stylized Chank shell ……G33

1923－29. 公用，加刷Surch.（#03と013に額面変更)
#024－027 8－10$^{p}$on 9$^{p}$ S・R・バーマIあるいはIIにシャンクガイ *Xancus pyrum* の図案S. R. Varma I and／or II and stylized Chank shell ……G33

1928. 通常，加刷Surch.（#32に額面変更)
#36 1$^{a}$on2¼$^{a}$ S・Ryバーマ IIとシャンクガイ *Xancus pyrum* の図案S. R. Varma II and stylized Chank shell ……G33

1932−33. 通常，加刷 Surch. (1918−23年発行通常切手に額面変更)

#38−40　3−9 $^p$ on 4−10 $^p$　S・R・バーマIIとシャンクガイ *Xancus pyrum* の図案 S. R. Varma II and stylized Chank shell ………G33

1933−38. 通常，凹版 Engr. (目打 Perf.：13×13½)

#41−51　2 $^p$−10 $^a$　スリ・ラマ・バーマIIIの肖像と小さなシャンクガイ *Xancus pyrum* の図案 A portrait of Sri Rama Varma III and small stylized Chank shell ………G33

1933−34. 公用，加刷 Optd. & surch. (1918−23年発行通常切手に **"ON／C G／S"** と#035−036に額面変更)

#028−034　4 $^p$−6 $^a$　S・R・バーマIIとシャンクガイ *Xascus pyrum* の図案 S. R. Varma II and stylized Chank shell ………G33

#035−036　6 $^p$ on 8−10 $^p$　〃　〃　〃 ………G33

1933−35. 公用，加刷 Optd. (1933年発行通常切手に **"ON／CG／S"**)

#037−046　4 $^p$−10 $^a$　S・R・バーマIIIとシャンクガイ *Xancus pyrum* の図案 S. R. Varma III and Chank shell ………G33

1934. 通常，加刷 Surch. (#26, 28に赤で額面変更，目打 perf.：13½)

#52−53　6 $^p$ on 8−10 $^p$　S・R・バーマIIとシャンクガイ *Xancus pyrum* の図案 S. R. Varma II and stylized Chank shell ………G33

1939. 通常，加刷 Optd. (#44に **"ANCHAL"**)

#54　1 $^a$　S・R・バーマIIIとシャンクガイ *Xancus pyrum* の図案 S. R. Varma III and stylized Chank shell ………G33

1938−41. 通常，平版 Litho., (目打 Perf.：11, 13)

#55−58　2 $^p$−2¼ $^a$　S・R・バーマIIIとシャンクガイ *Xancus pyrum* の図案 S. R. Varma III and stylized Chank shell ………G33

1939−41. 公用，加刷 Optd. (1934−38年発行通常切手に **"ON／CG／S"**)

#047−049　1−3 $^a$　S・R・バーマIIIとシャンクガイ *Xancus pyrum* の図案 S. R. Varma III and stylized Chank shell ………G33

1939−41. 公用，平版 Litho., 加刷 Optd. (1933−36年発行切手に **"ON／C G／S"**)

(目打 Perf.：11, 13×13½)

#050－053 $4^{p}－3^{a}$ S・R・バーマⅢとシャンクガイ *Xancus pyrum* の図案 S. R. Varma III and stylized Chank shell ……G 33

(目打 Perf. 11)

#053A $6^{p}$ 〃 〃 〃 ……G 33

(目打 pref. 10½, 11, 13×13½)

#054－056 $4^{p}－2^{a}$ 〃 〃 〃 ……G 33

1941. 公用, 加刷 Optd. (#44に **"ON／CG／S"**)

#057 $1^{a}$ S・R・バーマⅢとシャンクガイ *Xancus pyrum* の図案 S.R.Varma III and stylized Chank shell ……G 33

1941－42. 通常 Litho., 加刷 Optd. (#44に **"ANCHAL"**, 目打 Perf. 11, 13)

#59－60 $1^{a}$ S・R・バーマⅢとシャンクガイ *Xancus pyrum* の図案 S. R. Varma III and stylized Chank shell ……G 33

1943－44. 通常, 加刷 Surch. (#45に額面変更, 目打 Perf. 13×13 ½, 透し Wmkd.：小さな傘 Small umbrella)

#61－62 $3^{p}－1^{a}$ on $1^{a}$ S・R・バーマⅢとシャンクガイ *Xancus pyrum* の図案 S. R. Varma III and stylized Chank shell ……G 33

1943. 通常, 平版 Litho.

#63－68 $2^{p}－2\frac{1}{4}^{a}$ マハラジャ・スリ・ケララ・バーマの肖像と小さなシャンクガイ *Xancus pyrum* の図案 (右上隅) A portrait of Maharaja Sri Kerala Varma and small stylized Chank shell (in right upper corner) ……G 33

#69 $3^{p}$ on $4^{p}$ 〃 (〃) 〃 (#64に額面変更 Surch.) ……G 33

1944－48. 通常, 加刷 Surch. (1941－43年発行切手に額面変更)

#70－73B $2－9^{p}$ on $6^{p}－1^{a}$ マハラジャ・S・K・バーマとシャンクガイ *Xancus pyrum* の図案 Mahamaja S. K. Varma and stylized Chank shell ……G 33

1944. 通常, 平版 Litho.

(**"ANCHAL／NINE PIES"** 加刷 optd.)

#73C－75 $6－9^{p}$ on $1^{a}$ S・R・バーマⅢとシャンクガイ *Xancus pyrum* の図案 S. R. Varma III and stylized Chank shell ……G 33

(**"ANCHAL／NINE PIES"** 加刷 optd.)

#73C－75 $6－9^{p}$ on $1^{a}$ S・R・バーマⅢとシャンクガイ *Xancus pyrum* の図案 S. R.

Varma III and stylized Chank shell ··········· G33

("**SURCHARGED／THREE PIES**" 加刷 surch.)

#76 3 $^p$ on 4 $^p$ 〃 〃 〃 ··········· G33

("**ANCHAL／SURCHARGED NINE PIES**" 加刷 surch.)

#77 9 $^p$ on 1 $^a$ S・R・バーマIIIとシャンクガイ *Xascus pyrum* の図案 S. R. Varma III and stylized Chank shell ··········· G33

#78 9 on 1 マハラジャ・S・K・バーマとシャンクガイ *Xancus pyrum* の図案 Maharaja S. K. Varma and stylized Chank shell ··········· G33

("**SURCHARGED／ONE／ANNA & THREE PIES**" 加刷 surch.)

#73B 1 $^a$ 3 $^p$ on 1 $^a$ 〃 〃 〃 ··········· G33

1944－46. 通常，平版 Litho., 目打 Perf.：13

#79－81 9 $^p$－1 $^a$ マハラジャ・ラビ・バーマの肖像と小さなシャンクガイ *Xancus pyrum* の図案（右上隅）A portrait of Maharaja Ravi Varma and small stylized Chank shell (in right upper corner) ··········· G33

1944－48. 公用，加刷 Optd.（1944年発行通常切手に "**ON／CG／S**"）

#058－062 4 $^p$－3 $^a$ マハラジャ・S・K・バーマとシャンクガイ *Xancus pyrum* の図案 Maharaja S. K. Varma and stylized Chank shell ··········· G33

（上記に "**THREE PIES**" を重加刷 add. surch.）

#063－066 3 $^p$－1 $^a$ 3 $^p$ on 4 $^p$－1 $^a$ 〃 〃 〃 ··········· G33

（上記に "**SURCHARGED THREE PIES**" を重加刷 add. surch.）

#067－069 3 $^p$－1 $^a$ on 4 $^p$－1 $^a$ 〃 〃 〃 ··········· G33

1944. 公用，加刷 Surch.（#052，016に額面変更）

#070－072 3 $^p$－1 $^a$ 3 $^p$ on 1 $^a$－1 ½ $^a$ S・R・バーマIIIとシャンクガイ *Xancus pyrum* の図案 S. R. Varma III and stylized Chank shell ··········· G33

1944－48. 公用，加刷 Optd. & surch.（#45に二重加刷）

#073－076 3 $^p$－1 $^a$ 9 $^p$ on 1 $^a$ 8 $^p$ S・R・バーマIIIとシャンクガイ *Xancus pyrum* の図案 S. R. Varma III and stylized Chank shell ··········· G33

1946－50. 通常，平版 Litho., 目打 Perf.：13

#82－88 2 $^p$－3 $^a$ マハラジャ・R・バーマとシャンクガイ *Xancus pyrum* の図案 Maharaja R. Varma and stylized Chank shell ··········· G33

1946. 公用，凹版 Engr. 目打 Perf.：11

#077－077A　2$^{a}$－2 ¼$^{a}$　S・R・バーマIIIとシャンクガイ *Xancus pyrum* の図案S. R. Varma III and stylized Chank shell ……………………………………G33

1946. 公用. 平版 Litho., 目打 Perf.：13

#078－080　9$^{p}$－1$^{a}$9$^{p}$　マハラジャ・R・バーマとシャンクガイ *Xancus pyrum* の図案 Maharaja R. Varma and stylized Chank shell ……………………………G33

1946－48. 公用. 平版 Litho., 加刷 Optd. (1946－48年発行切手に **"ON／C G／S"**)

#081－088　3$^{p}$－2 ¼$^{a}$　マハラジャ・R・バーマとシャンクガイ *Xancus pyrum* の図案 Maharaja R. Varma and stylized Chank shell ……………………………G33

1947－48. 通常, 加刷 Surch. (#45, 57Aに額面変更)

(凹版 engr., 目打 Perf.：13×13½)

#89　6$^{p}$　S・R・バーマIIIとシャンクガイ *Xancus pyrum* の図案S. R. Varma III and stylized Chank shell ……………………………………………………G33

(平版 Litho. 目打 Perf.：11)

#89A　6　〃　〃　〃 ……………………………………………………G33

1947. 公用, 加刷 Optd. & surch. (#56に **"ON／C G／S"** と額面変更)

#089　3$^{p}$ on 4$^{p}$　S・R・バーマIIIとシャンクガイ *Xancus pyrum* の図案S. R. Varma III and stylized Chank shell ……………………………………………G33

1948－49. 通常, 平版 Litho., 目打 Perf.：11

#90－97　2$^{p}$－3$^{a}$4$^{p}$　マハラジャ・S・K・バーマIIと小さなシャクガイ*Xancus pyrum* の図案 A portrait of Mahara S. K. Varma II and small stylized Chank shell ……………………………………………………………………G33

1948－49. 公用, 平版 Litho., 加刷 Optd. (1948－49年発行通常切手に **"ON／C G／S"**)

#090－097　3$^{p}$－3$^{a}$　マハラジャ・S・K・バーマIIとシャンクガイ *Xancus pyrum* の図案 Maharaja S. K. Varma II and stylized Chank shell …………………G33

1949. 通常, 加刷 Surch. (#86に額面変更)

#98－99　6－9$^{p}$ on 1$^{a}$　マハラジャ・R・バーマとシャンクガイ *Xancus pyrum* の図案 Maharaja R. Varma and stylized Ccank shell ……………………………G33

## 62 b. トラバンコール　Travancore

16 cash キャッシュ(ca)=1 chuckram チャクラム(ch), 2 chuckrams=1 annaアンナ(a)

1888. 通常, 凸版 Typo., 目打 perf. : 12, 透しなし Unwmkd., 縞紙 Laid paper 使用
#1－3　1－4 $^{ch}$ 国章の中央にシャンクガイ *Xancus pyrum* の図案 Stylized Chank shell at the centre of state seal of Travancore ……G 33

1889－99. 通常, 凸版 Typo., 透し Wmkd. : 巻貝 Chank shell, 無地紙 Wove paper 使用
#4－7　½－4 $^{ch}$ 国章の中央にシャンクガイ *Xancus pyrum* の図案 Sylized Chank shell at the center of state seal ……G 33

1901－32. 通常, 凸版 Typo.
#8－9　¾ $^{ch}$ 国章の中央にシャンクガイ *Xancus pyrum* の図案 Stylized Chank shell at the centre of state seal ……G 33

1906. 通常, 凸版 Typo., 加刷 Surch. (#4 に額面変更)
#10－11　¼－⅜ $^{ch}$ on ½ $^{ch}$ 国章にシャンクガイ *Xancus pyrum* の図案 Stylized Chank shell at the centre of state seal ……G 33

1908－11. 通常, 凸版 Typo.
#12－14　4 $^{ca}$－3 $^{ch}$ 国章の中央にシャンクガイ *Xancus pyrum* の図案 Stylized Chank shell at the centre of state seal ……G 33

1911. 公用, 加刷 Optd. (1889－91年発行通常切手に **"ON／SS"**)
#01－04　1－4 $^{ch}$ 国章の中央にシャンクガイ *Xancus pyrum* の図案 Stylized Chank shell at the centre of state seal ……G 33

1961. 通常, 凸版 Typo.
#15－16　7－14 $^{ch}$ 国章の中央にシャンクガイ *Xancus pyrum* の図案 Stylized Chank shell at the centre of state seal ……G 33

1918－20. 公用, 加刷 Optd. (1889－20年発行通常切手に **"ON／SS"**)
#05－07　4 $^{ca}$－1 ¼ $^{ch}$ 国章の中央にシャンクガイ *Xancus pyrum* の図案 Stylized Chank shell at the centre of state seal ……G 33

1920−33. 通常，凸版 Typo..
#17−18 1 ¼−1 ½$^{ch}$ 国章の中央にシャンクガイ *Xancus pyrum* の図案 Stylized Chank shell at the centre of state seal ……………………………… G33

1921. 通常，加刷 Surch. (#12と1に額面変更)
#19−20 1−5$^{ca}$ on 4$^{ca}$−1$^{ch}$ 国章の中央にシャンクガイ *Xancus pyrum* の図案 Stylized Chank shell at the centre of state seal ……………………………… G33

1921. 公用，加刷 Optd. (1909−21年発行通常切手に **"On／SS"**)
#08−09 6−10$^{ca}$ 国章の中央にシャンクガイ *Xancus pyrum* の図案 Stylized Chank shell at the centre of state seal ……………………………… G33

1921−32. 通常，凸版 Typo.
#21−23 5−10$^{ca}$ 国章の中央にシャンクガイ *Xancus pyrum* の図案 Stylized Chank shell at the centre of state seal ……………………………… G33

1922. 公用，加刷 Optd. (1921年発行通常切手に **"On／SS"**)
#010 5$^{ca}$ 国章中央にシャンクガイ *Xancus pyrum* の図案 Stylized Chank shell at the centre of state seal ……………………………… G33

1925. 公用，加刷 Optd. (1889−1921，1916年発行切手に青で **"On／SS"**)
#011−018 4$^{ca}$−14$^{ch}$ 国章中央にシャンクガイ *Xancus pyrum* の図案 Stylized Chank shell at the centre of state seal ……………………………… G33

1930. 公用，加刷 Optd. (#22に黒で **"On／SS"**)
#019 5$^{ca}$ 国章中央にシャンクガイ *Xancus pyrum* の図案 Stylized Chank shell at the centre of state seal ……………………………… G33

1930−34. 公用，加刷 Optd. (1889−1932年発行通常切手に黒または赤で **"On／SS"**)
#020−035 4$^{ca}$−14$^{ch}$ 国章中央にシャンクガイ *Xancus pyrum* の図案 Stylized Chank shell at the centre of state seal ……………………………… G33

1931. 通常，凸版 Typo.
#24 6$^{ca}$ スリ・パドマナバ寺院と小さなシャンクガイ *Xancus pyrum* の図案(上部中央) Sri Padmanabha shrine and small stylized Chank shell (at upper centre) ……………………………… G33

#25 $10^{ca}$ 御所車と小さなシャンクガイ *Xancus pyrum* の図案（上部中央）State chariot and small stylized Chank shell (at upper centre) ……………………G 33

1931. 通常，加刷 Surch.（#17に額面変更）

#27－28 1－2 $^{ca}$ on 1 ¼$^{ch}$ 国章中央にシャンクガイ *Xancus pyrum* の図案 Stylized Chank shell at the centre of state seal ……………………G 33

1931. 通常，加刷 Surch.（#22－23に額面変更）

#29－30 1－2 $^{ca}$ on 5－10$^{ca}$国章中央にシャンクガイ *Xancus pyrum* の図案 Stylized Chank shell at the centre of state seal ……………………G 33

1932. 公用，加刷 Surch.（1921－32, 30－34年発行通常・公用切手に額面変更）

#036－041 6 $^{ca}$－1 $^{ch}$ 8 $^{ca}$ on 5 $^{ca}$－1 ¼$^{ch}$ 国章中央にシャンクガイ *Xancus pyrum* の図案 Stylized Chank shell at the centre of state seal ……………………G 33

1933. 公用，加刷 Optd.（1901年発行通常切手に赤で“**On／S S**”）

#044 ¾$^{ch}$ 国章中央にシャンクガイ *Xancus pyrum* の図案 Stylized Chank shell at the centre of state seal ……………………G 33

1937. 通常，平版 Litho., **寺院占有権取得記念 Temple Entry Bill**

#32－35 6 $^{ca}$－3 $^{ch}$ マハラジャの肖像と寺院に入った賤民と小さなシャンクガイ *Xancus pyrum* の図案（右上隅）A portrait of Maharaja, Untouchables entering temple and small stylized Chank shell (in right upper corner) ……………………G 33

1939. 通常，平版 Litho.

#36 1 $^{ch}$ アシュタムジ湖と小さなシャンクガイ *Xancus pyrum* の図案（両上隅）Lake Ashtamudi and small stylized Chank shell (in both upper corner) ……………………G 33

#37－39 1 ½－3 $^{ch}$ バラ・ラマ・バーマ卿の肖像のまわりに小さなシャンクガイ *Xancus pyrum* の図案 Sir B. R. Varma and stylized Chank shell ……………………G 33

#40 4 $^{ch}$ S・パドマナバ寺院と小さなシャンクガイ *Xancus pyrum* の図案 Sri Padmanabha shrine and small stylized Chank shell ……………………G 33

#41 7 $^{ch}$ B・R・バーマの肖像とコメリン岬とシャンクガイ *Xancus pyrum* の図案 A portrait of B. R. Varma, view of Cape Comerin and small stylized Chank shell

#42 14$^{ch}$ B・R・バーマの肖像とパチパラ貯水池とシャンクガイ *Xancus pyrum* の図案

A portrait of B. R. Varma, Pachipara reservoir & small stylized Chank shell ……G33

1939. 公用，加刷 Optd.（#9 に **"SERVICE"**)

#052 ¾ch 国章中央にシャンクガイ *Xancus pyrum* の図案 Stylized Chank shell at the centre of state seal ……G33

1941. 通常，凸版 Typo., **マハラジャ29回生誕記念 29th Birthday of the Maharaja**

#43 6ca マハラジャ・B・R・バーマ卿の肖像とアルビカラ滝と小さなシャンクガイ *Xancus pyrum* の図案 A portrait of Maharaja Sir B. R. Varma, view of Aruvikara fall and stylized Chank shell ……G33

#44 ¾ch マハラジャの肖像とマルタンダ・バーマ橋と小さなシャンクガイ *Xancus pyrum* の図案 A portrait of Maharaja Sir B. R. Varma, view of Marthanda Varma bridge and stylized Chank shell ……G33

1941. 公用，加刷 Optd.（#13に **"SERVICE"**)

#053 6ca 国章中央にシャンクガイの図案 Stylized Chank shell at the centre of state seal ……G33

1941. 公用，加刷 Optd.（#43－44に**"SERVICE"**), **マハラジャ29回誕生記念 29th Birthday of the Maharaja**

#054－055 6ca－¾ch マハラジャの肖像と滝（または橋）とシャンクガイ *Xancus pyrum* の図案 Maharaja and M. V. bridge (or A. fall) and stylized Chank shell ……G33

1943. 通常，加刷 Optd.（1939－41年発行通常切手に額面変更)，目打 Perf.: 11, 12 ½，透し Wmkd.：シャンクガイChank shell

#45 2ca on 1 ½ch B・R・バーマ卿とシャンクガイ *Xancus pyrum* の図案 A portrait of Sir B. R. Varma and stylized Chank shell ……G33

#46 4 on ¾ch マハラジャとM・バーマ橋とシャンクガイ *Xancus pyrum* の図案 the Maharaja, view of M. V. bridge and stylized Chank shell ……G33

#47 8 on 6ca マハラジャと滝とシャンクガイ *Xancus pyrum* の図案 The Maharaja, A. fall and stylized Chank shell ……G33

1945. 公用，加刷 Optd.（#18に **"SERVICE"**)

#056 1 ½ch 国章中央にシャンクガイ *Xancus pyrum* の図案Stylized Chank shell at the centre of state seal ……G33

1945−49. 公用，加刷 Optd. (#45−48に "**SERVICE**")

#057 2 $^{ca}$ on 1 ½$^{ch}$ B・R・バーマとシャンクガイ *Xancus pyrum* の図案 Sir B. R. Varma and stylized Chank shell ……………………………………………… G33

#058 4 on ¾ マハラジャ，M・バーマ橋とシャンクガイ *Xancus pyrum* の図案 Maharaja, M. V. Bridge and stylized Chank shell ……………………………… G33

#059 8 on 6 $^{ca}$ マハラジャ，アルビカラ滝とシャンクガイ *Xancus pyrum* の図案 Maharaja, A. Fall and stylized Chank shell ……………………………… G33

#060 8 $^{ca}$ マハラジャ・B・R・バーマ卿の肖像とシャンクガイ *Xancus pyrum* の図案 Maharaja Sir B. R. Varma and stylized Chank shee …………………… G33

1946 通常，凸版 Typo.

#48 8 $^{ca}$ マハラジャ・B・R・バーマの肖像とシャンクガイ *Xancus pyrum* の図案 Maharaja Sir B. R. Varma and stylized Chank shell ………………… G33

1946 通常，凸版 Typo., 加刷 Optd. (#054に橙々色で縦に "**SPECIAL**")

#49 6 $^{ca}$ マハラジャ・B・R・バーマ卿と滝とシャンクガイ *Xancus pyrum* の図案 Maharaja Sir B. R. Varma, A. Fall and stylized Chank shell ……… G33

## 62c. トラバンコール・コーチン
## Travancore-Cochin (United States of Travancore-Cochin)

12 pies パイ (p)=1 anna アンナ (a), 16 annas=1 rupee ルピー (r)

1949. VII. 1. 通常，加刷 Surch. (トラバンコール1939−47年発行切手に英字とヒンズー文字で額面変更)

#1−7 2 $^{p}$− 6 $^{a}$ on 6 $^{ca}$−14$^{ch}$ 印面の一部に小さなシャンクガイ *Xancus pyrum* の図案 Small stylized Chank shell is somewhere in design of the stamps G33

1949. 公用，加刷 Optd. & surch. (トラバンコール1939−46年発行切手に赤または黒で "**SERVICE**" と額面変更)

#01−07 2 $^{p}$− 6 $^{a}$ on 6 $^{ca}$−14$^{ch}$ 印面の一部に小さなシャンクガイ *Xancus pyrum* の図案 Small stylized Chank shell in somewhere in design of the stamps G33

1949−50. 通常，加刷 Surch. (コーチン1944−46年発行切手ならびに#80, 91に黒または紅で英字とヒンズー文字で額面変更)

#8－15 3 $^{p}$－1 $^{a}$ on 9 $^{p}$－1 $^{a}$9 $^{p}$ 印面の一部に小さなシャンクガイ *Xancus pyrum* の図案 Small stylized Chank shell in somewhere in design of the stamps ……………………………………………………………………………………G33

1949. 通常, 加刷 Optd. (コーチン#86に **"U. S. T. C."**)

#15A 1 $^{a}$ 印面の一部にシャンクガイ *Xancus pyrum* の図案 Stylized Chank shell in somewhere in design of the stamps ………………………………………………G33

1950. X. 通常, 平版 Litho.

#16 2 $^{p}$ シャンクガイ *Xancus pyrum* の図案 Stylized Chank shell at the centre of the stamp

#17 4 川辺の風景と小さなシャンクガイ *Xancus pyrum* の図案 View of River and small stylized Chank shell ……………………………………………………………G33

1950. 通常, 加刷 Optd. (コーチン1948～50年発行切手ならびに#86に **"T. C."**)

#18－19 1 $^{a}$ 印面の一部にシャンクガイ *Xancus pyrum* の図案 Small stylized Chank shell is somewhere in design of the stamps ……………………………………G33

1950. 通常, 加刷 Optd. & surch. (コーチン#18に **"T.- C."** と額面変更)

#21－21 a 6 － 9 $^{p}$on 1 $^{a}$印面の一部にシャンクガイ *Xancus pyrum* の図案 Small stylized Chank shell in somewhere in design of the stamps ………………G33

1950. 公用, 加刷 Surch. (コーチン#090－091に額面変更)

#08－09 6－9 $^{p}$ マハラジャ・S・K・バーマIIとシャンクガイ *Xancus pyrum* の図案 Maharaja S. K. Varma II and small stylized Chank shell ……………G33

1950. 公用, 加刷 Optd. (トラバンコール・コーチン#14－15に **"ON／CG／S"**)

#010－011 1 $^{a}$ on 1 $^{a}$9 $^{p}$ 印面の一部にシャンクガイ *Xancus pyrum* の図案 Small stylized Chank shell in somewhere in design of the stamps ………………G33

1949－51. 公用, 加刷 Optd. (#2 － 7 に黒で **"SERVICE"**)

#012－017 4 $^{p}$－6 $^{a}$ on 8 $^{ca}$－14 $^{ch}$ 印面の一部にシャンクガイ *Xancus pyrum* の図案 Small stylized Chank shell in somewhere in design of the stamps …G33

1951. 公用, 加刷 Optd. (1949年発行切手に **"SERVICE"**)

#018－020 4 $^{p}$－1 $^{a}$ on 8 $^{ca}$－2 $^{ch}$ 印面の一部にシャンクガイ *Xancus pyrum* の図案 Small stylized Chank shell in somewhere in design of the stamps …G33

1951. 公用, 加刷 Optd. (#1, 3, 5, 9に"**SERVICE**")
#021―024 $2^p$― $2^a$ on $2^p$― $2^a$ 印面の一部にシャンクガイ *Xancus pyrum* の図案 Small stylized Chank shell in somewhere in design of the stamps …G33

## 63. インドネシア INDONESIA

100 sen セン (s)＝1 rupiah ルピア (r)

1969. XII. 20. 付加金つき, **第12回社交の日記念 12th Social Day, 海の貝 Sea Shells** 4種セット (完), グラビア Photo.

#B219 $5^r$+$50^s$ *イナヅマコオロギ *Cymbiola* (*Volutocorona*) *nobilis*[1) ]…………G35

1) *C. nobilis* (＝*'scapha'*, 異名 synonym)

#B220 7.50+50 *シマノキ *'Cymatium* (*Lampusia*) *pileare'* ………………………G21

#B221 $10^r$+ $1^r$ *クモガイ *Lambis* (*Lambis*) *'lambis'* ……………………………G16

#B222 15+1.50 *オニホネガイ *'Murex'* (*Murex*) *tribulus*[1) ]………………………G24

1) *M. tribulus* (＝*'ternispina'*, 異名 synonym)

## 64. イスラエル ISRAEL

100 agorot アゴロト (a)＝1 pound ポンド (£) (1960)

1977. XII. 13. 通常, **紅海の貝 Shells of Red Sea** 4種セット(完), 平版Litho.

#678 £2 *ヤナギシボリダカラ *'Cypraea'* (*Basilitroma*) *'isabella' isabella* ……G18

#679 2 *マルオミナエシ *'Lioconcha castrensis'* ……………………………………B20

#680 2 *チサラガイ(リュウキュウヒオウギ) *'Gloripallium pallium'* ……………B 6

#681 2 *イワカワトキワガイ *'Malea'* (*Quimalea*) *'pomum'* ………………………G23

# 65. イタリー ITALY

100 centisimi センチシミ (c)=1 lira リラ (l)

1969. IV. 22. 通常, **会計検査院100年記念 Centenary of the State Audit Bureau,** グラビア Photo.

#999 50$^{l}$ ホタテガイ1種 *Pecten* s. p.をもつ婦人の肖像（記念メダルの図案）Woman with scallop shell (in design of memorial medal) ……………………… B 6

1970. IV. 6. 通常, **画家ラファエル死去450年記念 450 Anniversary of Death of Raphael (1483–1520)** 2種セットの1, グラビア Photo.

#1009 20$^{l}$ 裸の人物, イルカとジュームズホタテガイ *Pecten jahobaeus*（ラファエル作「ガラテア」）Jacob's Scallop shell and dolphin (in 'Galathea' by Raphael) …………………………………………………………… B 6

# 66. コート・ジュボワール（象牙海岸）IVORY COAST

100 centimes サンチーム (c)=1 franc フラン (fr)

1971–72 通常, **海の生物 Marine Life** シリーズ14種セットの9, 凹版Engr.

#301 1$^{fr}$ *アフリカモミジソデボラ（新）'*Aporrhais pesgallinae*' ……………… G 15

#304 15 *アケボノトリノコガイ（〃）*'Marginella desjardini'* ……………………G36
#305 15 *カガリタマガイ（〃）*'Natica fanel'* ……………………………………G19
#307 20 *セネガルクマサカ（〃）*'Xenophora digitata'* …………………………G14
#308 25 *ダイオウイモ *'Conus'* (*Lithoconus*) *'prometheus'* ……………………G38
#310 40 *ニンギョウイモ *'Conus'* (*Conus*) *'genuanus'* ………………………G38
#311 40 *ウチワニシキガイ（新）*'Chlamys'* (*Argropecten*) *'flabellum'* …………B 6
#312 45 *アンゴラソデガイ *'Strombus'* (*Lentigo*) *latus*[1] ……………………………G16

1） *S. latus* (= *'bubonius'*, 異名 synonym)

#314 65 *ヨモスガラダカラ *'Cypraea'* (*Trona*) *'stercoraria'* ………………………G18

発行年月日：1971／24／X (#304, 306, 310)：5／VI (#302, 309, 313)：23／X (#301, 303, 311)：1972／29／1 (#308, 314)：3／VI (305, 307, 312)

# 67. ジャマイカ JAMAICA

12 penceペンス (p) = 1 shillingシリング (sh), 20 shillings = 1 poundポンド (£),
100 centsセント (c) = 1 dollarドル ($) (1969)

1964. V. 4. 通常, グラビア Photo.

#220 2 ½$^p$ 山林風景とカタツムリ（5種）Views of woodlands and land snails[1]

1） *Annularia pulchrum* (G 7), クチヒレガイ類 *Chondropoma* sp. (G 9), *Poteris* sp. (G7), ニセタテイトキセルガイ類*Brachipodella? gracilis* (G53), オニバココアマイ *Pleurodonte schroeteriana* (G56)

#224 4 *アンティルホネガイ（新）*Murex antillarum* ……………………………G24

1969. IX. 8. 通常, 加刷 Optd. & surch. (1964年発行切手に額面変更と "**C-DAY／8TH SEPTEMBER／1969**)

#282 4$^c$ on 4$^p$ *アンティルホネガイ（新）*Murex antillarum* (#222に加刷) …G24

1970. XI. 7. 通常, (1964年発行切手に新貨幣単位表示 New values in Cents & $)

#309 4$^c$ *アンティルホネガイ（新）*Murex antillarum* ……………………………G24

# 68. 日　本 JAPAN

100 sen 銭 (s)=1 yen 円 (y)

1954. Ⅳ. 10. 通常, **国際貿易博覧会記念** International Trade Fair, グラビア Photo.
#597 10ʸ 真珠, 生糸, 歯車, ボタンと地球 Pearl, thread, gears, buttons and hemipshere

1963. Ⅴ. 15. 通常, **第3次動植物国宝 Fauna, Flora & Nationl Treasures** (**3rd Issue**) シリーズ9種セットの1, グラビア Photo.
#746 4ʸ *ベニオキナエビス *Perotrochus hirasei* ……………………………G 1

1964. Ⅲ. 15. 通常, **伊勢志摩国定公園 Ise-Shima Nationl Park Issue** 2種セットの1, グラビア Photo.
#809 10ʸ 真珠貝養殖筏 (鳥羽風景) Mother-of-Pearl oyster culture rafts (in view of Toba)

1966−67 通常, **魚貝類 Fishes & Shellfishes** シリーズ12種セットの2, グラビア Photo.
#870 15ʸ *スルメイカ *Todarodes pacificus* ……………………………C 16
#871 15 *サザエ[1] *Turbo cornutus* ……………………………G 5

1) 棘の生える位置や向きに誤り

1966. Ⅶ. 1. 通常, **第1次新動植物国宝 Fauna, Flora & National Treasures** (**New Issue**) シリーズ19種セットの1, グラビア Photo.
#883 35ʸ *ホタルイカ *Watasenia scintillans* ……………………………C 12

1971. Ⅵ. 26. 通常, **西海国定公園 Saikai National Park Issue** 2種セットの1, グラビア Photo.
#1062 7ʸ 真珠養殖筏 (五島若松瀬戸風景) Mother-of-Pearl oyster culture rafts (in view of Goto-Wakamatsu Seto)

1978. Ⅷ. 28. 通常, **商工会議所100年記念 Centenary of the Chamber of Commerce and Industry** 1種 (完), グラビア Photo.
...... 50ʸ ホタテガイ *Pecten* sp. をかたどったシンボー・マークと旧商工会議所建物 Old building of Chamber of Commerce and Industry of Japan together with a symbol mark of the centenary showing scallop shell design ………B 6

# 69. ユーゴスラビア JUGOSLAVIA

100 paras パラ (p)＝1 dinar ディナール (d)

1956. IX. 10. 通常，**海の動物 Marine Life** シリーズ 9 種セットの 3，グラビア Photo.

#453 15$^d$ *カイダコ（アオイガイ）*'Argonauta argo'*（生態図）Octopus swimming with paper nautilus shell ……………………………………………… C 20

#455 25 レイシ 1 種 *Thais* sp. と魚 Sea prince and Thaisid snail ……………… G 24

#457 35 ナミジワトコブシ *Haliosis lamellosa* とアカヒメジ類 Red mullet and Ormer ……………………………………………… G 2

1975. II. 25. 通常，**ユーゴ博物館の古代宝物 Antique Jewellery in Jugoslav Museum** 6 種セットの 1，グラビア Photo.

#1237 3.20$^d$ ホタテガイ 1 種 *Pecten* sp. の図案（銀製バックル）Stylized scallop shell in design of silver gilt belt buckle ……………………………… B 6

1976. V. 25. 通常，**青年の日記念（淡水動物）Youth Day（Fresh-water Fauna）** 6 種セットの 1，平版 Litho.

#1295 2.10$^d$ *ミスジタニシ（ヨーロッパタニシ）*Viviparus viviparus* …………… G 8

# 70. ケ ニ ア KENYA

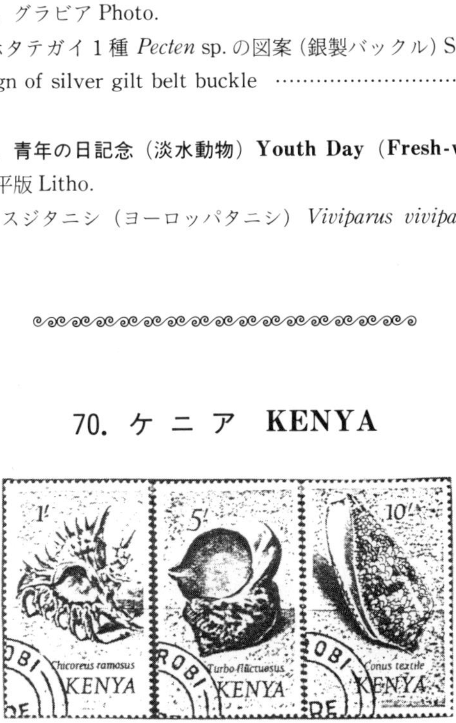

100 cents セント (c)＝1 shilling シリング (sh)

1971. XII. 13. 通常，海の貝 **Sea Shells**15種セット(完)，グラビア Photo.

#36 5$^{c}$ *ダイミョウガイ '*Pharaonella perna*' ……………………………… B18

#37 10 *チョウセンフデ '*Mitra*' *mitra*[1] ……………………………… G32

1) *M. mitra* (×'*episcopalis*', 同定の誤り mis-identified)

#38 15 *カルタゴナツモモ (新) '*Clanculus puniceus*' ……………………………… G 4

#39 20 *ハチジョウダカラ *Cypraea* ('*Mauritia*') '*mauritiana*' ……………………………… G18

#40 30 *イボアナゴウ *Haliotis* ('*Sanhaliotis*') '*varia*' ……………………………… G 2

#41 40 *イサリビウズ (新) '*Trochus flammulatus*' ……………………………… G 4

#42 50 *アサガオガイ '*Janthina*' *janthina*[1] ……………………………… G43

1) アサガオガイ *J. janthina* (×ルリガイ '*J. globosa*', 同定の誤り mis-identified)

#43 60 *マンボウガイ *Cypraecassis* '*rufa*' ……………………………… G20

#44 70 *オウムガイ '*Nautilus*' *pompilius*[1] ……………………………… C 1

1) *N. pompilius* (×*pompileus*' 誤綴 mis-spelled)

#45 1$^{sh}$ *テングガイ *Murex* ('*Chicoreus*') '*ramosus*' ……………………………… G24

#46 1.50 *ホラガイ *Charonia tritonis*' ……………………………… G21

#47 2.50 *イトマキボラ '*Fasciolaria trapezium*' ……………………………… G30

#48 5 *サザナミサザエ '*Turbo fluctuosus*' ……………………………… G 5

#49 10 *タガヤサンミナシ '*Conus*' (*Darioconus*) '*textile*' ……………………………… G38

#50 20 *フシデサソリ *Lambis* (*Millepes*) '*scorpius*' ……………………………… G16

印面寸法と目打 size & perf.：#36－44 (17×21$^{mm}$, 14½×14), #45－50 (25×41$^{mm}$, 14½)

1974. I. 20. 通常，海の貝 **Seashells** 2種(完)，改刷 Revised inscription (1971) 年発行の誤刷切手2種の学名訂正

#51 50$^{c}$ *アサガオガイ '*Janthina janthina*' (#42に改刷) ……………………………… G43

#52 70 *オウムガイ '*Nautilus pompilius*' (#44 〃 〃) ……………………………… C 1

1975. XI. 17. 通常，海の貝 **Seashells** 3種セット(完)，加刷 Surch. (1971年発行の切手3種に額面変更)

#53 2 on 1.50$^{sh}$ *ホラガイ '*Charonia tritonis*' (#46に加刷) ……………………………… G21

#54 3 *on* 2.50 *イトマキボラ '*Fasciolaria trapezium*' (#47 〃 〃) ……………………………… G30

#55 40 *on* 20 *フシデサソリ *Lambis* (*Millepes*) '*scorpius*' (#50 〃 〃) …… G16

# 71. ケニア・ウガンダ・タンザニア KENYA／UGANDA／TANZANIA

100 cents セント (c)＝1 shilling シリング (sh), 20 shillings＝1 pound ポンド (£)

1975. V. 5. 通常，アフリカの手工芸品 **African Articrafts** 4種セットの1，平版 Litho.
#305 1 $^{sh}$ タカラガイ *Cypraea* sp. の耳飾り（タンザニア地方）Ear-ring of cowrie shell (Chaga of Tanzania) ……………………………… G18

# 72. 韓　国 KOREA, SOUTH

100 weunユン(wn)＝1 hwanホワン(h)(1953)，100 chunチュン(ch)＝1 wonウォン(w) (1962)

1960. IV. 1. 通常，児童の貯蓄奨励キャンペーン **Encouraging Systematic Saving by Children** 2種の1，平版 Litho.
#303 20 $^{h}$ カタツムリ[1]と金袋 Land snail[1] and money bag.
1）左巻き left-handed！

1960. X. 7. 通常，**第4回郵便週間・国際文通週間記念 4th Postal Week & International Letter Writing Week** 小型シート Souvenir Sheet, 平版 Litho.（目打なし Imperf.）
#313b 20 $^{h}$ 小型シート Sheet of 1（#303と同図柄）大きさ size：90×60㎜

1962. 通常，（#303と同図柄，毛紙使用，透しなし Unwmkd.)
#378 2 $^{w}$ カタツムリ[1]と金袋 Land snail and money bag
1）左巻き left-handed！

1964. 通常，（#303と同図柄，透しあり Wmkd.)

#380 2 $^{w}$ カタツムリ[1]と金袋 Land snail[1]and money bag

1) 左巻き Left-handed !

1974. II. 20. 通常, **楽器 Musical Instmuments** シリーズ10種セットの1と小型シート Souvenir sheet, グラビア Photo.

#884 30$^{w}$ ホラガイ *Charonia tritonis* と山伏 Mountain priest bugling with Triton shell ……………………………………………………………G21

#884 a 30 小型シート Sheet of 1 (#884, 1種2枚を含む)

# 73. 北 朝 鮮 KOREA, NORTH

100 chun チュン (ch) = 1 won ウォン (w)

1965. XII. 31. 通常, **頭足類 Cephalopods** 2種セット(完), 平版 Litho.

§N652 5 $^{ch}$ *スルメイカ *Todorodes pacificus* ……………………………………C16

§N653 10 *ミズダコ *Octopus dofleini*[1] ……………………………………C18

1) ? マダコ *Octopus vllgaris*

1968. XII. 20. 通常, **海産二枚貝類 Bivalves** 3種セット(完), 平版 Litho.

§N880 5 $^{ch}$ *シナハマグリ *Meretrix petechialis* ……………………………………B20

§N881 5 *ホタテガイ *Pecten (Patinopecten) yessoensis* ……………………………B 6

§N882 10 *イガイ *Mytilus coruscus* ……………………………………………B 2

1974, II. 20. 通常，**社会主義国家建設の５つの重点目標 Five Fronts of Socialist Construction** ５種の１，平版 Litho.

§N1225　$10^{ch}$　大型漁船と漁獲物の中にイカ・タコ Fishing vessels and marine products together with cephalopods

1977. IX. 5. 通常，**魚貝類 Shells and Fishes** ５種セット(完)，平版 Litho.

------　$2^{ch}$　*バカガイ *'Mactra' chinensis*[1)]と魚 ……………… B16α

1）*M. chinensis*（= *'sulcataria'*，異名 synonym)

------　5　*ツメタガイ *Neverita didyma*[1)]と魚 ……………… G19

1）*Nev. didyma*（= *'Natica fortunei'* 同定の誤り mis-identified)

------　10　*アカガイ *Scapharca broughtoni*[1)]と魚 ……………… B 1

1）*S. broubhtoni*（= *'Arca inflata'*，異名 synonym)

------　25　*アカニシ *Repana venosa*[1)]とその卵嚢（ナギナタホウズキ）と魚 ……… G24

1）*R. venosa*（= *'thomasiana'*，異名 synonym)

------　50　ナメラフグとアカニシ *Rapana venosa* ……………… G24

------　92　小型シート Sheet of 5（上記２－$50^{ch}$ ５種のほか，アカニシと海そうと北鮮国旗をえがいたタブ１種を含む）大きさ size：135×135mm

## 74. レバノン　LEBANON

100 centimes サンチーム (c)＝1 piastre ピアストル (pi)

1968. II. 航空，**魚類 Fishes** ６種セットの１，グラビア Photo.

#C538　$70^{p}$　巻貝と魚 Red mullet and snail

## 75. リベリア　LIBERIA

100 cents セント (c)＝1 dollar ドル ($)

1971. II. 24. 通常，アフリカ諸部族の祭の仮面 **African Tribial Ceremonial Masks** 8種の1．平版 Litho.

#542 3$^{c}$ ドゴン族の仮面とタカラガイの飾り Dogon tribial mask ornamented with cowrie shells, *Cypraea* sp. ……… G18

#545 9 ダン族の仮面とタカラガイの飾り Dan tribial mask ornamented with cowrie shells, *Cypraea* sp. ……… G18

## 76. リヒテンシュタイン LIECHTENSTEIN

100 rappen ラッペ (r)＝1 franc フラン (fr)

1973. VI. 7. 通常，王家財宝中の食器 **Drinking Vessels from the Princely Treasury** 3種セットの1，グラビア Photo.

#531 70$^{r}$ 鸚鵡螺杯（ノーティラス・カップ）Nautilus cup

## 77. マダガスカル MADAGASCAR (MALAGASY REPUBLIC)

100 centimes サンチーム (c)＝1 franc フラン (fr)

1970. IV. 28. 通常，稀石 **Semi-precious Stones** 4種セットの1，グラビア Photo.

#443 20$^{fr}$ *†アンモンガイ1種（菊石類，従断面）Fossil ammonite (cross section) ……… C 8

1970. IX. 3. 通常，海の貝 **Sea Shells** 3種セット（完），グラビア Photo.

#447 5$^{fr}$ *キサキスジボラ *Lyria 'delessertiana'*[1)2)] ……… G35

1）*Voluta*（× *'Volute'*, 誤綴 mis-spelled）

2）右巻き right-handed（×左巻き left-handed, 図の描き誤り mis-figured）

#448 10 *オニホネガイ *'Murex'* (*Murex*) *'tribulus'*[1) ……………………………… G24

1) 右巻き right-handed (×左巻き left-handed, 図の描き誤り mis-figured)

#449 20 *ウミギク 1 種 *'Spondylus'* sp. ……………………………………………… B 7

1972. VI. 26. 通常, **第 2 回マダガスカル郵趣博記念「切手の切手」2nd Malagache Philatelic Exhibition (Stamps on stamps)** 3 種セット (完) と 小 型 シ ー ト Souvenir sheet, グラビア Photo.

#468 25$^{fr}$ ウミギク 1 種 *Spondylus* sp. の切手 (#449) とマダガスカルの紋章 Malagache emblem and 1970 stamp (*Spondylus*) on stamp

#469 40 〃 〃 (〃) 〃

#470 100 〃 〃 (〃) 〃

#470 a 小型シート Sheet of 3 (#468−470の 3 種を含む) 大きさ size：150×115㎜

1973. IV. 5. 通常, **海の貝 Sea Shells** 6 種セット (完) 平版 Litho.

#481 3$^{fr}$ *ツマベニヒガイ *'Volva volva'* ……………………………………………… G17

#482 10 *スイジガイ *'Lambis'* (*Harpago*) *'chiragra'* ……………………………… G16

#483 15 *ウネショクコウラ *'Harpa major'* …………………………………………… G34

#484 25 *ツマベニヒガイ *'Volva volva'* ……………………………………………… G17

#485 40 *ウネショクコウラ *'Harpa major'* …………………………………………… G34

#486 50 *スイジガイ *'Lambis'* (*Harpago*) *'chiragra'* ……………………………… G16

## 78. マラウイ MALAWI

100 tambalas タンバラ (t) =1 kwacha クワチヤ (k)

1977. X. 4. 通常, **マラウイ湖の魚類 Fishes of Lake Malawi** 4 種セットの 1, 平版 Litho.

#308 10$^{t}$ 淡水魚とヒダリマキタニシモドキの 1 種 Fresh-water fishes and snail, *Lanistes* sp. ……………………………………………………………… G8α

# 79. モルディブ MALDIVE ISLANDS

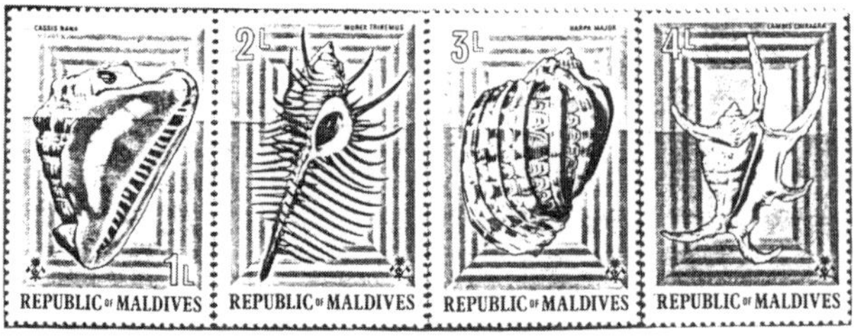


100 larees ラリー (l)＝1 rupee ルピー (r)

1952. 通常，凹版 Engr.

#30 $5^{l}$ 工芸品とタカラガイ（?）Urns, cowrie shells (*Cypraea* sp.) and carpet.

1960. X. 15. 通常，凹版 Engr.

#60 $5^{l}$
- タカラガイ 1 種 *Cypraea* sp. ……… G18
- オウムガイ *Nautilus pompilius* ……… C 1
- トウカムリ *Cassis cornuta* ……… G20
- ニシキウズ 1 種 *Trochus* sp. ……… G 4

1966. VI. 1. 通常，**紋章に花・鳥・貝Coat of Arms, Flowers, Birds and Shells**15種セットの6，グラビア Photo.

#172 $2^{l}$ *
- ツボイモ *Conus* (*Regiconus*) *aulicus* ……… G38
- モルディブボラ（新）*Cymatium maldiviensis*[1] ……… G21

1) 右巻き right-handed（×左巻き left-handed, 図の誤り mis-figured)

#174 5 *
- アンボンクロザメ *Conus* (*Conus*) *litteratus pardus* ……… G38
- シマイボボラ *Distorsio anus*[1] ……… G21

1) 右巻き right-handed（×左巻き left-handed, 図の誤り mis-figured)

#176 10 *
- ツボイモ *Conus* (*Regiconus*) *aulicus* ……… G38
- モルディブボラ（新）*Cymatium maldiviensis*[1] ……… G21

1) 右巻き right-handed（×左巻き left-handed, 図の誤り mis-figured)

#179 30 *
- ツボイモ *Conus* (*Regiconus*) *aulicus* ……… G38
- モルディブボラ（新）*Cymatium maldiviensis*[1] ……… G21

1） 右巻き right-handed（×左巻き left-handed, 図の誤り mis-figured）

#181 1$^r$ *{ツボイモ *Conus* (*Regiconus*) *aulicus* ……… G38
モルディブボラ（新）*Cymatium maldiviensis*[1) ……… G21

1） 右巻き right-handed（×左巻き left-handed, 図の誤り mis-figured）

#186 10 *{アンボンクロザメ *Conus* (*Conus*) *litteratus pardus* ……… G38
シマイボボラ *Distorsio anus*[1) ……… G21

1） 右巻き right-handed（×左巻き left-handed, 図の誤り mis-figured）

1968. IX. 24. 通常，**鳥と貝 Birds and Shells** 6種セットの4．グラビア Photo.

#283 10$^l$ *{オニノキバフデ *Mitra papalis* ……… G32
イワカワトキワガイ *Malea pomum* ……… G23

#284 25 *{オニニオガイ *Barnea manilensis* ……… B21
リュウテン *Turbo potholatus* ……… G 5

#286 1$^r$ *{オニニガイ *Barnea manilensis* ……… B21
リュウテン *Turbo potholatus* ……… G 5

#287 2 *{オニノキバフデ *Mitra papalis* ……… G32
イワカワトキワガイ *Malea pomum* ……… G23

1975. I. 25. 通常，**海の貝 Sea Shells** 8種セット（完）と小型シート Souvenir sheet, 平版 Litho.

#533 1$^l$ *マンボウガイ *Cypraecassis rufa*[1) ……… G20

1）*C. rufa*（×'*Cassis nana*', 同定の誤り mis-identified）

#534 2 *ホネガイ '*Murex*' (*Acupurpura*) *pecten*[1)2) ……… G24

1）*M. pecten*（='*triremis*', 異名 synonym）

2）*M. triremis*（×'*triremus*', 誤綴 mis-spelled）

#535 3 *ウネショクコウラ '*Harpa major*' ……… G34

#536 4 *スイジガイ '*Lambis*' (*Harpago*) '*chiragra*' ……… G16

#537 5 *アンボイナ '*Conus*' (*Gastridium*) *geographus*[1) ……… G38

1） *C. geographus*（×'*C. pennaceus*', 同定の誤り mis-identified）

#538 60 *スミナガシダカラ '*Cypraea*' (*Palumadusta*) '*diluculum*' ……… G18

#539 75 *イチゴナツモモ '*Clanculus pharaonius*' ……… G 4

#540 5$^r$ *テングガイ '*Murex* ('*Chicoreus*') '*ramosus*' ……… G24

#541 a 2 小型シート Sheet of 2（#534–535の2種を含む。マージンに貝10種の図案あり。 #541a has a margin showing shell designs.）大きさ size：150×126mm

# 80. マ リ MALI

100 centimes サンチーム (c) = 1 franc フラン (fr)

1975. X. 13. 通常，**古代貨幣 Ancient Coins** シリーズ5種セットの1，凹版 Engr.
#247 260$^{fr}$ タコ1種 *Octopus* sp. の図案（古代エリトリア通貨）Octopus as a part of design of ancient coin of Eritrea (B.C. 480−445), Didrachma ……C 18

# 81. マ ナ マ MANAMA

100 naya paise ナヤペーズ (np) = 1 rupee ルピー (r)

1971. 通常，**国際切手展 Philatokyo** 8種のうち1
ⓐ443 50$^{dh}$ *マダカ *Haliotis madaka* とクロアワビ *H. discus* とサヨリ（広重作浮世絵）Abalones and Lancet-fish in Japanese print by Hiroshige ……………G 2

# 82. マリアナ諸島(独領) MARIANA ISLANDS

100 Pfennige ペニヒ (pf) = 1 Mark マルク (m)

1901. I. 通常，凹版 Engr.,（透しなし Unwmkd.)
#26 1$^{m}$ カイザーヨットにホタテガイ1種 *Pecten* sp. の図案（両下隅に2）Kaizer's yacht and stylized scallop shells (at both lower corners) ……………B 6
#27 2 〃 〃 (〃) ……………B 6
#28 3 〃 〃 (〃) ……………B 6
#29 5 〃 〃 (〃) ……………B 6

1916. 通常，凹版 Engr.（透し Wmkd.：菱形紋 Lozenges)

#31 5$^{m}$ カイザー・ヨットにホタテガイ1種 *Pecten* sp. の図案（両下隅に2）Kaizer's yacht and stylized scallop shells (at both lower corners) ……………B 6

# 83. マーシャル諸島(独領) MARSHALL ISLANDS

100 Pfennige ペニヒ (pf) = 1 Mark マルク (m)

1901. 通常，凹版 Engr.,（目打なし Imperf.）

#22 1$^{m}$ カイザーヨットにホタテガイ1種 *Pecten* sp. の図案（両下隅に2）Kaizer's yacht and stylized scallop shells (at both lower corners) ……………B 6

#23 2 〃 〃 (〃) ……………B 6

#24 3 〃 〃 (〃) ……………B 6

#25 5 〃 〃 (〃) ……………B 6

1916. 通常，凹版 Engr.,（透し Wmkd.：菱形紋 Lozenges）

#27 5$^{m}$ カイザー・ヨットにホタテガイ1種 *Pecten* sp. の図案（両下隅に2）Kaizer's yacht and stylized scallop shells (at both lower corners) ……………B 6

# 84. モーリタニア MAURITANIA

100 centimes サンチーム (c) = 1 franc(quguiya) フラン(カガイヤ) (fr, um)

1972. VII. 16. 通常，化石 **Fossil Shells** 2種セットの1，平版 Litho.

#298 75$^{fr}$ †エクソギラカキ(?)1種（二枚貝類）*Exogyra* ? sp. (Fossil bivalve) ……………B 9

1974. 通常，加刷 Optd.（1972年発行切手に額面変更）

#308 15$^{um}$on 75$^{fr}$ †エクソギラカキ(?)1種(二枚貝類) *Exogyra* ? sp. (Fossil bivalve) (#298に加刷) ……………B 9

# 85. モーリシアス MAURITIUS

100 cents セント (c) = 1 rupee ルピー (r)

1969. III. 12. 通常，**海の動物 Marine Life**18種セットの6，グラビア Photo.

#341 $4^c$ *ヒメチョウセンフデ *Mitra episcopalis,* 'Episcopal mitre, Mitre episcopale' ……… G 32

#347 30* { ミサカエショクコウラ *Harpa major* ? 'Single harp shell ?, Harpes' … G 34
ウネショクコウラ *Harpa costata,* 'Double harp shell, Harpe double' G 34 }

#348 35 *アオイガイ *Argonauta argo,* 'Argonaute' ……… C 20

#349 40 *ミカドウミウシ *Hexabraschus marginatus,* 'Nudibranch, Foulard' …… G 47

#350 50* { サソリガイ *Lambis* (*Lambis*) *crocata,* 'Orange spider shell, Pterocère orange' ……… G 16
ムラサキムカデ *Lambis* (*Millepes*) *violacea,* 'Violet spidershell, Pteročere violet' ……… G 16 }

#352 75 *ハデミナシ *'Conus'* (*Loptoconus*) *milneedwardsi*[1] ……… G 38

1) *C. milneedwardsi* (= *'clytospira'*, 異名 synonym)

# 86. モ ナ コ MONACO

100 centimes サンチーム (c) = 1 franc フラン (fr)

1955. VI. 7. 通常, **J・ベルヌ死去50年記念 50th Anniversary of Death of Jules Verne (Scenes from J. Verne's Books)** 10種セットの1, 凹版 Engr.

#348 25$^{fr}$ テナガダイオウイカ (新) *Architeuthis longimanus* (海底2万哩) Long-armed Giant squid (in "20,000 Leaques under the Sea") ……………………… C14

1960. VI. 1. 通常, **海洋博物館開館50周年記念 50th Anniversary of Inauguration of Oceanographic Museum of Monaco** 6種セットの1, 凹版 Engr.

#452 25$^{c}$ 海洋博物館の建物とオッシロスコープと軟体動物[1] Museum building and molluscs[1]

1) クラゲイカ *Histioteuthis dofleini* (C15), ヨーロッパコウイカ *Sepia officinalis* (C10), ハゲアメフラシ (新) *Aplysia depilans* (G46)

1962. XII. 12. 通常, **「海底の人類」博記念 Man Under Water Exhibition** 7種の1, 凹版 Engr.

#521 5$^{c}$ 貝を採るダイバー—Divers collecting sea shells

1964. V. 19. 通常, 凹版 Engr.

#583 12$^{c}$ *イトマキボラ *'Fasciolaria trapezium'* ……………………………………… G30

1972. IX. 25. 通常, **第17回国際動物学会議記念 17th International Zoological Congress** 3種セット (完), 凹版 Engr.

#843 30$^{c}$ ホラガイ *Charonia tritonis* やそのほかの動物と会議の記章 Congress emblem, Triton shell and creatures ……………………………………… G21

#844 50 ホラガイ *Charonia tritonis* やそのほかの海産動物と会議の記章 Congress emblem, Triton shell and Neptune ……………………………………… G21

#845 90 コウイカ1種 *Sepia* sp. と海の動物と会議の記章 Congress emblem, cuttle-fish and creatures ……………………………………………………… C10

1972. III. 4. 通常, **史蹟保存 Protection of Historic Monuments** 5種セットの1, 凹版 Engr.

#856 50$^{c}$ 貝, ヒトデと海神像 (「裸のキリスト」カナベシオ作) Neptune with sea shell and sea star (in "Christ stripped of his Garments", Frescoes by Canavesio)

## 87. モロッコ MOROCCO

100 centimes サンチーム (c) = 1 franc フラン (fr), 100 frnc = 1 dirham ダーラム (d) (1962)

1965. Ⅶ. 5. 通常, **魚貝類 Shellfishes** 5種セットの3, グラビア Photo.
#123 25$^{fr}$ *タンコブボラ (新) *Charonia lampas* ……G21
#124 25 *モロッコワスレ *Callista chione* ……B20
#125 25 *ナツメヤシガイ *Cymbium* (*Cymba*) *pepo* ……G35

## 88. モザンビーク MOZAMBIQUE

100 centavos センタボ (c) = 1 escudo エスカド (e)

1971. Ⅰ. 15. 通常, **化石鉱物 Fossils & Minerals** 9種セットの1, 平版 Litho.
#495 50$^{c}$ *† リトディスコイデス・コンドキエンシス (菊石類) *Lytodiscoides conduciensis* (Fossil ammonite) ……C 7

## 89. オランダ NETHERLANDS

100 cents セント (c) = 1 gulden (guilder, floring) グルデン (ギルダー, フローリン) (g)

1962. Ⅳ. 27. 付加金つき, **国際博物館学会議記念 International Congress of Museum Experts,** グラビア Photo.
#B364 6$^{c}$+4$^{c}$ *† プレウロケラス・スピナトム (菊石類) *Pleuroceras spinatum* (Fossil ammonite) ……C 6

1967. IV. 11. 付加金つき，**海の動物 Marine Life** 5種セットの3，平版 Litho.

#B419 $12^c + 8^c$ エボゾラ1種 *Buccinum* sp. の卵嚢 Egg capsules of Whelk ……G26

#B420 15+10 セイヨウタマゴバイ(新) *Liomesus ovum* ……………………………G26

#B421 20+10 ヨーロッパイガイ *Mytilus edulis* とフジツボ European blue mussel and Acorn barnacles ……………………………………………………………B 2

## 90. 蘭領アンティール NETHJRLANDS ANTILLES (CURACAO)

100 cents セント(c) =1 gulden グルデン(g)

1965. VI. 22. 通常，キュラソー石油開業50周年記念 **50th Anniversary of Oil Industry in Curacao**, グラビア Photo.

#293 $20^c$ ホタテガイ *Pecten* sp. の図案（キュラソー精油所風景）Stylized scallop shells in view of shell refinery, Curacao ……………………………………………B 6

## 91. ニューブリテン島 NEW BRITAIN

12 pence ペンス(p) =1 shilling シリング(sh)

1914. X. 17通常，加刷 Optd. & surch. (1900年独領ニュー・ギニア発行切手に額面変更と **"G. R. I."**)

#12 $1^{sh}$ on $1^m$ カイザー・ヨットにホタテガイ1種 *pecten*. sp. の図案（両下隅に2）Kaizer's yacht and stylized scallop shells (at both bower corners) B 6

#13 2 on 2 〃 〃 〃 (〃) 〃 ………………………B 6

#14 3 on 3 〃 〃 〃 (〃) 〃 ………………………B 6

#15 5 on 5 〃 〃 〃 (〃) 〃 ………………………B 6

1914. XII. 16. 通常，加刷 Optd. & surch. (1900年独領ニュー・ギニア発行切手に額面変更

と **"G. R. I."**)

#27 $1^{sh}$ on $1^{m}$ カイザー・ヨットにホタテガイ１種 *Pecten* sp. の図案（両下隅に２）
Kaizer's yacht and stylized scallop shells (at both lower corners) …B 6

#28 2 on 2 〃 〃 〃 (〃) 〃 ………………………B 6

#29 5 on 5 〃 〃 〃 (〃) 〃 ………………………B 6

## 92. ニュー・カレドニア NEW CALEDONIA

100 centimes サンチーム(c)＝1 franc フラン(fr)

1959. Ⅲ. 2. 通常，**海の動物 Marine Life** 4種セットの１，凹版 Engr.

#309 $10^{fr}$ アオミノウミウシ *Glaucus atalanticus* とケヤリムシ類 Glaucus et Spirographe' ………………………………………………G 48

1962. Ⅹ. 8. 航空，**ヌメア水族館宣伝 Publicizing Noumea Aquarium** 凹版 Engr.

#C 30 $20^{fr}$ *オオベソオオムガイ *Nautilus macromphals* 'Nautile' …………………C 1

1964. Ⅻ. 17. 航空，**ヌメア水族館の生物 Publicizing Noumea Aquarium** 2種セットの１，凹版 Engr.

#C 37 $37^{fr}$ *カレドニアミノウミウシ(新) *Cyerce elegans*, 'Phyllobranchus' ………G 45

1968. Ⅺ. 9. 通常，凹版 Engr.

#370 $10^{fr}$ *アンボイナ *'Conus'* (*Gastridium*) *'geographus'* …………………………G 38

1968. Ⅺ. 9. 航空，**海の貝（イモガイ類）Sea Shells (Cone Shells)** 3種セット(完)，凹版 Engr.

#C 58 $39^{fr}$ *ヌメアイモ(新) *'Conus'* (*Pinoconus*) *'lienardi'*[1)] ………………………G 38

1) 右巻き right-handed (×左巻き left-handed, 図の誤き誤り mis-figured)

#C59 40 *イシヤキイモ(新) *'Conus' (Virroconus) 'cabriti'*[1] ………G38

1) 右巻き right-handed (×左巻き left-handed, 図の描き誤り mis-figured)

#C60 70 *エンジイモ *'Conus' (Hermes) 'coccineus'*[1] ………G38

1) 右巻き right-handed (×左巻き left-handed, 図の描き誤り mis-figured)

**1969. VI. 21. 通常, 海の貝(ホネガイ類) Sea Shells (Murices)** 3種セット(完), 凹版Engr.

#374 $2^{fr}$ *サツマツブリ *'Murex' (Haustellum) 'haustellum'* ………G24

#375 5 *オニホネガイ *'Murex' (Murex) tribulus*[1] ………G24

1) *M. tribulus* (× *'triremis'*, 同定の誤り mis-identified)

#376 15 *コガンゼキ *'Murex' (Triplex) penchinati*[1] ………G24

1) *M. penchinati* (× *'ramosus'*, 同定の誤り mis-identified)

**1969. VI. 21.** 航空, 凹版 Engr.

#C65 $100^{fr}$ *ガンゼキボラ *'Murex' (Triplex) 'brunneus'* ………G24

**1970. VI. 4。通常, 海の貝 Sea Shells** 4種セット(完), 凹版 Engr.

#383 $1^{fr}$ *ホカケソデガイ *'Strombus' (Labiostrombus) 'epidromis'* ………G16

#384 10 *モンツキソデガイ *'Strombus' (Dolomene) 'variabilis'* ………G16

#385 10 *カノコダカラ *'Cypraea' (Cribraria) 'cribraria'* ………G18

#386 21 *タルダカラ *'Cypraea' (Talparia) 'talpa'* ………G18

**1970. VI. 4. 航空, 海の貝 Sea Shells** 4種セット(完), 凹版 Engr.

#C73 $22^{fr}$ *ヒメゴホウラ *'Strombus' (Tricornis) 'sinuatus'* ………G16

#C74 33 *ジャノメダカラ *'Cypraea' (Talparia) 'argus'* ………G18

#C75 34 *ウラスジマイノソデ *'Strombus' (Euprotomus) 'vomer vomer'* ………G16

#C76 60 *ハラダカラ *'Cypraea' (Leporicypaea) 'mappa'* ………G18

**1972. III. 4. 通常, 海の貝 Sea Shells** 2種セット(完), 凹版 Engr.

#395 $1^{fr}$ *フシデサソリ *'Lambis' (Millepes) 'scorpius'* ………G16

#396 3 *クモガイ *'Lambis' (Lambis) 'lambis'* ………G16

**1972. III. 4. 航空, 海の貝 Sea Shells** 2種セット(完), 凹版 Engr.

#C89 $25^{fr}$ *サソリガイ *'Lambis' (Lambis) 'crocata'* ………G16

#C90 50 *スイジガイ *'Lambis' (Harpago) 'chiragra'* ………G16

**1974. III. 23. 航空, ヌアメ水族館 (貝類の生態) Publicizing Noumea Aquarium (Shell**

**Life**) 3種セット(完), グラビア Photo.

#C111 3$^{fr}$ *ウミウサギ *'Ovula ovum'* ……………………G17

#C112 32 *ミスガイ *'Hydatina' physis* ……………………G44

#C113 37 *ウズラガイ *Tonna 'perdix'* ……………………G23

1978. IX. 30. 通常, **切手の収集宗伝 Publicity of Philately** 1種(完), 凹版 Engr.

……… 41$^{fr}$ カレドニアイモガイ(新) *Conus* (*?Rhizoconus*) *caledonicus* とルーペで見た Bourail島ならびに少年のポロフィール Profile of boys, view of Bourail Is. and cone shell ……………………G38

## 93. ニュー・ヘブリデス諸島 NEW HEBRIDES

12 pence ペンス(p)＝1 shillisg シリング(sh), 100 centimes サンチーム(c)＝1 franc フラン(fr)

### 93a. 英 領 BRITISH

1963. XII. 25. 通常, 凹版 Engr.

#101 30$^{c}$ *オオベソオウムガイ *'Nautilus' macromphalus* ……………………C 1

1972. VII. 24. 通常, **民芸品・鳥・貝 N. Hebrides Artifacts, Birds & Shells**12種セットの5, グラビア Photo.

#155 5$^{c}$ タカラガイ1種 *Cypraea* sp. (南マリクラ民芸品頭飾りの面) South Marikula tribial head-dress ornamented with cowrie shells ……………………G18

#159 25 *バンビカノコダカラ(新) *Cypraea* (*'Cribraria'*) *'fischeri'* ……………………G18

#160 30 *ウマレマクラガイ(〃) *'Oliva rubrolabiata'* ……………………G31

#162 65 *オハグロシドロ *'Strombus'* (*Dolomene*) *'plicatus' pulchellus* ……………………G16

#166 5$^{fr}$ *ヤコウガイ *'Turbo marmoratus'* ……………………G 5

1977. VII. 1. 通常, 加刷 Surch. (1972年発行切手に額面変更と新貨幣単位表示 New values in **FNH**)

#221 25$^{fnh}$ on 25$^{c}$ *バンビカノコダカラ(新) *Cypraea* (*'Cribraria'*) *'fischeri'*

#159に加刷……G18
#222 30 on 30 *ウカレマクラガイ(〃)'*Oliva rubrolabiata*' (#160〃)……G31
#224 40 on 65 *オハグロシドロ'*Strombus*' (*Dolomene*) '*plicatus*'*chellus* (#162〃)……G16
#228 200 on 5 *ヤコウガイ (#166〃) '*Turbo marmoratus*'……G 5

## 93b. 仏 領 FRENCH

1963. XII. 25. 通常, 凹版 Engr. (英領#101と同図柄)
#117 $30^c$ *オオベソオオムガイ '*Nautilus*' *macromphalus* ……C1

1972. VII. 24. 通常, **民芸品・鳥・貝New Hebrides Artifacts, Birds & Shells**12種セットの5, グラビア Photo.
#174 $5^c$ タカラガイ1種 *Cypraea* sp. (南マリクラ民芸品頭飾りの目)(英領#155同図柄) South Marikula tribial head-dress ornamented with cowrie shells
#178 25 *バンビカノコダカラ(新) *Cypraea* ('*Cribraria*') '*fischeri*' (〃#159〃) G18
#179 30 *ウカレマクラ(〃) '*Oliva rubrolabiata*' (〃#160〃) ……G31
#181 65 *オハグロシドロ '*Strombus*' (*Dolomene*) '*plicatus*'*pulchellus* (〃#162〃)G16
#185 $5^{fr}$ *ヤコウガイ '*Turbo mamoratus*' (〃#166〃) ……G5

1977. VII. 1. 通常, 加刷 Surch. (1972年発行切手に額面変更と新貨幣単位表示 New values in **FNH**)
#240 $25^{fnh}$ *on* $25^c$ *バンビカノコダカラ(新) *Cypraea* ('*Cribraria*') '*fischeri*' (#159に加刷) ……G18
#241 30 09 30 *ウカレマクラ(新) '*Oliva rubrolabiata*' (#160〃) ……G31
#243 40 09 65 *オハグロシドロ '*Strombus*' (*Dolomene*) '*plicatus*' *pulchellus* (#162〃) ……G16
#247 $200^{fnh}$ *on* $5^{fr}$ *ヤコウガイ '*Turbo marmoratus*' (#166〃) ……G5

# 94. ニュー・ジーランド NEW ZEALAND

100 cents セント (c) =1 dollar ドル ($)

1978. VI. 7. 通常，**海洋資源 Marine Resources** 5種セットのうち1，平版 Litho.

------ 35$^c$ 魚とイカ1種 Fishes and a squid

1978. XII. 29. 通常，**ニュージーランド海産貝類 Sea Shells of New Zealand** 4種セット(完)，グラビア Photo.

------ 20$^c$ *ヘリトリアワビ *Haliotis iris,* 'Paua' ······ G 2

------ 30 * *Paphies ventricosa,* 'Toheroa' ······ B 20

------ 40 *ヤタノカガミガイ(新) *Dosinia anus,* Coarse Dosinia' ······ B 20

------ 50 *ヒイラギガイ *Poirieria zelandica,* 'Spiny murex' ······ G 24

## 95. ニカラグア NICARAGUA

100 centavaos センタボ (c) = 1 cordoba コルドバ (cor)

1965. III. 24. 航空，**古代インディアンの手工芸品 Antique Indian Artifacts** 11種セットの1，平版 Litho.

#C566 20$^c$ タラマンカ族の貝殻のペンダント Talamanca tribial pendant of shells.

## 96. ナイジェリア NIGERIA

12 pence ペンス (p) = 1 shilling シリング (sh, 20 shillings = 1 pound ポンド (£)

100 kobo コボ (k) = 1 naira ナイラ (n) (1973)

1961. I. 1. 通常，グラビア Photo.

#110 2$^{sh}$6$^{p}$ 中央銀行ビルとタカラガイ *Cypraea* sp. の図案(右側に6) Stylized cowrie shells and Central Bank Bldg. ······ G 18

1966. I. 11. 通常，**英連邦首長会議記念 Conference of British Commonwealth Prime**

**Ministers** 1 種, 加刷 Optd. (1961年発行切手に "**COMMONWEALTĤ/P. M. MEETING/II JANff 1066**"

#198 2 $^{sh}$6 $^{p}$ 中央銀行ビルとタカラガイ *Cypraea* sp. の図案 (#110に加刷) Stylized cowrie shells and Central Bank Bldg. ……………………G 18

# 97. ニ ウ エ NIUE

100 cents セント (c) = 1 dollar ドル ($)

1972. V. 3. 通常, **南太平洋芸術祭記念 South Pacific Festival of Arts** 4種セットの 1. 平版 Litho.

#147 3 $^{c}$ タコ *Octopus* sp. とホシダカラ *Cypraea tigris* でつくった擬餌 Octopus and octopus-lure ……………………C 18, G 18

1974. X. 19. 通常, **自治国民投票記念 Referendum for Self-Government** 4種セットの 1. 平版 Litho.

#167 4 $^{c}$ 貝殻 (ウミウサギ *Ovula ovum*) のベルトをしめたファタアイキ王 King Fataaiki wrapped shell-belt (Egg cowrie) ……………………G 17

1976. V. 3. 通常, **ニウエの農水産業 Agricultural & Fisheries Industries in Niue** 10種セットの 1, 平版 Litho.

#183 5 $^{c}$ 貝漁り Shellfish gathering

# 98. ノーフォーク島 NORFOLK ISLAND

100 cents セント (c) = 1 dollam ドル ($)

1969. X. 27. 通常, 1969年クリスマス **Christmas 1969**, グラビア Photo.

#125 5 $^{c}$ 真珠貝 *Pinctada* sp. の殻に彫ったキリスト降誕図 Mother-of-Pearl carving (Nativity).

1974. X. 18. 通常, 1974年クリスマス **Christmas 1974,** グラビア Photo.
#179　7 $^c$　真珠貝 *Pinctada* sp. の殻に彫ったキリスト降誕図 Mother-of-Pearl carving (Nativity).
#180　30　〃　〃　〃

# 99. パプア・ニュー・ギニア　PAPUA NEW GUINEA

12 pence ペンス (p)＝1 shilling シリング (sh), 20 shillings＝1 pound ポンド (£), 100 cents セント (c)＝1 dollar ドル ($) (1966), 100 tea ティーヤ (t)＝1 kina キーナ (k) (1975)

1932. XII. 14. 通常, 凹版 Engr.
#97　7 $^p$　ゴクラク鳥とイノシシの牙とウミウサギ *Ovula ovum* の図案(右下隅に2) Bird of paradise, boar's tusk and stylized Egg cowries (at lower right corner) ………… G17
#99　4　〃　〃　(〃)　〃 ………… G17

1935. VII. 9. 通常, ジョージV即位25年記念 **25th Anniversary of Reign of King George V,** 加刷 Optd. (1932年発行切手に "**HIS MAJESTY'S／JUBILEE／1910-1935**"
#115　2 $^p$　ゴクラク鳥にイノシシの牙にウミウサギ *Ovula ovum* の図案(#97に加刷) Bird of paradise, boar's tusk and stylized Egg cowries (at lower right corner) ………… G17

1952. X. 30. 通常, 凹版 Engr.
#127　3 ½ $^p$　土人の頭飾りとタカラガイの首飾り Chimbu head-dress and Cowrie shell necklace.

1968－69 通常, **貝 Shells**15種セット(完), グラビア Photo.
#265　1 $^c$　*ウミウサギ *Ovula ovum* ………… G17

#266 3 *ヒメゴホウラ *'Strombus'* (*Tricornis*) *'sinuatus'* ……G16
#267 4 *ナガサラサミナシ *'Conus'* (*Dauciconus*) *'lithoglyphus'* ……G38
#268 5 *クロミナシ *'Conus'* (*Cuculus*) *'marmoreus'* ……G38
#269 7 *チョウセンフデ *'Mitra mitra'* ……G32
#270 10 *ラバウルコオロギ (新) *'Voluta ruckeri'* ……G35
#271 12 *コダイコガイ *'Phalium areola'* ……G20
#272 15 *フシデサソリ *'Lambis'* (*Millepes*) *'scorpius'* ……G16
#273 20 *ヒレジャコ *'Tridacna squamosa'* ……B16
#274 25 *マルオミナエシ *'Lioconcha castrensis'* ……B20
#275 30 *テングガイ *'Murex'* (*Chicoreus*) *'ramosus'* ……G24
#276 40 *オウムガイ *'Nautilus pompilius'* ……C1
#277 60 *ホラガイ *'Charonia tritonis* ……G21
#278 $1 *ミドリパプアマイマイ *'Papustyla pulcherrima'* ……G54
#279 2 *ウミノサカエ *'Conus'* (*Leptoconus*) *'gloria-maris'* ……G38

発行年月日：1968／III／28(#268, 273−275, 277), X／30(#266, 270, 272, 276, 278), '69／1／29 (上記以外の全て Others)

1972. VIII. 16. 通常, **1972年建国記念 National Day 1972** 3種セットの1, グラビア Photo.

#354 $30^c$ ホラガイ *Charonia tritonis* を吹く住民と建国統一記念記章 Native bugling with trumpet shell, and united emblem ……G21

1978. III. 29. 通常, **頭飾り Head-dress (2nd Issue)** シリーズ(**第2集**) 6種セットの1, グラビア Photo.

#451 $25^t$ 名誉の頭飾り (ムシロガイ類 *Nassarius* sp. のヘヤ・バンドとタカラガイ類 *Cypraea* sp. のネック・レース) Head-dress in honour ornamented with shells.

1978. VI. 7. 通常, **頭飾り**シリーズ(**第3集**) **Head-dress (3rd Issue)** 4種セットの2, グラビア Photo.

...... $10^t$ 額に貝の飾り Shell ornaments on the brow of the native.
...... 20 貝の首飾り Pendant of shells

1978. VIII. 29. 通常, **後鰓類 Sea Slugs** 4種 (完), グラビア Photo.

...... $10^t$ *リュウグウウミウシ1種 *'Roboastra arika'* ……G46β
...... 15 *フジナミウミウシ *'Chromodoris fidelis'* ……G46α
...... 35 *ミノウミウシ1種 *'Flabellina macassarana'* ……G47α
...... 40 *シラヒメウミウシ1種 *'Chromodoris trimarginata'* ……G46α

# 100. パラグァイ　PARAGUAY

100 centimos サンチモ (c)＝1 guarani ガラニ (g)

1971. III. 29. 通常, **名画 Paintings by Famous Artists** シリーズ7種セットの1

@1959　10$^{c}$　ジェームスホタテ *Pecten jacobaeus* (ボッティチェリ作「ビーナス誕生」)

Jacob's Scallop shell in Botticelli's painting "Birth of Venus"　………B 6

1971. V. 7. 航空, **国際切手展 (浮世絵) Philatokyo 1971 (Japanese Prints)** 5種セットの1

------　50$^{g}$　アワビ *Haliosis* sp. を採る海女 Woman-divers collecting abalones.

# 101. フィリィピン　PHILIPPINES

100 centavos センタボ (c)＝1 peso ペソ (p)

(1906), 100 centavos (sentimos) (センチモ) (s)＝1 peso (piso) ペソ (ピソ)

1935. II. 15. 通常, 凹版 Engr.

#386　8$^{c}$　真珠採り Pearl-fishing

1935. III. 14. 公用, 加刷 Optd. (1935年発行切手に **"O. B."**)

#018　8$^{c}$　真珠採り Pearl-fishing (#386に加刷)

1937　通常, 加刷 Optd. (1935年発行切手に **"COMMONWEALTH"**)

#414　8$^{c}$　真珠採り Pearl-fishing (#386に加刷)

1939 通常，加刷 Optd.（1935年発行切手に **"COMMONWEALTH"**）

#436 8$^{c}$ 真珠採り Pearl-fishing（#386に加刷，#414より文字小）

1939 公用．加刷 Optd.（1935年発行切手に **"COMMONWEALT"**〈誤刷〉と **"O. B."** 二重加刷）

#030 8$^{c}$ 真珠採り Pearl-fishing（#386に加刷）

1944. 通常，加刷 Optd.（1935年発行切手に **"COMMONWEALTH"** と **"VICTORY"** 二重加刷）

#472 8$^{c}$ 真珠採り Pearl-fishing（#386に加刷）

1945. I. 19. 通常，加刷 Optd.（1935年発行切手に **"COMMONWEALTH"** と **"VICTORY"** 二重加刷）

#488 8$^{c}$ 真珠採り Pearl-fishing（#386に加刷）

1959. IV. 15. 通常，**ローハス大統領死去11年記念 11th Anniversary of Death of President M. A. Roxas,** 凹版 Engr.

#654 6$^{c}$ ホタテガイ1種 *Pecten* sp. とロハス大統領の肖像 Stylized scallop shell in portrait of President Roxas ……… B 6

#655 25 〃 〃 〃 〃 〃 〃 ……… B 6

1961. XII. 30. **マカパガル大統領・ペレツ副大統領就任記念 Inauguration of Pres. D. Macapagal & Vice-Prs. E. Pelaez** 加刷 Optd.（1959年発行切手に額面変更と **"MACAPAGAL-PELAEZ INAUGURATION DEC. 30. 1961"**）

#848 6$^{c}$ on 25$^{c}$ ホタテガイ1種 *Pecten* sp. とロハス大統領肖像（#655に加刷）Stylized scallop shell in portrait of Pres. Roxas.

1970. X. 19. 通常，**海の貝 Sea Shells** 4種セット（完），グラビア Photo.

#1065 5$^{s}$ *ヒレジャコ '*Tridacna squamosa,* Scaled Tridacna' ……… B16

#1066 10 *ショウジョウガイ[1] '*Spondylus regius,* Royal Spiny Oyster' ……… B 7

1）印面の図はセンニンショウジョウ *S. cummingi* を描いているが，これは本種の南方型。

#1067 20 *ホネガイ '*Murex*'（*Acupurpura*）'*pecten*', 'Venus Comb' ……… G24

#1068 40 *ウミノサカエ '*Conus*'（*Leptoconus*）'*gloria-maris*', 'Glory-of the-Sea Cone' ……… G38

1971. IV. 19. 通常，グラビア Photo.

#1090 10$^{s}$ 真珠養殖場（ダバオ）Mother-of-Pear oyster culture farm

## 102. ピットケーン諸島 PITCAIRN ISLANDS

100 cents セント (c) = 1 dollar ドル ($)

1974. IV. 15. 通常，**海の貝 Sea shells** 4種セット(完)と小型シート Souvenir sheet, 平版 Litho.

#137　4 $^{c*}$ {トウガタカニモリ *Ochetoclava sinensis,* 'hosn-shell' ……………… G 12
　　　　　　　{フデガイ1種 *'Mitra, mitres'* ……………… G 32

#138　10　*マツムシ *'Pyrene' testudinaria tylerae,* 'dove-shell' ……………… G 27

#139　18　* {クルマガサ(右) *'Cellana' radiata* ……………… G 3
　　　　　　　{コウダカカラマツ(中上) *'Shiphonaria' laciniaosa,* false limpet …… G 49
　　　　　　　{マサカラマツガイ(新)(左2) *'Siphonaria' normalis* ……………… G 49

#140　50　*ヒメツキガイ *'Ctena' (Epicodakia) divergens,* 'lucine shell' ………… B 13

#140a　82　小型シート Sheet of 4 (#137－140を含む) マージンに貝の図あり, #140 a has a margin showing shell designs 大きさ size：130×121$^{mm}$

## 103. ポーランド POLAND

100 groszy グローゼ (g) = 1 zloty ヅロチ (z)

1962. XII. 31. 通常，**詩人・童話作家M. コノプニカ生誕120年記念 120th Anniversary of Birth of M. Konpnicka, Poet and Fairly Tale Writer**「孤児メリーと小人」シリーズ Varions Scenes from "Ophan Mary & Dwarfs' 6種セットの1，平版 Litho.

#1108　1.55$^{z}$　カタツムリの殻のストーブで料理する小人 Dwarfs cooking with snail-shell stove

1973. III. 28. 通常，**ポーランドの美術 Polish Arts** 8種セットの1，グラビア **Photo.**

#1966　2.70$^{z}$　真珠の首飾り（本の表紙絵）Pearl necklace on the cover of prayer book

1973. Ⅷ. 30. 通常，**環境保護 Protection of the Environment** 8種セットの1，グラビア Photo.

#1192 4.90$^{z}$ タコ1種 *Octopus* sp. とヒトデ，クラゲなど（海底風景）Octopus and marine creatures (under water scene) ……C 18

## 104. ポルトガル PORTGAL

100 centavos センタボ(c)＝1 escudo エスカド(e)

1961. Ⅷ. 24. 通常，**セツバル市100年祭記念 Centenary of the City of Setubal** 2種セット(完)平版 Litho.

#873 1$^{e}$ ホタテガイ1種 *Pecten* sp. の図案(セツバル市城門の上)Stylized scallop shell on the top of Setubal sea gate ……B 6

#874 4.30 〃 〃 (〃) 〃 ……B 6

## 105. カタール QATAR

100 naya paise ナヤペーズ(np)＝1 rupee ルピー(r)，100 dirham ダーラム(d)＝1 riyal リヤル(r) (1967)

1965. X. 18. 通常，**魚貝類 Fishes and Marine Fauna**17種セットの2，グラビア Photo.

#73 5$^{np}$ 魚とツボイモ Fish and cone shell, *Conus* (*Regiconus*) *aulicus*[1] ……G 38

1)（?)ベニツドイモ *C. aurantius*

#83 4$^{r}$ 魚とツボイモ Fish and cone shell? *Conus* (*Regiconus*) *aulicus*[1](#73と同図柄) ……G 38

1)（?)ベニツドイモ *C. aurantius*

## 106. レユニオン REUNION

100 centimes サンチーム(c)＝1 franc フラン(fr)

1974. XI. 30. 付加金つき（赤十字基金 Surtax for the Red Cross). 加刷 Optd.（フランス1974年発行切手に額面変更ならびに **"FCFA"**)

#B46 30fr＋7fr on 60c＋15c 海水浴場に子供と貝 Children and shells at sea shore（仏#B479に加刷)

## 107. ルーマニア ROMANIA

100 bani バーニ(b)＝1 leu (pl. 'lei') リュウ(1)

1966. X. 15. 通常，**魚貝類，Molluscs and Crustaceans** 8種の6，グラビア Photo.

#1880 10b *アミメムシロガイ(新) *Nassarius*[1] *reticulatus* ……………………………… G28

1) *Nassarius*（× '*Nassa*', 同属同名 homonym)

#1882 40 *ミスジヒラマイマイ(〃) '*Campylaea trizona*' ……………………………… G56

#1883 55 *ニセリンゴマイマイ(〃) '*Helix lucorum*' ……………………………… G56

#1884 1.35l *チレニアイガイ '*Mytilus galloprovincialis*' ……………………………… B2

#1885 1.75 *ヨーロッパモノアラガイ '*Lymnaea stagsalis*' ……………………………… G50

#1886 3.75 *ホンドブガイ '*Anodonta cygnaea*' ……………………………… B11

## 108. ルアンダ・ウルンジ RUANDA URUNDI

100 centimes サンチーム(c)＝1 franc フラン(fr)

1948. 通常，**バルバ族の面と彫像 Carved Figures and Masks of Baluba Tribe** 20種セットのうち3，凹版 Engr.

#94 40$^c$ 貝の飾りをつけた婦人の面 'Ngadimuashi', female mask with cowrie shell ornament

#99 1.25$^{fr}$ 〃 〃 〃

#105 6 〃 〃 〃

1949. 通常，加刷 Surch.（1948年発行切手に額面変更）

#111 4$^{fr}$ 貝の飾りをつけた婦人の面 'Ngadimuashi', female mask with cowtie shell ornament（#105に加刷）

#112 6150 on 6 〃 〃 （〃）

# 109. ルアンダ
# RWANDA (RWANDAISE REPUBLIC)

100 centimes サンチーム (c) = 1 franc (fr)

1969. V. 29. 通常，アフリカの頭飾り **African Head-dress** 8種セットの1，平版 Litho.

#290 80$^c$ 剣の舞ダンサーの頭飾りにタカラガイ Head-dress of dagger dancer ornamented with cowrie shell, *Cypraea* sp.

1970. VI. 通常，アフリカ女性の民族衣裳 **African National Costumes** 8種セットの1，平版 Litho.

#343 20$^c$ タカラガイ *Cypraea* sp. で編んだ衣裳をまとったタラカ・メルー族（東アフリカ）の女性 Costume of Tharaka Meru woman ornamented with Cowrie shells

# 110. ソ 連 邦 RUSSIA (USSR)

100 kopecks カペーク (k) = 1 ruble ルーブル (r)

1975. VII. 22. 通常，1975年沖縄海洋博記念 **1st International Oceanographic Exhibition, Okinawa** 8種セットの1，グラビア Photo.

#4344 4 k *アカニシ *Rapana venosa* ··········· G 24

# 111. 琉　　球 RYUKYU ISLANDS

100 sen 銭 (s)＝1 yen 円 (y), 100 cents セント (c)＝1 dollar ドル ($) (1958)

1950. I. 20. 通常，グラビア Photo.

#13 5 y *
- クモガイ *Lambis* (*Lambis*) *lambis* ··········· G 16
- マガキガイ *Strombus* (*Conomurex*) *luhuanus* ··········· G 16
- リュウキュウオウギ *Chamys* (*Comptopallium*) *radula* ··········· B 6

1959. VII. 10. 通常，第1次動植物 **Fauna & Flora** (**1st Issue**) シリーズ5種セットの1，グラビア Photo.

#60 8 c *
- タイコガイ *Phalium bandatum* ··········· G 20
- タガヤサンミナシ *Conus* (*Darioconus*) *texile* ··········· G 38
- モクメダマ *Natica zebra* ··········· G 19

1960. VII. 1. 通常，第2次動植物 **Fauuna & Flora** (**2nd Issue**) シリーズ5種のセットの1，グラビア Photo.

#78 8 c *
- タイコガイ *Phalium bandatum* ··········· G 20
- タガヤサンミナシ *Conus* (*Darioconus*) *textile* ··········· G 38
- モクメダマ *Natica zebra* ··········· G 19

(#60と同図柄，印面中の文字小さい)

1967－68. 通常，**海の貝 Sea Shells** 5種セット(完)，グラビア Photo.

#157 3 c *チョウセンフデ *'Mitra mitra* ……… G32

#158 3 *ホネガイ *'Murex'* (*Acupurpura*) *pecten*[1] ……… G24

1) *M. pecten* (= *'triremis'*, 異名 synonym)

#159 3 *スイジガイ *'Lambis* (*Harpago*) *chiragra'* ……… G16

#160 3 *ヤコウガイ *'Trubo* (*Olearia*) *marmoratus'* ……… G 5

#161 3 *ベニソデガイ *Strombus* (*'Euprotomus'*) *'bulla'* ……… G16

# 112. セント・ルーシア ST. LUCIA

100 cents セント(c)＝1 dollar ドル($)

1971. VIII. 10. 通常，**昔の風景 Views of Old Days** シリーズ8種セットの4，平版 Litho.

#296 5 c 風景画の隅にホタテガイ1種 *Pecten* sp. の図案 A view of old day with stylized scallops in margins ……… B 6

#298 10 〃 〃 〃 〃 ……… B 6

#300 25 〃 〃 〃 〃 ……… B 6

#302 50 〃 〃 〃 〃 ……… B 6

# 113. サン・ピェール島ミクロン島 ST. PIERRE & MIQUELON

100 centimes サンチーム (c)＝1 frenc フラン (fr)

1909－30. 通常，凸版 Typo.

#104 1 fr 帆船にホタテガイ1種 *Pecten.* sp. の図案 (両上隅) Fishing schooner and stylized scallops (at both upper corners) ……… B 6

#105 1.10 〃 〃 (〃) 〃 ……… B 6

#106 1.50 〃 〃 (〃) 〃 ……… B 6

#107 2 〃 〃 (〃) 〃 ……………………………… B 6
#108 3 〃 〃 (〃) 〃 ……………………………… B 6
#109 5 〃 〃 (〃) 〃 ……………………………… B 6

1924−27. 通常，加刷 Surch.（1909−30年発行切手に額面変更）
#122 25$^{c}$ on 2$^{fr}$ 帆船にホタテガイ1種 *Pecten* sp. の図（両上隅）Fishing schooner and stylized scallops (at both upper corners) ……………… B 6
#123 25 on 5 〃 〃 (〃) 〃 ……………… B 6
#127 1.25$^{fr}$ on 1 〃 〃 (〃) 〃 ……………… B 6
#128 1.50 on 1 〃 〃 (〃) 〃 ……………… B 6
#129 3 on 5 〃 〃 (〃) 〃 ……………… B 6
#130 10 on 5 〃 〃 (〃) 〃 ……………… B 6
#131 20 on 5 〃 〃 (〃) 〃 ……………… B 6

## 114. セント・ビンセント ST. VINCENT

100 cents セント (c) = 1 dollar ドル ($)

1975. VI. 10. 通常，**海産生物 Marine Life**10種セットの1，平版 Litho.
#414 10$^{c}$ ダイオウイカ1種 *Architeuthis* sp. をおそうマッコウクジラ Sperm whale attacking Giant squids ……………………… C 14

1977. VI. 通常，1977年**謝肉祭記念 Carnival**，1977 加刷 Optd.（1975年発行切手に **"CARNIVAL 1977／JUNE 25TH-JULY 5TH"**）
#500 10$^{c}$ ダイオウイカ1種 *Architeuthis* sp. をおそうマッコウクジラ Sperm whale attacking Giant squids ……………………… C 14

## 115. サモア SAMOA

100 Pfennige ペニヒ (pf) = 1 Mark マルク (m)

1900. XII. 通常，凹版 Engr.

#66 1 $^{m}$ カイザー・ヨットにホタテガイ 1 種 *Pecten* sp. の図案（両下隅）Kaizer's yacht and stylized scallop shell (at both lower corners) ……………………B 6

#67 2 〃 〃 （〃） 〃 ……………………B 6

#68 3 〃 〃 （〃） 〃 ……………………B 6

#69 5 〃 〃 （〃） 〃 ……………………B 6

1915. 通常，凹版 Engr.

#73 5 $^{m}$ カイザー・ヨットにホタテガイ 1 種 *Pecten* sp. の図案（両下隅）Kaizer's yacht and stylized scallop shells (at both lower corners) ……………………B 6

# 116. 西サモア **WESTERN SAMOA (SAMOA I SISIFO)**

12 pence ペンス (p)＝1 shilling シリング (sh), 20 shillings＝1 pound ポンド (£),
100 sene (cents) セネ（セント）(s,c)＝1 tala (dollar) タラ（ドル）(t,$) (1967)

1914. 通常，加刷 Optd. & surch.（1900年独領サモア発行切手に額面変更と **"G. R. I."**）

#110 1 $^{sh}$on 1 $^{m}$ カイザー・ヨットにホタテガイ 1 種 *Pecten* sp. の図案（両下隅）（#66に加刷）Kaizer's yacht and stylized scallop shells (at both lower corners) ……………………B 6

#111 2 on 2 〃 （〃） (#67 〃) 〃 ……………………B 6

#112 3 on 3 〃 （〃） (#68 〃) 〃 ……………………B 6

#113 5 on 5 〃 （〃） (#69 〃) 〃 ……………………B 6

1972. X. 18. 通常，**魚貝昆虫 Fauna in Samoa**10種セットの 2，平版 Litho.

#369 1 $^{s}$ *コッテイソデガイ *'Strombus'* (*Tricornis*) *'taurus'*, 'Bull conch' ……G16

#375 10 *ホラガイ *'Charonia tritonis,* Triton shell' ……………………………… G21

1974. IX. 4. 通常, **万国郵便連合100年記念 Centenary of U. P. U.** 4種のうち1と小型シート Souvenir sheet, 平版 Litho.

#406 $50^s$ ペルー・西サモアを結ぶ海図と筏にホタテガイ1種 *Pecten* sp. の図案 (中央) Stylized scallop in raft on chart showing the route of Peru–W. Samoa

#406a 小型シート Sheet of 1 (#406 1種を含む) 大きさ size : 137×80mm

1975. IX. 30. 通常, **楽器 Musical Instruments** シリーズ4種セットの1, 平版 Litho.

#423 $30^s$ ホラガイ *Charonia tritonis* を吹き鳴らす島民 Native bugling with 'Pu' shell horn ……………………………… G21

1978. IX. 15. 通常, **海の貝 Sea Shells (1st Issue)** シリーズ第1次**宝貝 Cowrie Shells** 9種 (完), グラビア Photo.

------ $1^s$ *カバフダカラ *'Cypraea' (Erronea) 'caurica,* Thick-edged cowry' … G18
------ 2 *ヤナギシボリダカラ *'Cypraea' (Basilitrona) 'isabella,* Isabella cowry' G18
------ 3 *キイロダカラ *'Cypraea' (Monetaria) 'moneta,* Money cowry' ………… G18
------ 4 *コモンダカラ *'Cypraea' (Erosaria) 'erosa,* Eroded cowry' ……………… G18
------ 6 *カモンダカラ *'Cypraea' (Erosaria) 'helvola,* Honey cowry' ……………… G18
------ 7 *ウキダカラ *'Cypraea' (Palumadusta) 'asellus,* Banded cowry' ……… G18
------ 7 *メノウチドリダカラ *'Cypraea' (Pustularia) 'globulus,* Globe cowry' … G18
------ 11 *タルダカラ *'Cypraea' (Talparia) 'talpa,* Mole cowry' ……………………… G18
------ 12 *チリメンダカラ *'Cypraea' (Pustularia) 'childreni,* Children's cowry' ……………………………… G18

1978. XI. 通常, **海の貝 Sea Shells** シリーズ第2次**芋貝 Cone Shells** 6種 (完), グラビア Photo.

------ $13^s$ *カバミナシ *'Conus' (Rhizoconus) 'vexillum,* Flag cone' ……………… G38
------ 14 *ヤナギシボリイモ *'Conus' (Rhizoconus) 'miles,* Soldier cone' ……… G38
------ 24 *タガヤサンミナシ *'Conus' (Darioconus) 'textile,* Cloth-of gold cone' G38
------ 26 *アンボンクロザメ *'Conus' (Conus) 'litteratus,* Lettered cone' ………… G38
------ 50 *ハルシヤガイ *'Conus' (Conus) 'tesselatus,* Tiled cone' ……………………… G38
------ *$1* *ナンヨウクロミナシ1種 *'Conus' (Cuculus) 'marmoreus nigrescens,* Black marble cone' ……………………………… G38

## 117. サン・マリノ SAN MARINO

100 centesimi センテシミ (c) =1 lira リラ (l)

1966. Ⅷ. 27. 通常，**海の動物 Marine Life**10種セットの1，グラビア Photo.
#647 5$^{l}$ *マダコ *Octopus vulgaris, 'polpo'* ……… C18

1977. Ⅹ. 19. 通常，**世界リューマチ絶滅年記念 World Rheumatism Year** 1種（完），グラビア Photo.
#918 200$^{l}$ タコ *Octopus* sp. の腕にまきつかれた女性 Woman attacked by octopus, emblem ……… C18

## 118. セネガル SENEGAL

100 centimes サンチーム (c) =1 franc フラン (fr)

1970. Ⅵ. 20. 航空，**つづれ織 Tapestries** 3種セットの1，グラビア Photo.
#C82 45$^{fr}$ タコ1種 *Octopus* sp. の図案（お化けの意匠）Stylized octopus in design of fairly (Tapestries)

## 119. セイシェル諸島 SEYCHELLES

100 cents セント (c) =1 rupee ルピー (r)

1967. Ⅻ. 4. 通常，**国際観光年，海の貝 International Tourist Year (Sea Shells)** 4種セット(完)，グラビア Photo.
#237 15$^{c}$ * { ホシダカラ *Cypraea* (*Cypraea*) *tigris,* 'Tiger' cowrie ……… G18
タルダカラ *Cypraea* (*Talparia*) *talpa,* 'Mole' cowrie ……… G18

{ キイロダカラ *Cypraea* (*Monetraria*) *moneta,* 'money' cowrie ·········G 18
{ タガヤサンミナシ *Conus* (*Darioconus*) *textile,* 'Textile' cone ·········G 38

#238 40 * { ダイミョウイモ *Conus* (*Cleobula*) *betulinus,* 'Betulinus' cone ······G 38
{ オトメイモ *Conus* (*Virgiconus*) *virgo,* 'Virgin' cone ·····················G 38

#239 1 r *アフリカスイジガイ *Lambis* (*Harpago*) *chiragra arthritica,* 'Arthritic spider conch' ·····················G 16

#240 2.25 r { ホラガイ *Charonia tritonis,* 'Triton' shell ·····················G 21
{ タケノコガイ *Terebra subulata,* 'Subulate auger' ·····················G 40

1978. III. 3. 通常，セイシェルの動植物第2集 **Fauna and Flora of Seychelles (2nd Issue)** 6種セットの1，グラビア Photo.

#400 5 r *タコ1種 *Octopus* sp. と海底風景 Living octopus (in underwater scene) ·····················C 18

1978. VI. 10. 通常，セイシェルの動植物第3集 **Fauna and Flora of Seychelles (3rd Issue)** 6種セットの1，平版 Litho.

#401 10 r *ホシダカラ *Cypraea* (s. s.) *tigris* (生貝) と海底風景 Living Tiger cowrie (in under-water scene) ·····················G 18

# 120. シャルジャー SHARJAH

100 naya paise ナヤペーズ (np) = 1 rupee ルピー (r)

1966. V. 2. 通常，熱帯魚 **Tropical Fishes** 17種セットの3

ⓐ196 1 np シマイボボラ *Distorsio anus* とチョウチョウウオ Anal triton and Butterfly fish ·····················G 21

ⓐ197 2 ショウコウラ1種 *Harpa* sp. とニザダイ Harp shell and Surgeonfish ···G 34

ⓐ212 10 r シマイボボラ *Distorsio anus* とチョウチョウウオ (ⓐ196と同図柄) Anal triton and Butterfly fish ·····················G 21

1972. V. 20. 通常，昆虫・蝸牛 **Insects and Snail** 6種セットの1

ⓐ975 1 r *エスカルゴ *Helix pomatia,* escargot ·····················G 56

# 121. シャルジャーとその属領 DEPENDENCY OF SHARJAH (KHOR FAKKAN)

1966. V. 1. 通常，**熱帯魚 Tropical Fishes**17種セットの3（シャルジャー1966年発行切手と同図柄，文字色ちがい）

ⓐ51 $1^{np}$ シマイボボラ *Distorsio anus* とチョウチョウウオ Anal triton and Butterfly fish ……… G21

ⓐ52 ショウコウラ1種 *Harpa* sp. とニザダイ Harp shell and Surgeonfish ……… G34

ⓐ67 $10^{r}$ シマイボボラ *Distorsio anus* とチョウチョウウオ Anal triton and Butterfly fish ……… G21

1972. V. 20. 通常，**昆虫・蝸牛 Insects and Snail** 6種セットの1

------ $1^{r}$ *エスカルゴ *Helix pomatia,* escargot ……… G56

# 122. シンガポール SINGAPORE

100 cents セント (c) = 1 dollar ドル ($)

1968. XII. 29. 通常，**民族舞踊 Folk-dance**10種セットの1，グラビア Photo.

#91 $25^{c}$ 真珠と中国民族舞踊の面 Pearl and Chinese opera mask

1970. III. 15. 通常，**1970年大阪万国博 Expo'70, Osaka** 4種セットの1と小型シート Souvenir sheet, グラビア Photo.

#112 15^c *
- オオジャコ *Tridacna gigas* ……………………………………………B16
- ミドリイガイ *Mytilus viridis* ……………………………………………B2
- センニンガイ *Telescopium telescopium* ………………………………G11
- ナタマメガイ？*Pharella javanica* …………………………………………B19
- イタヤガイ1種 *Pecten* sp. ……………………………………………B6

#115a 小型シート Souvesir sheet (#112−115を含む) 大きさ size：93×153㎜

1977. VI. 9. 通常，**海の貝 Sea Shells** 9種セット（完），グラビア Photo.

#263 1^c *ギンギョ *Nemocardium 'lyratum,* Lyrate cockle' ……………………B15
#264 5 *ヒナギンチャク *Chlamys* (*'Decatopecten'*) *'plica,* Folded scallop' …B 6
#265 10 *クロミナシ *'Conus'* (*Cuculus*) *'marmoreus,* Marble cone' ……………G38
#266 15 *フシデサソリ *'Lambis'* (*Millepes*) *'scorpius,* Scorpion conch' …………G16
#267 20 *ベニヤカタガイ *'Aplustrum amplustre,* Amplustre bubble' ……………G44
#268 25 *ベンガルバイ *'Babylonia spirata,* Spiral babylon' ……………………G26
#269 35 *ショウジョウガイ *'Sondylus regius,* Regal thorny oyster' ……………B7
#270 50 *マツカワガイ *Apollon* (*'Biplex'*) *'perca,* Winged frog shell' …………G21
#271 75 *アツキガイ *Murex'* (*Murex*) *'troscheli,* Troshel's murex' ……………G24

1977. VI. 4. 通常，**海産動物 Marine Life** 4種セットの2，平版 Litho.

#272 $1 *ギンタカハマ *Tectus pyramis* とコモンヤドカリ Hermit crab in Top shell ……………………………………………………………………………G4
#274 5 *トラフコウイカ *Sepia pharaonis* …………………………………………C10

# 123. ソロモン諸島 SOLOMON ISLANDS

12 pence ペンス (p)＝1 shilling シリング (sh)，20 shillings＝1 pound ポンド (£)，
100 cents セント (c)＝1 dollar ドル ($) (1966)

1965. V. 24通常，平版 Litho.

#130 1½^p *スイジガイ *Lambis* (*Harpago*) *chiragra,* 'Scorpion shell'[1] …………G16

1) 殻口同唇にヒダ（図の描き誤り deformed）

1966. II. 14. 通常，加刷 Optd.（1965年発行切手に額面変更）

#151 3 ᶜon 1½ᵖ *スイジガイ (#130に加刷) *Lambis* (*Harpago*) *chiragra,* 'Scorpion shell'[1) ]……G16

1) 殻口内唇にヒダ(図の描き誤り deformed)

1968. V. 20. 通常, グラビア Photo.

#184 6 ᶜ *シロチョウガイ *Pinctada maxima* 採り Gold-lip shell fishing ……B 4

1971. I. 28. 通常, **大探険家・船の顕賞 Honouring Famous Explorers and Ships** 4種セットの1, 平版 Litho.

#125 4 ᶜ 貝と葦でつくった海図 Astrolabe(shells) and Polynesian reed map

1976. III. 8. 通常, **鳥と貝 Birds and Shells**15種セットの8, グラビア Phopo.

#321 6 ᶜ *ナンヨウ(コガネ)ダカラ *'Cypraea'* (*Callistocypraea*) *'aurantium'*, 'Golden cowrie' ……G18

#322 10 *ウミノサカエ *'Conus'* (*Leptoconus*) *'gloria-maris'*, 'Glory-of- the-Sea cone' ……G38

#324 15 *オウムガイ *'Nautilus pompilius'*, 'Pearly nautilus' ……C 1

#325 20 *ホネガイ *'Murex'* (Acupurpura) *'pecten'*, 'Venus comb Murex' ……G24

#326 25 *ダルマサラサバティ *'Tectus niloticus'*, 'Commercial trochus' ……G 4

#327 35 *ショウジョウコオロギ[1)] *'Cymbiola'* (*Aulicina*) *'rutila'*, 'Melon or Baler shell' ……G35

1) 右巻き right-handed (×左巻き Left-handed, 図の描き誤り mis-figured)

#328 45ᶜ *サソリガイ *'Lambis'* (*Lambis*) *'crocata'*, 'Orange spider conch' ……G16

#329 $1 *ホラガイ *'Charonia tritonis'*, 'Pacific triton' ……G21

1977. X. 24. 通常, **ソロモン諸島の新通貨発行記念 New Currency of Solomon Is.** 貝貨と新紙幣2種連刷の1, グラビア Photo.

#363 45ᶜ 貝の貨幣 Traditional shell money

## 124. ソマリア SOMALIA (SOMALI DEMOCRATIC REPUBLIC, ITALIAN SOMALILAND)

100 centisimi センチシミ (c)=1 somali (shilling) ソマリ (シリング) (sh)

1976. Ⅻ. 30. 通常，ソマリアの貝 **Shells of Somalia** 6種セット(完)と小型シート Souvenir sheet 1種

#430 50$^c$ *ツマグロメダカラ *'Cypraea'* (*Melicerona*) *'gracilis'* ……… G18

#431 75 *ソマリアボラ (新) *Bursa*[1)] *barclayi*[2)] ……… G22

1) *Bursa* (× *'Charonia'*, 同定の誤り mis-identified)

2) *barclay* (× *'bardayi'*, 誤綴 mis-spelled)

#432 1$^{sh}$ *タウンゼントニシキ (新) *'Chlamys'* (*Argopecten*) *'townsendi'* ……… B 6

#433 2 *ソマリアフジツガイ (〃) *'Cymatium ranzanii'* ……… G21

#434 2.75 *フカシイモ (〃) *'Conus'* (*Rhizoconus*) *'argillaceus'* ……… G38

#435 2.90 *オールドソデガイ (〃) *'Strombus'* (*Tricornis*) *'oldi'* ……… G16

#435a 11 小型シート Sheet of 6 (#430-435の6種を含む). 大きさ size：148×218$^{mm}$

# 125. 仏領ソマリ海岸 SOMALI COAST

100 centimes サンチーム (c)＝1 franc フラン (fr)

1915−33. 通常，凸版 Typo.

#85 10$^c$ ソマリアの少女とホタテガイ *Pecten* sp.の図案 Somali girl with scallop shells ……… B 6

#86 10 〃 〃 〃 〃 ……… B 6

#87 10 〃 〃 〃 〃 ……… B 6

#88 15 〃 〃 〃 〃 ……… B 6

#89 20 〃 〃 〃 〃 ……… B 6

#90 20 〃 〃 〃 〃 ……… B 6

#91 20 〃 〃 〃 〃 ……… B 6

#92 25 〃 〃 〃 〃 ……… B 6

| | | | | | | |
|---|---|---|---|---|---|---|
| #93 | 25 | 〃 | 〃 | 〃 | 〃 | ……B 6 |
| #94 | 30 | 〃 | 〃 | 〃 | 〃 | ……B 6 |
| #95 | 30 | 〃 | 〃 | 〃 | 〃 | ……B 6 |
| #96 | 30 | 〃 | 〃 | 〃 | 〃 | ……B 6 |
| #97 | 30 | 〃 | 〃 | 〃 | 〃 | ……B 6 |
| #98 | 35 | 〃 | 〃 | 〃 | 〃 | ……B 6 |
| #99 | 40 | 〃 | 〃 | 〃 | 〃 | ……B 6 |
| #100 | 45 | 〃 | 〃 | 〃 | 〃 | ……B 6 |
| #101 | 50 | 〃 | 〃 | 〃 | 〃 | ……B 6 |
| #102 | 50 | 〃 | 〃 | 〃 | 〃 | ……B 6 |
| #103 | 50 | 〃 | 〃 | 〃 | 〃 | ……B 6 |
| #104 | 60 | 〃 | 〃 | 〃 | 〃 | ……B 6 |
| #105 | 65 | 〃 | 〃 | 〃 | 〃 | ……B 6 |
| #106 | 75 | 〃 | 〃 | 〃 | 〃 | ……B 6 |
| #107 | 75 | 〃 | 〃 | 〃 | 〃 | ……B 6 |
| #108 | 75 | 〃 | 〃 | 〃 | 〃 | ……B 6 |
| #109 | 85 | 〃 | 〃 | 〃 | 〃 | ……B 6 |
| #110 | 90 | 〃 | 〃 | 〃 | 〃 | ……B 6 |

1922. 通常，加刷 Optd. & surch. (1915年発行切手に額面変更と **"1921 of 50"**)，凸版 Typo.

#120 $50^c$ on $25^c$ ソマリアの少女とホタテガイ1種 *Pecten* sp. の図案 Somali girl with scallop shell (#97に加刷) ……B 6

1922. 通常，加刷 Surch. (1915年発行切手#88に額面変更)，凸版 Typo.

#121 $0.01^c$ on $15^c$ ソマリアの少女とホタテガイ1種 *Pecten* sp. の図案 Somali girl with scallop shell (黒 Bk. で加刷) ……B 6

#122 0.02 on 15 〃 〃 〃 (青 Bl. 〃 ) ……B 6

#123 0.04 on 15 〃 〃 〃 (灰 G 〃 ) ……B 6

#124 0.05 on 15 〃 〃 〃 (赤 R 〃 ) ……B 6

1923－27. 通常，加刷 Surch. (1915年発行切手に額面変更)，凸版 Typo.

#125 $60^c$ on $75^c$ ソマリアの少女とホタテガイ1種 *Pecten* sp. の図案 Somali girl with scallop shell (#？に加刷) ……B 6

#126 65 09 15 〃 〃 〃 (#88 〃 ) ……B 6

#127 85 09 40 〃 〃 〃 (#99 〃 ) ……B 6

#128 90 09 75 〃 〃 〃 (#？ 〃 ) ……B 6

1943. 通常，加刷 Optd.（1915－33年発行切手に **"FRANCE LIBRE"**），凸版 Typo.

#187 15$^c$ ソマリアの少女とホタテガイ 1 種 *Pecten* sp. の図案（#88に加刷）Somali girl with scallop shell ……B 6

#188 20 〃 〃 (#91 〃 ) 〃 ……B 6

#189 30 〃 〃 (#97 〃 ) 〃 ……B 6

#190 50 〃 〃 (#103 〃 ) 〃 ……B 6

#191 65 〃 〃 (#105 〃 ) 〃 ……B 6

1962. XI. 24. 通常，**海の貝 Sea Shells** 4 種セット（完），グラビア Photo.

#293 8$^{fr}$ *クロチョウガイ *Pinctada 'margaritifera'* ……B 4

#294 10 *ヒレジャコ *'Tridacna squamosa'* ……B16

#295 25 *ミツカドソデガイ *'Strombus'* (*Tricorsis*) *'tricornis'* ……G16

#296 30 *ピラミッドウズ *'Trochus dentatus'* ……G 4

1962. XII. 24. 航空，**海の生物 Marine Life** 5 種セットの 2，グラビア Photo.

#C28 60$^{fr}$ *エビスボラ *Tibia insulaechorab*[1] ……G16

1）*T. insulaecorab*（= *'magna'*, 異名 synonym）

#C29 100 *ラクダガイ *'Lambis'* (*Lambis*) *truncata*[1] ……G16

1）*L. truncata*（= *'bryonia'*, 異名 synonym）

# 126. 南ジョージア SOUTH GEORGIA

12 pence ペンス (p) = 1 shilling シリング (sh), 20 shillings = 1 pound ポンド (£),
100 pence = 1 pound (1971)

1963. VII. 17. 通常，凹版 Engr.

#3 2$^p$ ソデイカ（オオトビイカ）? *Thysanoteuthis rhombus* をおそうマッコウクジラ Sperm whale attacking Giant squid ……C17

1971. II. 15. 通常，加刷 Surch.（1963年発行切手に10進通貨切替にともなう額面変更）

#20 2$^p$on 2$^p$ ソデイカ（オオトビイカ）? *Thysanteuthis rhombus* をおそうマッコウクジラ（#3 に加刷）Sperm whale attacking Giant squis……C17

# 127. スペイン SPAIN

100 centimos センチモ (c)＝1 peseta ペセタ (p)

1937. VIII. 1. 通常，コンポステラ聖年祭 **Holy Year of St. James Compostela** 3種セットの2，平版 Litho.

#636 30$^{c}$ 教会の建物とジェームズホタテガイ *Pecten jacobaeus* の図案（両上隅）St. James Cathedral and stylized Jacob's Scallop shells (at both upper corners) ……B 6

#637 1$^{p}$ 教会入口とジェームズホタテガイ *Pecten jacobaeus* の図案（両上隅）Portico de la Gloria and stylized Jacob's Scallop shells (at both upper corners) ……B 6

1941. XII. 23. 付加金つき，**肺結核撲滅運動 Fighting Tuberculosis** 2種セット(完)，平版 Litho.

#B125 2$^{c}$＋5$^{c}$ タコ1種 *Octopus* sp. の腕と十字架をもつ騎士 Arms of octopus and knight with Larraine Cross ……C 18

#B126 40＋10 〃 〃 〃 ……C 18

1941. XII. 23 郵便税，**肺結核撲滅運動 Fighting Tuberculosis** 1種（完），平版 Litho.

#RA16 10$^{c}$ タコ1種 *Octopus* sp. の腕と十字架をもつ騎士（#B125と同図柄）Arms of octopus and knight with Larraine Cross ……C 18

1941. XII. 23. 郵便税・航空，**肺結核撲滅運動 Fighting Tuberculosis** 1種(完)，平版 Litho.

#RAC2 10$^{c}$ タコ1種 *Octopus* sp. の腕と十字架をもつ騎士（#B125と同図柄）Arms of octopus and knight with Larraine Cross ……C 18

1960. III. 24. 通常，**バルトロメ・エステバン・ムリロと切手の日記念 Honouring Bartolome Esteban Murillo (1617-1682) and for Stamp Day**10種セットの1，グラビア Photo.

#925 80$^{c}$ 貝をもつ子供たち Children with shells

1965. VII. 25. 通常，**セント・ジェームス聖年祭 Holy Year of St. James Compostela** 2種セット（完），グラビア Photo.

#1310 $1^p$ 巡礼の帽子にジェームズ・ホタテガイ *Pecten jacobaeus* の図案 Stylized Jacobo's Scallop shell badges on the hat of Pilgrim ……………………… B 6

#1311 2 〃 〃 〃 ……………………………… B 6

1971. 通常，1971年コンポステラ聖年祭 **Holy Year of Compostela, 1971,** 凹版 Engr.

#1642 $50^c$ ヨーロッパ主要巡礼路図とジェームズホタテガイ *Pecten jacobaeus* の図案 Map with main Enropean pilgrimage routes and stylized Jacob's Scallop ……………………………………………………………………………… B 6

#1643 50 主要巡礼路図とジェームズホタテガイ *Pecten jacobaeus* の図案 Map of main pilgrimage routes and stylized Jacob's Scallop ………………………… B 6

#1644 $1^p$ スェーデンのサン・ブリジェット胸像とジェームズホタテガイ *Pecten jacobaeus* の図案 St. Bridget statue, Sweden and stylized Jacob's Scallop B 6

#1645 1 サンチャゴ寺院とジェームズホタテガイ *Pecten jacobaeus* の図案 Santiago Cathedral and stylized Jacob's Scallop ……………………………………… B 6

#1646 1.50 パリ，サンジャック塔とジェームズホタテガイ *Pecten jacobaeus* の図案 Tower of St. Jacques, Paris and stylized Jacob's Scallop …………… B 6

#1647 1.50 サンチャゴ・ド・コンポステラ入口の巡礼とジェームズホタテガイ *Pecten jacobaeus* の図案 Pilgrim before entering Santiago de Compostela and stylized Jacob's Scallop …………………………………………………………… B 6

#1648 2 イタリー，サンタ・ジェームズの胸像とジェームズホタテガイ *Pecten jacobaeus* の図案 St. James statue, Italy and stylized Jacob's Scallop …… B 6

#1649 2 ラゴ寺院とジェームズホタテガイ *Pecten jacobaeus* の図案 Lugo Cathedral and stylized Jacob's Scallop ……………………………………………………… B 6

#1650 2.50 ビアフランカ・デル・ビエルゾ教会とジェームズホタテガイ *Pecten jacobaeus* の図案 Villafranca del Bierzo Church and stylized Jacob's Scallop ……………………………………………………………………………… B 6

#1651 3 セント・デービッド寺院とジェームズホタテガイ *Pecten jacobaeus* の図案 Cathedral of St. David, Wales and stylized Jacob's Scallop ………… B 6

#1652 3 アストルガ寺院とジェームズホタテガイ *Pecten jacobaeus* の図案 Astorga Cathedral and stylized Jacob's Scallop ……………………………………… B 6

#1653 3.50 サンマルコス・ド・レオンとジェームズホタテガイ *Pecten jacobaeus* の図案 San Marcos de León and stylized Jacob's Scallop ……………………… B 6

#1654 4 アーヘン寺院のレリーフとジェームズホタテガイ *Pecten jacobaeus* の図案 Charlemagne, bas-relief, Aachen Cathedral and stylized Jacob's Scallop ……………………………………………………………………………… B 6

#1655 4 サンチルソ・ド・サハグンとジェームズホタテガイ *Pecten jacobaeus* の図案

San Tirso de Sahagun and stylized Jacob's Scallop ……………………B 6

#1656 5 サンマルタン・ド・フロミスタとジェームズホタテガイ *Pecten jacobaeus* の図案 San Martin de Fromista and stylized Jacob's Scallop ………………B 6

#1657 6 ブルゴスのキングス病院のレリーフとジェームズホタテガイ *Pecten jacobaeus* の図案 Bas-relief, King's Hospital, Burgos and stylized Jacob's Scallop ……………………………………………………………………B 6

#1658 7 カルツァーダ，サント・ドミンゴの表玄関とジェームズホタテガイ *Pecten jacobaeus* の図案 Portal of St. Domingo de la Calzada and stylized Jacob's Scallop ……………………………………………………………………B 6

#1659 7.50 ナジェラ修道院とジェームズホタテガイ *Pecten jacobaeus* の図案 Cloister, Najera and stylized Jacob's Scallop ……………………………………B 6

#1660 8 プエント・ド・ラ・レイナーの表門と十字架上のキリストとジェームスホタテガイ *Pecten jacobaeus* の図案 Puente de la Reina (Christ on the Cross and Portal) and stylized Jacob's Scallop ……………………………………B 6

#1661 9 ユーナータのサンタ・マリアとジェームスホタテガイ *Pecten jacobaeus* の図案 Santa Maria de Eunate and stylized Jacob's Scallop …………………B 6

#1662 10 ロンシェスバールの十字架とジェームスホタテガイ *Pecten jacobaeus* の図案 Cross of Roncesvalles and stylized Jacob's Scallop ……………………B 6

1972. III. 24. 通常，1972年切手の日記念（画家ソラーナ作品集）**Stamp Day for 1972** (Paintings by J. G. Solana, 1886–1945)，グラビア Photo.

#1710 $10^p$ 商船々長とトウカムリ *Cassis cornutus* Marchant marine captain and Horned helmet shells …………………………………………………………G 20

1976. I. 2. 通常，セント・ジェームス聖年祭 **Holy Year of St. James of Compostela, Patron Saint of Spain** 1種（完），凹版 Engr.

#1931 $3^p$ 巡礼女ポンテベドラとジェームズホタガイ *Pecten jacobaeus* の祭具 A portrait of Pilgrim Virgin, Pontevedra and badge of Jacob's Scallop ……B 6

## 128. スペイン領ギニア SPANISH GUINEA

100 centimos センチモ (c) = 1 peseta ペセタ (p)

1955. IV. 1. 付加金つき，フェルナンド・ポー教皇府設立100年記念 **Centenary of Establishment of Apostolic Prefecture at Fernando Po,** グラビア Photo.

#B34　$25^c+10^c$　洗礼者とホタテガイ *Pecten* sp. の聖盤 Scallop shell and Baptism B6

# 129. スイス SWITZERLAND (HELVETIA)

100 rappen (centimes) ラッペ (サンチーム) (r, c) = 1 franc フラン (fr)

1958. V. 31. 付加金つき，1958年夏季慈善 **Pro Patria 1958,** 鉱物化石 **Minerals and Fossils** 5種セットの1，グラビア Photo.

#B274　$20^c+10^c$　*† 菊石類1種 Fossil ammonite ………………………………… C8

1960. VI. 1. 付加金つき，1960年夏季慈善 **Pro Patria 1960,** 鉱物化石 **Minerals and Fossils** 5種セットの1，グラビア Photo.

#B294　$20^c+10^c$　*† グリフェアガキ1種 (二枚貝類) *Gryphaea* sp. (Fossil bivalve) ………………………………… B9

# 130. シリア SYRIA

100 centimes サンチーム (c) = 1 piastre ピアストル (p)

1970. VIII. 25. 航空，第17回万国祭記念 (ダマスカス) **17th International Fair** 5種セットの1，平版 Litho.

#C473　$60^p$　貝細工 Shell-work

# 131. タ イ THAILAND

100 satangs サタン (s)＝1 baht バーツ (b)

1975. IX. 5. 通常，**海の貝 Sea Shells** 4種セット（完），平版 Litho.

#749 75[s] *ミドリイガイ *'Mytilus' viridis*[1)] ........................ B 2

1）*M. viridis* (＝*'smaragdinus'*，異名 synonym)

#750 1[b] *ヤコウガイ *'Turbo marmoratus'* ........................ G 5

#751 2.75 *ハイイロマクラガイ（ホンマクラガイ）*'Oliva'* cf. *oliva*[1)] ........................ G 31

1）ハイイロマクラガイ *O.* cf. *oliva*（×マクラガイ *'O. mustelina'*，同定の誤り mis-identified)

#752 5 *キイロダカラ *'Cypraea'* (*Monetaria*) *'moneta'* ........................ G 18

# 132. トーゴ TOGO

## 132 a. 独領トーゴ GERMAN PROTECTORATE

100 Pfennige ペニヒ (pf)＝1 Mark マルク (m)

1900. 通常，凹版 Engr.（透しなし Ulwmkd.)

#16 1[m] カイザー・ヨットにホタテガイ1種 *Pecten* sp. の図案（両下隅）Kaiser's yacht and stylized scallop shells (at both lower corners) ........................ B 6

#17 2 〃 〃 (〃) 〃 ........................ B 6

#18 3 〃 〃 (〃) 〃 ........................ B 6

#19 5 〃 〃 (〃) 〃 ........................ B 6

1915 通常，凹版 Engr.（透し Wmkd.：菱形紋 Lozenges)

#23 5[m] カイザー・ヨットにホタテガイ1種 *Pecten* sp. の図案（両下隅）Kaiser's yacht and stylized scallop shells (at both lower corners) ........................ B 6

## 132b. 英領トーゴ UNDER BRITISH OCCUPATION

100 Pfennige ペニヒ (pf)＝1 Mark マルク (m)，12 pence ペンス (p)＝1 shilling (sh)

1914. X. 1. 通常，加刷 Optd. (1900年独領トーゴ発行切手に **"TOGO ANGLO-FRENCH OCCUPATION"**)

#44 1 $^{m}$ カイザー・ヨットにホタテガイ1種 *Pecten* sp. の図案 (独領#16に加刷) Kaiser's yacht and stylized scallop shells (at both lower corners) ……………… B 6

#45 2 〃 〃 (〃#17〃) ……………………………………………… B 6

1914. X. 通常，加刷 Optd. (独領トーゴ1900年発行切手に **"TOGO ANGLO-FRENCH OCCUPATION"**)

#57 1 $^{m}$ カイザー・ヨットにホタテガイ1種 *Pecten* sp. の図案 (独領#16に加刷) Kaiser's yacht and stylized scallop shells (at both lower corners) ……………… B 6

#58 2 〃 〃 (〃#17〃) 〃 ……………………………………… B 6

#59 3 〃 〃 (〃#18〃) 〃 ……………………………………… B 6

#60 5 〃 〃 (〃#19〃) 〃 ……………………………………… B 6

## 132c. 仏領トーゴ TOGO UNDER FRENCH OCCUPATION

100 Pfennige ペニヒ (pf)＝1 Mark (m), 100 centimes サンチーム (c)＝1 franc フラン (fr)

1915. 通常，加刷 Optd. (独領トーゴ1900年発行切手に **"TOGO OCCUPATION FRANCO-ANGLAISE"**)

#172 1 $^{m}$ カイザー・ヨットにホタテガイ1種 *Pecten* sp. の図案 (独領#16に加刷) Kaiser's yacht and stylized scallop shells (at both lower corners) ……………… B 6

#173 2 〃 〃 (〃#17〃) 〃 ……………………………………… B 6

#174 3 〃 〃 (〃#18〃) 〃 ……………………………………… B 6

#175 5 〃 〃 (〃#19〃) 〃 ……………………………………… B 6

# 133. トーゴ TOGO, REPUBLIC OF

100 centimes サンチーム(c)＝1 franc フラン(fr)

1963. Ⅰ. 12. 通常，**トーゴ郵便事業65年記念(切手の切手)65th Anniversary of Togolese Mail Service (Stamps on Stamps)** 6種セットの1．グラビア

#439 $50^{c}$ 郵便船と独領トーゴ1900年発行切手（#16「カイザーヨットとホタテガイ」）Mail ship and stamps of 1900 (Kaiser's yacht and stylized scallops)

1964. Ⅰ. 4. 通常，**動植物 Fauna and Flora**12種セットの1，グラビア Photo.

#467 $20^{fr}$ *マダコ *'Octopus vulgaris'* ……… C18

1964－65 下足税，**海の貝 Sea Shells** シリーズ8種セット(完)，グラビア Photo.

#J56 $1^{fr}$ *コチョウイモ *'Conus'* (*Conus*) *'papilionaceus'* ……… G38
#J57 2 *ミドリヘリトリガイ *'Marginella faba'* ……… G36
#J58 3 *ヨモスガラダカラ *'Cypraea'* (*Trona*) *'stercoraria'* ……… G18
#J59 4 *アンゴラソデガイ *'Strombus'* (*Lentigo*) *'latus'* ……… G16
#J60 5 *ワダチザル *'Cardium costatum'* ……… B15
#J61 10 *ヨロイゴロモ *'Cancellarda cancellaria'* ……… G37
#J62 15 *ナツメヤシガイ *'Cymbium'* (*Cymba*) *'pepo'* ……… G35
#J63 20 *ツノダシヘナタリ *Tympanotonus*[1] *fuscatus*[2] ……… G11

1) *Tympanotonus* (× *'Tympanotomus'*, 誤綴 mis-spelled)

2) *T. fuscatus* (＝ *'radula'*, 異名 synonym)

発行年月日：1964／1／4／ (#J60), X／9 (#J61), '65／VI (#J56－J59)

1967. X. 14. 通常，**トーゴ切手発行70周年記念（切手の切手）70th Anniversary of First Togolese Stamps (Stamps on Stamps)** 6種セットの1，グラビア Photo.

#617 $5^{fr}$ 切手オークション風景と独領トーゴ1900年発行切手（#16「カイザーヨットとホタテガイ」）Scene of stamp auction and stamps of 1900 & 1964 (Kaiser's yacht and stylized scallops)

1967. X. 14. 航空，**トーゴ切手発行70年記念（切手の切手）70th Anniversary of First Togolese Stamps (Stamps on Stamps)** 2種セットの1と小型シート Souvenir sheet, グラビア Photo.

#C82 $90^{fr}$ 切手オークション風景と独領トーゴ1900年発行切手(#617と同図柄) Scene of stamp auction and stamps of 1900 and 1964 (Kaiser's yacht and stylized scallops)

#C82a 小型シート Sheet of 3 (#621−622, C82 を含む), 大きさ size：120×89$^{mm}$

1969. II. 14. 航空, **第2回アフリカ郵趣博記念（切手の切手） 2nd Phieafrique (Stamps on stamps)** 1種(完), 凹版 Engr.

#C104 50$^{fr}$ アレジョ・フォールと独領トーゴ1900年発行切手（#16「カイザーヨットとホタテガイ」）Aledjo Fault and stamp of 1900 (Kaiser's yacht and stylized scallops)

1974. VII. 13. 通常, **海の貝 Sea Shells** 4種セット(完), 平版 Litho.

#881 10$^{fr}$ *ツノダシヘナタリ *Tympanotonus*[1) ] *fuscatus*[2)] ………G11

1) *Tympanotonus* (× '*Tympanotomus*', 誤綴 mis-spelled)

2) *T. fuscatus* (= '*radula*', 異名 synonym)

#882 20 *オオミヤシロガイ '*Tonna galea*' ………G23

#883 30 *ワラベイモ '*Conus*' (*Conus*) '*mercator*' ………G38

#884 40 *ワダチザル '*Cardium costatum*' ………B15

1974. VII. 13. 航空, **海の貝 Sea Shells** 2種セット(完)と小型シート Souvenir Sheet, 平版 Litho.

#C230 90$^{fr}$ *ゴクラクボラ *Alcithoe* (*Festilyria*) '*ponsonbyi*' ………G35

#C231 100 *ヤブレタイコガイ(新) *Phalium* '*iredalei*' ………G20

#C231a 190 小型シート Sheet of 2 (#C230−C231を含む。マージンに貝・魚・サンゴの図あり。#C231a has a margin showing stylized shell, fish & coral.) 大きさ size：115×75$^{mm}$

## 134. トケラウ諸島 TOKELAU ISLANDS

100 cents セント(c)=1 dollar ドル($)

1974. XI. 13. 通常，**宝貝 Cowrie Shells**4種セット(完)，平版 Litho.
#41 3$^c$ *ハチジョウダカラ *'Cypraea'* (*Mauritia*) *'mauritiana'* ……G18
#42 5 *ホシダカラ *'Cypraea'* (*Cypraea*) *'tigris'* ……G18
#43 15 *タルダカラ *'Cypraea'* (*Talparia*) *'talpa'* ……G18
#44 25 *ジャノメダカラ *'Cypraea'* (*Talparia*) *'argus'* ……G18

# 135. チュニジア TUNISIA

1,000 millimes ミリーム(m)=1 dinar ディナール(d)

1959. III. 20. 通常，凹版 Engr.
#350 20$^m$ 机の上にアオイガイ(?) *Argonauta argo* の穀 Paper nautilus on the table ……C20

1962. VII. 25. 通常，**第6回チュニジア独立記念**（婦人の民族衣裳）**6th Anniversary of Tunisia's Independence** (Women in Costume of various localities) 6種セットの1，グラビア Photo.
#415 20$^m$ 貝をもつ婦人 Hammermet woman having shells

1972. X. 23. 通常，**チュニジアの生活 Life of Tunisia** 6種セットの1，平版 Litho.
#586 5$^m$ タコを突く漁夫 'La pecheur', fisherman sticking octopus

# 136. タークス・カイコス諸島 TURKS & CAICOS ISLANDS

12 pence ペンス(p)=1 shilling シリング(sh), 20 shillings=1 pound ポンド（£),
100 cents セント（c)=1 dollar ドル（$)（1969)

1957. XI. 25. 通常，凹版 Engr.

#128 6 $^{p}$ ピンクガイ *Strombus* (*Tricornis*) *gigas* 漁船とエリザベスII Queen conch, fishing boat and Q E II ……G16

1966. X. 1. 通常，シンマース来島200年記念 **200th Anniversamy of Landing of Andrew Simmers** 3種セットの1，グラビア Photo.

#154 1 $^{sh}$ 6 $^{p}$ 新国章の中にピンクガイ *Strombus* (*Tricornis*) *gigas* とエビの図案 Stylized Queen conch in design of new national emblem ……G16

1967. II. 2. 通常，グラビア Photo.

#162 4 $^{p}$ ピンクガイ *Strombus* (*Tricornis*) *gigas* 採り Queen conch Industry …G16

#170 10 $^{sh}$ 国章にピンクガイ *Strombus* (*Tricornis*) *gigas* とエビの図案 Stylized Queen conch in design of national emblem ……G16

#171 £10 *ピンクガイ *Strombus* (*Tricornis*) *gigas* とエリザベスII Queen conch and Q E II ……G16

1968. VI. 1. 通常，**国際人権年記念 International Human Rights Year** 3種(完)，グラビア Photo.

#175 1 $^{p}$ ピンクガイ *Strombus* (*Tricornis*) *gigas* と憲章の図案 Stylized Queen conch, Magna Carta and U. N. Charter……G16

#176 8 〃 〃 〃 〃 ……G16

#177 1 $^{sh}$ 6 $^{p}$ 〃 〃 〃 〃 ……G16

1969. IX. 8. 通常，加刷 Optd.(1967年発行切手に額面変更)

#181 ¼ $^{c}$ 国章の中にピンクガイ *Strombus* (*Tricornis*) *gigas* とエビの図案(#170と同図柄，加刷なし) Stylized Queen conch in design of national emblem ……G16

#185 4 $^{c}$ on 4 $^{p}$ ピンクガイ *Strombus* (*Tricornis*) *gigas* 採り(#162に加刷) Queen conch industry ……G16

#194 $ 1 on 10 $^{sh}$ 国章にピンクガイ *Strombus* (*Tricornis*) *gigas* とエビの図案(#170に加刷) Stylized Queen conch in design of national emblem ……G16

#195 $ 2 on £1 *ピンクガイ *Strombus* (*Tricornis*) *gigas* とエリザベスII (#171に加刷) Stylized Queen conch and Q E II ……G16

1970. II. 2. 通常，**新憲法発布記念 Inauguration of New Constitution** 2種セット(完)，平版 Litho.

#200 7 $^{c}$ 国章にピンクガイ *Strombus* (*Tricornis*) *gigas* とエビの図案 Stylized Queen conch in design of national emblem ……G16

#201 35 〃 〃 〃 〃 ……………………………………………… G16

1971. II. 2. 通常，(1967年発行切手に新貨幣単位表示 New values in Cents and $)，グラビア Photo.

#220 4 $^c$ ピンクガイ *Strombus* (*Tricornis*) *gigas* 採り(#162と同図柄)Queen conch industry ……………………………………………… G16

#229 $ 1 国章にピンクガイ *Strombus* (*Tricornis*) *gigas* とエビの図案(#170と同図柄) Stylized Queen conch in national emblem ……………………………… G16

#230 2 *ピンクガイ *Strombus* (*Tricornis*) *gigas* とエリザベスII(#171と同図柄) Stylized Queen conch and Q E II ……………………………………… G16

1971. V. 2. 通常，**観光誘致（海産動物）Tourist Pubicity (Marine Life)** 4種のうち1，平版 Litho.

#233 3 $^c$ ピンクガイ *Strombus* (*Tricornis*) *gigas* と紋章 Queen conch and emblem ……………………………………………… G16

1973. VI. 16. 通常，**ジャマイカ=タークス・カイコス諸島併合100年記念 Centenary of Annexation to Jamaica** 2種(完)，平版 Litho.

#263 5 $^c$ 両国々章とピンクガイ *Strombus* (*Tricornis*) *gigas* とエビの図案 Stylized Queen conch in emblem of Turks & Caicos Islands and emblem of Jamaica ……………………………………………… G16

#264 15 〃 〃 〃 〃 ……………………………………………… G16

# 137. ツバルウ　TUVALU

100 cents セント(c)＝1 dollar ドル($)

1976. VI. 21. 通常，**新貨幣制 New Coinage** 4種セットの1，平版 Litho.

#19 5 $^c$ コインの中と段にタコ1種 *Octopus* sp. の図案 Coin and octopi ……… C18

#20 10 コインの中に貝2種（タケノコガイ類？とヒオウギ類）Coin showing shell designs

## 138. ウマル・クェイン　UMM AL QIWAIN

1 dihram ダーラム (d)＝1 riyal リヤル (r)

1972. VII. 16. 通常，**貝の生態 Shell Life** 2種セット(完)，平版 Litho.
@574　5 [d]　*セムシウミウサギ *Calpurnus verrucosus*, 'Little warty cowrie' ……G17
@576　15　*ヤナギシボリニンギョウボラ *Amoria* (*Amoria*) *elliotti*, 'Elliot's volute' ……………………G35

1972. VII. 16. 航空，**貝の生態 Shell Life** 1種(完)，平版 Litho.
@581　3 [r]　*カフスボタン *Cyphoma gibbosa*, Flamingo Tongue (＝'Little leopard') ……………………G17

1973. 通常，**魚 Fishes**16種連刷(額面，マージンの貝図案すべて同じ)
------　1 [r]　魚のまわりに巻貝の図案 Stylized snail shells in margins of various species of fishes.

## 139. ウルグアイ　URUGUAY

1000 milesimos ミレシモ (m)＝1 peso ペソ (p)

1968. X－XI. 航空，**海の生物 Marine Fauna** 5種セットの2，平版 Litho.
#C335　15 [p]　*カンテンダコ1種？*Alloposus* sp. ……………………C19
#C339　50　*アルゼンチンイレックス？*Illex argentinus*……………………C16

## 140. 北ベトナム VIET NAM, NORTH

100 xu スー (xu)=1 dong ドン (d)

1970. Ⅳ. 26. 通常, 海の貝 **Sea Shells** 4種セット(完)

§N608 12$^{xu}$ *ヤコウガイ *Turbo marmoratus* ……… G 5

§N609 12 *ハルカゼ *Cymbium* (*Cymbium*) *melo* ……… G35

§N610 20 *ホシダカラ *Cypraea* (*Cypraea*) *tigris* ……… G18

§N611 1$^{d}$ *ホラガイ *Charonia tritonis* ……… G21

1974. X. 25. 通常, 海の動物 **Marine Fauna** 6種セットの4

§880 12$^{xu}$ *ヤリイカ1種 '*Loligo*' sp.[1] ……… C11

1) ? ヨーロッパオオヤリイカ *Loligo forbesi*

§881 30 *フクトコブシ *Haliotis*[1] *diversicolor* ……… G 2

1) *Haliotis* (× '*Haleotis*', 誤刷 mis-spelled)

§882 40 *アコヤガイ *Pinctada fucata* '*martensii*' ……… B 4

§883 50 *ヨーロッパコウイカ(モンゴウイカ) '*Sepia officinalis*' ……… C10

## 141. バージン諸島 VIRGIN ISLANDS

100 cents セント (c)=1 dollar ドル ($)

1964. XI. 2. 通常, バージン諸島の風物 **Views and Customs in Virgin Islands** 15種(完), 凹版 Engr.

(目打 Perf : 13×12½)

#144 1$^{c}$ エリザベスIIの肖像とマグロと小さなバージンツノマタ *Latirus virginensis* の図案 (上縁に4) A portrait of Q E II, bonito and small stylized Virgin Islands Latirus (4) in upper margin.

#145 2 〃 〃 飛行艇 〃 (〃) Q E II, seaplane at Soper's Hole and small stylized V. I. Latirus.

#146 3 〃 〃 ペリカン〃 (〃) Q E II, Brown pelican and small stylized V. I. Latirus.

#147 4 〃 〃「棺桶山」〃（〃） Q E II, Dead Man's Chest and small stylized V. I. Latirus.

#148 5 〃 〃 港 〃（〃） Q E II, Road Harbour and small stylized V. I. Latirus.

#149 6 〃 「フォールン・エルサレム島」〃（〃） Q E II, Fallen Jerusalem Island and small stylized V. I. Latirus.

#150 8 〃 〃 温泉 〃（〃） Q E II, Virgin Gorda and small stylized V. I. Latirus.

#151 10 〃 バージン島の地図〃（〃） Q E II, map of Virgin Islands and small stylized V. I. Latirus.

#152 12 〃 〃 フェリー〃（〃） Q E II, ferry service, Tortola-St. Thomas and small stylized V. I. Latirus.

#153 15 〃 〃 塔 〃（〃） Q E II, the Towers, and small stylized V. I. Latirus.

#154 25 〃 〃 飛行機〃（〃） Q E II, plane at Beef Island airfield and small stylized V. I. Latirus.

（目打 perf：13×13½，大きさ size：27×30½mm）

#155 70 〃 〃 トートラ島〃（〃） Q E II, map of Ttrtola Island and small stylized V. I. Latirus.

#156 $1 バージン・ゴーダ島〃（〃） Q E II, Virgin Gorda Island and small stylized V. I. Latirus.

#157 1.40 〃 〃 ヨット〃（〃） Q E II, yacht and small stylized V. I. Latirus.

（目打 perf：11½×12，大きさ size：27×37mm）

#158 $2.80 〃 〃 記章 〃（〃） Q E II, badge and small stylized V. I. Latirus.

1966. IX. 15. 通常，加刷 Surch.（1964年発行切手に額面変更）

#173 50c on 70c エIIとバージンツノマタとトートラ島（#155に加刷）Q E II, map of Tortola Island and small stylized V. I. Latirus.

#174 $1.50 on $1.40 〃 〃 〃 ヨット（#157〃）Q E II, yacht, Tortola and stylized Latirus shells.

#175 3 on 2.80 〃 〃 〃 記章（#158〃）Q E II, badge and stylized Latirus shells.

1974. X. 30. 通常，海の貝 **Sea Shells** 4種セット(完)と小型シート Souvenir Sheet. 平版 Litho.

#274 5c *セイヨウホラガイ '*Charonia variegata,* Trumpet triton' ………………G21

#275 18 *コボネテングガイ（新）'*Murex*' (*Chicoreus*) '*brevifrons,* West Indian Murex' ………………G24

#276 25 *チダシアマオブネ *'Nerita peloronta,* Bleeding tooth' ……………………G 6
#277 75 *バージンツノマタ *'Latirus virginensis,* Virgin Islands Latirus' ………G30
#277 a $1.23 小型シート Sheet of 4 (#274−277を含む，マージンにバージンツノマタの図あり。#277a has a multicoloured margin showing Vigin Is. Latirus) 大きさ size：145×95$^{mm}$

1968. VII. 1. 通常，**国際人権年記念 International Human Rights Year** 加刷 Optd.(1964年発行切手に "**1968／INTERNATIONAL／YEAR FOR／HUMAN RIGHTS**")
#190 10$^{c}$ エIIにバージンツノマタとバージン島の地図 (#151に加刷) Map of Virgin Island, Q E II, and stylized Latirus shells.
#191 25 〃 〃 飛行機 (#154〃) Plane at Beef Island Airfield, Q E II and stylized Latirus shells.

# 142. ウォーリス島とフーツナ島 WALLIS & FUTUNA ISLANDS

100 centimes サンチーム (c)＝1 franc フラン (fr)

1962−63. 通常，**海の貝 Sea Shells** 6種セット(完)，凹版 Engr.
#159 25$^{c}$ *ホラガイ *'Charonia tritonis'* ……………………………………G21
#160 1$^{fr}$ *ヒメチョウセンフデ *'Mitra episcopalis'* ……………………………G32

#161 2 *マンボウガイ *'Cyraecassis rufa'* ………………………G20

#162 4 *ホネガイ *'Murex'* (*Acupurpura*) *'pecten'*[1)] ………………………G24

1) *M. pecten* (= *'tenuispina'*, 異名 synonym)

#163 10 *ムラサキジュドウマクラ *'Oliva' miniacea*[1)] ………………………G31

1) *O. miniacea* (= *'erythrostoma'*, 異名 synonym)

#164 20 *ホシダカラ *'Cypraea'* (*Cypraea*) *'tigris'* ………………………G18

1962. IX. 20. 航空, 凹版 Engr.

#C16 $100^{fr}$ サラサバテイ？*Tectus niloticus* を採るダイバー'Pecheur de trocas' G 4

1963. IV. 1. 航空, 凹版 Engr.

#C18 $50^{fr}$ *ウネショクコウラ *'Harpa' major*[1)] ………………………G34

1) *H. major* (= *'ventricosa'*, 異名 synonym)

1975. II. 3. 航空, **タッパ織 Tapa cloth** 4種セットの2, グラビア Photo.

#C58 $36^{fr}$ 布地にタコ1種 *Octopus* sp. とヒトデ類の図案 Shell, octopus and marine life in design of Tapa cloth.

#C59 80 布地にクモガイ *Lambis* (*Lambis*) *lambis* と魚の図案 *Spider conch and fishes in design of Tapa cloth.*

1976. X. 1. 通常, **海の貝 Sea Shells** 4種セット(完), 凹版 Engr.

#189 $20^{fr}$ *テンジクイモ *'Conus'* (*Leptoconus*) *'ammiralis'*) ………………………G38

#190 23 *ウキダカラ *'Cypraea'* (*Palumadusta*) *'asellus'* ………………………G18

#191 43 *リュウテン *'Turbo petholatus'* ………………………G 5

#192 61 *オニノキバフデ *'Mitra papalis'* ………………………G32

# 143. イェーメン
# YEMEN, THE MUTAWAKELITE KINGDOM OF

40 bogaches ガボッチ (b) = 1 riyal リヤル (r)

1967. VII. 通常, **魚貝類 Marine Life** 7種セットの2

§R236 $1/8^{b}$ 巻貝とモンガラハギ Triggerfish and snail

§R237 ¼ ショクコウラ1種 *Harpa* sp. とブリモドキ Pilot fish and harp shell …G34

# 144. 南イェーメン
# YEMEN, PEOPLE'S DEMOCRATIC REPUBLIC

100 fils フィル (f)＝1 dinar ディナール (d)

1972. IX. 2. 通常，**海の動物 Marine Life** 4種セットの2，平版 Litho.

#120 $15^f$ イタヤガイ1種 *Pecten* sp. と巻貝とタイマイ Scallop, sea snail and turtle ……B 6

#123 125 巻貝と二枚貝とイセエビ Sea snail, bivalve shell and Spiny lobster.

1977. VII. 16. 通常，**海の貝 Sea Shells** 4種セット(完)，平版 Litho.

#186 $60^f$ *オマツリボラ1種 *Alcithoe* (*'Festilyria'*) *'duponti'* ……G35

#187 90 *ワダツミボラ *'Afrivoluta pringleri'* ……G35

#188 110 *イモガイ1種 *'Conus splendidulus'* ……G38

#189 180 *サラサダカラ *'Cypraea'* (*Callistocypraea*) *'broderipi'* ……G18

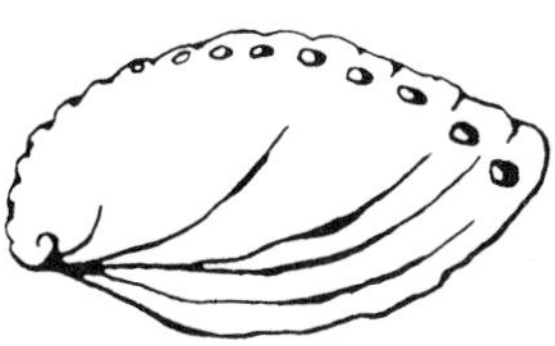

フランス貝類学会の紋章(アワビ) Emblem of the Malacological Society of French (*Haliotis*)

# 4．誤刷切手一覧

## Stamps showing mis-figured Shell Designs and mis-printed Inscriptions (Including Synonyms, Homonyms etc.)

| 国　名 Countries | カタログ番号 Cat. No. (Year, Value) | 誤 Errata | 正 Corrigenda | 備　考 Remarks |
|---|---|---|---|---|
| アファール・イッサ **AFRS ET DES ISSAS** | #388 | *'Ranella spinosa'* | *Bursa rana* | 同定の誤り Mis-identified |
| アイツタキ **AITUTAKI** | #87 | *'Mitra stictica'* | *M. cardinalis* | 同種異名 Synonym |
| | #89 | *'Murex triremis'* | *M. pecten* | 〃　〃 |
| アンゴラ **ANGOLA** | #573 | *'Harpa doris'* | *H. rosea* | 〃　〃 |
| | #576 | *'Lathyrus'* | *Latirus* | 綴り誤り Mis-spelled |
| | #588 | *'Cymatium trigonum'* | *Distorsio clathrata* | 同定の誤り Mis-indentified |
| | #590 | *'Semifusus'* | *Hemifusus* | 綴り誤り Mis-spelled |
| | #592 | *Solarium granulatum'* | *S. nobilis* | 同種異名 Synonym |
| ブラジル **BRAZIL** | #1513 | 左巻き(Left-handed) | 右巻き(Right-handed) | 図の描き誤り Mis-figured |
| | #1515 | 〃（　〃　） | 〃（　〃　） | 〃　〃 |
| 英領インド洋地域 **BRITISH INDIAN OCEAN TERRITORY** | #59 | *'Terebra maculata'* | *T. duplicata* | 同定の誤り Mis-indentified |
| 中国（台湾） **CHINA(TAIWAN)** | #1700 | *'Conus(Embrikera) stupa'* | *C. (E.) stupella* | 〃　〃 |
| | #1700 | 左巻き(Left-handed) | 右巻き(Right-handed) | 図の描き誤り Mis-figured |
| クック諸島 **COOK ISLANDS** | #390 | *'Tenebra muscaria'* | *Terebra areolata* | 綴り誤り Mis-spelled & 同種異名 Synonym |
| | #392 | *'Natica alopapillonis'* | *N. alapapilionis* | 綴り誤り Mis-spelled |
| キューバ **CUBA** | #2126 | *'Pineria terebra'* | *P. beathiana* | 同定の誤り Mis-identified |
| | #2129 | *'Hemitrochus fuscolabiata'* | *H. varians* | 〃　〃 |

| | | | | |
|---|---|---|---|---|
| ジブチ **DJIBOUTI** | #445 | *'Ranella spinosa'* | *Bursa rana* | 同定の誤り Mis-identified |
| エチオピア | #846 | *'Cuculloea lefebriaua'* | *Cucullaea lefebriana* | 綴り誤り Mis-spelled |
| **ETHIOPIA** | #847 | *'Gryphaea'* | *Catinula* | 同定の誤り Mis-identified |
| ギネア **GUINEA** | #734 | *'Tympanotonos radula'* | *Tympanotonus fuscatus* | 同種異名 Synonym & 綴りの誤り Mis-spelled |
| | #734 | *'Harpa doris'* | *H. rosea* | 同種異名 Synonym |
| インドネシア | #B219 | *'Voluta scapha'* | *Cymbiola nobilis* | 〃 〃 |
| **INDONESIA** | #B222 | *'Murex ternispina'* | *M. tribulus* | 〃 〃 |
| コートジュボワール **IVORY COAST** | #312 | *'Strombus bubonius'* | *S. latus* | 同種異名 Synonym |
| 日本 **JAPAN** | #871 | 棘の向き位置に誤り (Deformed in spines of shell) | | 図の描き誤り Mis-figured |
| ケニア **KENYA** | #42 | *'Janthina globosa'* | *J. janthina* | 同定の誤り Mis-identified |
| | #37 | *'Mitra episcopalis'* | *M. mitra* | 〃 〃 |
| | #44 | *'Nautilus pompileus'* | *N. pompilius* | 綴りの誤り Mis-spelled |
| マダガスカル | #447 | *'Volute'* | *Voluta* | 〃 〃 |
| **MADAGASCAR** | | 左巻き (Left-handed) | 右巻き (Right-handed) | 図の描き誤り Mis-figured |
| | #448 | 〃 ( 〃 ) | 〃 ( 〃 ) | 〃 〃 |
| モルディブ | #172 | 〃 ( 〃 ) | 〃 ( 〃 ) | 〃 〃 |
| **MALDIVE** | #174 | 〃 ( 〃 ) | 〃 ( 〃 ) | 〃 〃 |
| **ISLANDS** | #176 | 〃 ( 〃 ) | 〃 ( 〃 ) | 〃 〃 |
| | #179 | 〃 ( 〃 ) | 〃 ( 〃 ) | 〃 〃 |
| | #181 | 〃 ( 〃 ) | 〃 ( 〃 ) | 〃 〃 |
| | #186 | 〃 ( 〃 ) | 〃 ( 〃 ) | 〃 〃 |
| | #533 | *'Cassis nana'* | *Cypraecassis rufa* | 同定の誤り Mis-identified |
| | #534 | *'Murex triremus'* | *M. pecten (=triremis)* | 綴りの誤り Mis-spelled & 同種異名 Synonym |
| | #537 | *'Conus pennaceus'* | *C. geographus* | 同定の誤り Mis-identified |

| | | | | |
|---|---|---|---|---|
| モーリシアス **MAURITIUS** | #352 | *'Conus clytospira'* | *C. milneedwardsi* | 同定の誤り Mis-identified |
| ニューカレドニア **NEW CALEDONIA** | #C58 | 左巻き(Left-handed) | 右巻き(Right-handed) | 図の描き誤り Mis-figured |
| | #C59 | 〃 ( 〃 ) | 〃 ( 〃 ) | 〃 〃 |
| | #C60 | 〃 ( 〃 ) | 〃 ( 〃 ) | 〃 〃 |
| | #375 | *'Murex triremis'* | *M. tribulus* | 同定の誤り Mis-identified |
| | #376 | *'Murex ramosus'* | *M. penchinati* | 〃 〃 |
| 北朝鮮 **NORTH KOREA** | (1977. 2 ch) | *'Mactra sulcataria'* | *M. chinensis* | 同種異名 Synonym |
| | ( 〃 . 5 〃 ) | *'Natica fortunei'* | *N. didyma* | 同定の誤り Mis-identified |
| | ( 〃 . 10 〃 ) | *'Arca inflata'* | *Scapharca broughtoni* | 同種異名 Synonym |
| | ( 〃 . 25 〃 ) | *'Rapana thomasiana'* | *R. venosa* | 〃 〃 |
| ルーマニア **ROMANIA** | #1880 | *'Nassa reticulata'* | *Nassarius reticulatus* | 異属同名 Homonym |
| 琉球 **RYUKYU ISLANDS** | #158 | *'Murex triemis'* | *M. pecten* | 同種異名 Synonym |
| セントビンセント領グレナダ諸島 **GRENADINES OF ST. VINCENT** | #42 | *'Oliva caribbaeensis'* | *O. scripta* | 〃 〃 |
| | #43 | *'Architectonica granulata'* | *A. noblis* | 〃 〃 |
| | #47 | *'Astraea longispina'* | *A. phoebia* | 〃 〃 |
| ソロモン諸島 **SOLOMON ISLANDS** | #130 | *'Scorpion Conch'* | *Chiragra spider conch* | 同定の誤り Mis-identified |
| | #130 | 軸唇描誤り(Deformed in collumeler lip of shell) | | 図の描き誤り Mis-figured |
| | #327 | 左巻き(Left-handed) | 右巻き(Right-handed) | 〃 〃 |
| ソマリア **SOMALIA** | #431 | *'Charonia bardayi'* | *Busna barclayi* | 同定の誤り Mis-figured & 綴りの誤り Mis-spelled |
| 仏領ソマリ海岸 **SOMALI COAST** | #C28 | *'Rostellaria magna'* | *Tibia insulaecorab* | 同種異名 Synonym |
| | #C29 | *'Lambis bryonia'* | *L. truncata* | 〃 〃 |
| タイ **THAILAND** | #749 | *'Mytilus smaragdinus'* | *M. viridis* | 〃 〃 |
| | #751 | *'Oliva mustelina'* | *O.* cf. *oliva* | 同定の誤り Mis-identified |

| | | | | |
|---|---|---|---|---|
| トーゴ<br>**TOGO REPUBLIC** | # J 63 | *'Tympanotomus radula'* | *Tympanotonus fuscatus* | 綴りの誤り Mis-spelled &<br>同種異名 Synonym |
| | #881 | 〃 〃 | 〃 〃 | 〃 〃 & 〃 〃 |
| 北ベトナム<br>**VIET NAM NORTH** | §881 | *'Haleotis'* | *Haliotis* | 綴りの誤り Mis-spelled |
| ウォーリス・フーツナ | #162 | *'Murex tenuispina'* | *M. pecten* | 同種異名 Synonym |
| **WALIS & FUTUNA** | #163 | *'Oniva erythrostoma'* | *O. miniacea* | 〃 〃 |
| | # C18 | *'Harpa ventricosa'* | *H. major* | 〃 〃 |

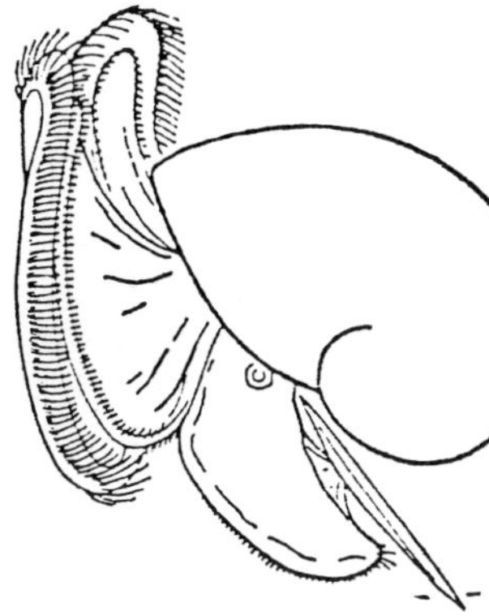

米国カリフォルニア軟体動物学会の紋章(ベリジャー幼生) Emblem of the California Malacozoological Society, Inc. (Veliger)

# 5．付　　録 Appendices

## 1)ステーショナリーおよび切手・シート類の耳紙に貝の図案のあるもの Postal Stationeries and Tabs of Stamps and Souvesir Sheets showing Shell Designs

### (1)．ステーショナリー類（官製はがき・航空書簡など）Postal Stationeries showing Shell Designs

#### 日　本 JAPAN

1956．Ⅶ．1．暑中見舞はがき2種 Post Card for Seasonal Greetings (Summer 1956)

5ʸ 巻貝(1種)と二枚貝(2種)の図案(印面)Stylized sea snail shell (1) and bivalve shells (2) (明るい青)

5 〃 (〃) 〃 〃(〃) 〃 〃(〃) 〃 (紫味灰)

1978．Ⅶ．暑中見舞はがき2種のうち1 Post Card for Seasonal Greetings (Summer 1978)

20ʸ 「しおさい」(巻貝とヒトデの図，裏面下半分に描く)Seasnail shells and sea-star on beach (on back of the card)

#### モーリシアス MAURITIUS

1969．航空書簡 Aerogramme

50ᶜ サソリガイ *Lambis crocata* とムラサキムカデ *Millepes violacea* の図案 (#350と同図柄) Orange spider conch and Violet scorpion conch

### (2)．切手・シート類の耳紙 Tabs of Stamps and Souvenir Sheets showing Shell Designs

#### ブラジル BRAZIL (BRASIL)

1969．Ⅶ．24．ACAPI 事業記念小型シート Souvenir Sheet (切手4種を含む Sheet of 4．大きさ Size：132 ½×98 ½ᵐᵐ)

#1130a　10c「左巻き」のホラガイ1種 *Charonia* sp. の図案 Stylized 'Left-handed' Triton shell

#1130b　15　〃　〃　〃　〃

#1130c　20　〃　〃　〃　〃

#1130d　30　〃　〃　〃　〃

## フージェラ　FUJEIRA

1972. 小型シート Souvenir Sheet（チョウチョウウオ1種の切手を含む Sheet of 1）

ⓐ1162　10r　貝とカニの図案 Stylized shell and crab

## イスラエル　ISRAEL

1962. VII. 26. 通常切手，紅海の魚類 Fishes in Red Sea シリーズ4種セット（完），耳紙に線画で貝 Line-drawn shells on tabs of stamps

#231　3a　リュウテン1種 *Turbo* sp. の図案 Turban shell

#232　6　ラクダガイ？*Lambis* sp. の図案 Spider conch

#233　8　タケノコガイ1種 *Terebra* sp. の図案 Auger shell

#234　12　ホラガイ1種 *Charonia* sp. の図案 Triton shell

## サンタ・ルチア　ST. LUCIA

1978. V. 小型シート Souvenir Sheet（魚の切手1種を含む Sheet of 1）

$2.50　海底にマンボウガイ *Cypraecassis rufa* の生貝をえがく Living Bull's mouth helmet shell in underwater scene on tab of the sheet

## 2)貝の図案のある風景印チェック・リスト Checklist of Japanese Scenic Cancellations showing Shell Designs

郵便物の上におされるいろいろなスタンプを一般に郵便印とよぶが，これは用途や目的によって普通郵便印と特殊郵便印とに区別され，その図柄（印影）の中に日付をしめすものを日付印という。

特殊郵便印の中には，風景入通信日付印，俗に「風景スタンプ（風景印）」とよばれるものがあり，旅行などの記念にその土地の名所や産物を描いた特別な日付印である。これも消印の1種であるから，旅先からの便りに郵便局の窓口でポンとひとつおしてもらうと，しゃれた手紙のアクセサリーとなる。たいてい，セピア色のインクで切手の印面に少しかかるようにスタンプされ，郵趣家の中には，このスタンプをおした手紙を熱心に集めているものも少なくない。

なお，未使用の官製はがきに返信用封筒を同封して各地の風景印使用局にたのめば，気軽にその土地の風物を描いたスタンプをおして返してくれる。こういう集め方を「郵頼」といい，未使用の官製はがきにこの種の消印だけおしたものを「官白」とよぶ。

さて，この風景スタンプは，わが国では1931年7月10日にはじめてもちいられ，最盛期（1934－37年）には北はカラフト（サハリン）から南は南洋諸島まで，戦前の日本領土内の1,200におよぶ郵便局が，それぞれ趣向をこらした風景スタンプを使用したといわれる。そして，1976年末までには3,050種の多きに達している。

ここでは，1978年末までに使用の風景スタンプのうちから貝類（軟体動物）を描いたもの62種，さらに貝塚・蛸壺・真珠養殖筏など間接に貝を表現したもの10種の合計72種をリスト・アップし，可能な範囲で図案の貝の種類を同定し，分類表にまとめた。

これをもとに，風景スタンプに登場する貝類（軟体類）の種類のベスト・5をあげると，全国的にハマグリを描いたものがもっともおおく，11局にも達している。なかでも「その手は桑名名産の焼蛤」で名高い桑名局が，昭和8年5月1日に使用開始したハマグリ型スタンプは，デザインといい風格といい，この種風景印中の白眉であろう。ついでエゾアワビを題材にしたものがおおく，これは北海道，東北など北日本の各局にかたよっている。第三位はサザエを描いたもので，これは全国的な分布をしめしている。第四位はホタテガイで北日本におおく，第五位のアコヤガイは三重県の各局に集中している。

また，風景スタンプに描かれた貝類の種類数は，腹足類12種(うち種名未詳3種)，二枚貝類16種（同じく4種）ならびに頭足類3種の合計31種（同じく7種）である。

なお，この目録の作製にあたっては，橋本章（監修）1976：戦前の風景スタンプ集（日本郵趣出版），同1977：風景スタンプ集（同出版）ならびに「郵趣」（1978）第2，4，8，9および12号などを参考とした。

## 〈凡　　例〉

1．1931－'78年の47年間にわが国各地の郵便局で使用された風景スタンプ（風景入通信日付印）のうち，軟体動物（貝類）を描いたもの72種を採録。

2．目録は風景印使用局の都道府県別に北から南へ配列。

3．目録中の風景印のデータは，スタンプ番号，使用局名，使用開始日，図案説明，貝の種類の順に列記。なお，スタンプ番号は風景印の図番号をかね，使用局名にはローマ字を，また開始日には西暦を併記した。

4．目録左端のスタンプ番号に*印を付したものは，貝塚，蛸壺，真珠養殖筏など貝類を間接に表現した風景印であることをしめす。

5．目録に掲げた風景印の題材となった軟体動物を分類表（索引）にまとめ，動物分類学上の位置および所属が一見して明らかになるよう配慮。

6．分類表(索引)右端の数字はスタンプ（図）番号をしめし，これによって図案のくわしい解説，使用局，開始日，さらにはその種類の貝を描いた風景印や使用局が全国でいくつあるかなどのデータをもとめることができる。

7．口絵図版15－16に風景印を図に示したが，この中の日付はすべて，昭和元号であらわされ，下記のほかは，初日（使用開始日）以外の日付をしめしている：－

44. 桑名局（ハマグリ）
54. 永見局（ホタルイカ）
59. 羽咋千里浜局（ハマグリ）

イスラエル貝類学会の紋章(シリアツブリ)　Emblem of the Israel Malacological Society (*Murex brandaris*)

## 表 Table 1. 貝のデザインのある風景印目録

| 都道府県名 | スタンプ番号（図番号） | 使用局名（ローマ字） | 使用開始日 | 図案説明 | 貝の種類 |
|---|---|---|---|---|---|
| 北海道 | 1 | 森（Mori） | S.27.（1952）Ⅳ.1. | 駒ヶ岳を背景に明治天皇記念碑と水産加工場に烏賊と鰯 | スルメイカ |
| | 2 | 紋別（Mombetsu） | 〃31（'56）Ⅵ.20. | 紋別港に帆立貝と蟹 | ホタテガイ |
| | 3 | 野塚（Nozuka） | 〃40（'65）Ⅸ.25. | 入舸海岸の夫婦岩と鮑 | エゾアワビ |
| | 4 | 入舸（Irika） | 〃〃（〃）〃.〃 | （野塚局と同図柄） | 〃 |
| | 5 | 湧別（Yubetsu） | 〃〃（〃）〃.〃 | 志撫子浜に特産帆立貝 | ホタテガイ |
| | 6 | 余別（Yobetsu） | 〃〃（〃）〃.〃 | 神威岬（岩）に名産鮑 | エゾアワビ |
| | 7 | 古平（Furuhira） | 〃〃（〃）Ⅻ.3. | 鮑と立岩からセタカムイを望む風景 | 〃 |
| | 8 | 本厚岸（Motoakkeshi） | 〃47（'72）Ⅺ.1. | 厚岸大橋に名産蛎と天然記念物厚岸草 | マガキ |
| | 9 | 奥尻（Okujiri） | 〃〃（〃）〃.〃. | なべつる岩と名産鮑 | エゾアワビ |
| | 10 | 伊達（Date） | 〃50（'75）Ⅷ.1. | 有珠岳と昭和新山を背景に伊達家の甲と帆立貝 | ホタテガイ |
| | 11 | 根室（Nemuro） | 〃11（'36）Ⅱ.11. | 根室港を背景に帆立貝 | 〃 |
| 青森 | 12 | 大湊（Oominato） | 〃28（'53）Ⅶ.1. | 芦崎からみた釜臥山と海産物 | ホッキガイ |
| | 13 | 野辺地（Noheji） | 〃42（'67）Ⅹ.5. | 烏帽子岳を遠景に石灯籠と名産帆立貝 | ホタテガイ |
| | 14 | 深浦（Fukaura） | 〃48（'73）Ⅵ.1. | 深浦円覚寺と弁天島に名産栄螺 | サザエ |
| | 15 | 岩屋（Iwaya） | 〃50（'75）Ⅷ.1. | 尻屋崎に寒天馬と鮑 | エゾアワビ |
| | 16 | 十三（Jusan） | 〃〃（〃）〃.13. | 十三湖に十三の砂山躍りと名産蜆 | ヤマトシジミ |
| 岩手 | 17 | 重茂（Omoe） | 〃30（'55）Ⅸ.30. | 重茂半島魹ヶ崎灯台と名産鮑，若芽と鵜 | エゾアワビ |
| | 18 | 釜石（Kamaishi） | 〃12（'37）Ⅰ.15. | 釜石港灯台と工場と鮑 | 〃 |
| | 19 | 釜石鉱山（Kamaishi-Kozan） | 〃〃（〃）〃.〃. | （釜石局と同図柄） | 〃 |
| 宮城 | 20 | 志津川（Shizugawa） | 〃41（'66）Ⅲ.22. | 志津川湾風景と荒島に蛸 | マダコ |
| | 21 | 上浜（Kamihama） | 〃34（'59）Ⅷ.1. | 上浜海岸宝庫門と飛島に名産鯛と栄螺 | サザエ |
| 茨城 | 22 | 大洗（Oarai） | 〃.9（'34）Ⅶ.11. | （磯浜局と同図柄） | （二枚貝類） |
| | 23 | 〃（〃） | 〃42（'67）Ⅶ.1. | 磯前神社と築土灯台と漁船に名産蛤 | ハマグリ |
| | 24 | 鉾田（Hokota） | 〃48（'73）Ⅺ.1. | 北浦の釣船に鹿島松と特産蛤 | 〃 |

| | | | | |
|---|---|---|---|---|
| | 25 | 磯浜 (Isohama) | S.8('33)Ⅷ.16. | 大洗神社と曲松，磯浜海岸に櫓と網と貝 | (二枚貝類) |
| 千　葉 | 26 | 勝浦 (Katsuura) | 〃28('53)Ⅵ.8. | 勝浦灯台と海産物 | サザエ<br>クロアワビ |
| | 27 | 白浜 (Shirahama) | 〃36('61)Ⅲ.15. | 野島崎灯台と海女 | ―――― |
| | 28 | 小戸 (Odo) | 〃〃(〃)〃.〃. | (白浜局と同図柄) | ―――― |
| | 29 | 御宿 (Onjuku) | 〃48('73)Ⅳ.16. | 月の砂漠記念像を背景に海女と栄螺 | サザエ |
| | 30 | 布良(Fura) | 〃10('35)Ⅶ.6. | 鮑のなかに布良海岸風景と海女 | クロアワビ |
| | 31 | 千葉西 (Chibanishi) | 〃50('75)Ⅶ.26. | 大賀蓮にこてはし貝塚 | ―――― |
| | 32 | 千葉 (Chiba) | 〃9('34)Ⅸ.1. | 袖ヶ浦に気球と荒木工兵大尉の像と貝 | ハマグリ |
| | 33 | 寒川 (Samukawa) | 〃10('35)Ⅵ.6. | (千葉局と同図柄) | 〃 |
| | 34 | 千葉中 (Chibanaka) | 〃53('78)Ⅹ.2. | 千葉城，加曽利貝塚と中心街 | ―――― |
| 埼　玉 | 35 | 三芳 (Miyoshi) | 〃〃(〃)Ⅶ.1. | 水子貝塚と出土品 | ―――― |
| 東　京 | 36 | 大森 (Oomori) | 〃27('52)Ⅳ.1. | 池上本門寺に名産乾海苔と貝塚の碑 | ―――― |
| | 37 | 〃 ( 〃 ) (改) | 〃53('78)Ⅱ.13. | 大森貝塚と馬込橋 | ―――― |
| 神奈川 | 38 | 三崎 (Misaki) | 〃9('34)Ⅷ.22. | 城ヶ島灯台と水族館に貝と海星 | (巻貝類) |
| 静　岡 | 39 | 浜松西 (Hamamatsu-nishi) | 〃50('75)Ⅶ.1. | 佐鳴湖を背景に蜆塚遺跡の貝と復元家屋 | テングニシ<br>オオタニシ |
| 愛　知 | 40 | 篠島 (Shinojima) | 〃31('56)Ⅹ.15. | 篠島港を背景に漁具と蛸壺 | ―――― |
| | 41 | 豊浜 (Toyohama) | 〃47('72)Ⅺ.10. | 荒磯の松と鯛祭に貝塚の貝 | イタヤガイ類 |
| | 42 | 東浦 (Higashiura) | 〃51('76)Ⅸ.1. | 入海貝塚の貝と東浦葡萄 | アカガイ |
| 三　重 | 43 | 浜島 (Hamashima) | 〃10('35)Ⅺ.11. | 真珠貝と養殖筏に海岸風景 | アコヤガイ |
| | 44 | 桑名 (Kuwana) | 〃26('51)Ⅲ.1. | 名産白魚と蛤に七里の渡しと揖斐川堤の桜 | ハマグリ |
| | 45 | 〃 ( 〃 ) | 〃8('33)Ⅴ.1. | 蛤の型の中に一ノ鳥居と桑名城址 | 〃 |
| | 46 | 鳥羽 (Toba) | 〃26('51)Ⅶ.10. | 鳥羽三ツ島を背景に真珠貝と海女 | アコヤガイ |
| | 47 | 〃 ( 〃 ) | 〃8('33)Ⅳ.15. | 真珠貝の型の中に海女と鳥羽風景 | 〃 |
| | 48 | 賢島 (Kashinojima) | 〃28('53)Ⅹ.2. | 英虞湾風景と真珠養殖筏 | ―――― |
| | 49 | 多徳 (Tatoku) | 〃〃(〃)〃〃 | 真珠貝を型どった真珠の首飾りに小松宮記念碑と養殖筏 | アコヤガイ |

| | | | | |
|---|---|---|---|---|
| | 50 宇気郷 (Ukisato) | S.33('58) X.1. | 伊勢山上の山伏と法螺貝 | ホラガイ |
| | 51 富田 (Tomita) | 〃10('35) IX.6. | 富田浜風景に俳人基角の句碑と蛤 | ハマグリ |
| | 52 富田浜 (Tomitahama) | 〃12('37) XII.15. | (富田局と同図柄) | 〃 |
| 富山 | 53 滑川 (Namerikawa) | 〃25('50) XII.1. | 立山連峰を背景に蜃気楼と名産蛍烏賊 | ホタルイカ |
| | 54 氷見 (Himi) | 〃26('51) IX.15. | 唐島を背景に天然記念物上時の大銀杏の葉と大敷網の烏賊 | 〃 |
| | 55 魚津 (Uozu) | 〃41('66) XI.1. | 蜃気楼と蛍烏賊 | 〃 |
| 石川 | 56 柴垣 (Shibagaki) | 〃34('59) VI.10. | 柴垣海岸からの遠景に気多神社の拝殿と特産の蛤 | ハマグリ |
| | 57 一宮 (Ichinomiya) | 〃〃(〃)〃.〃. | (柴垣局と同図案) | 〃 |
| | 58 富来 (Togi) | 〃37('62) XI.30. | 富木海岸荒木の浦に歌仙貝 | マダカアワビ(二枚貝) |
| | 59 羽咋千里浜 (Hakuichirihama) | 〃53('78) VI.1. | 海水浴場に蛤 | ハマグリ |
| 岡山 | 60 下津井 (Shimotsui) | 〃10('35) 1.21. | 天然記念物象岩の形の中に下津井風景と蛸壺 | ——— |
| 広島 | 61 廿日市 (Hatsukaichi) | 〃53('78) XI.1. | 極楽寺と蛎棚と蛎 | マガキ |
| 島根 | 62 崎 (Saki) | 〃51('76) X.1. | 崎漁港を背景に御鳥羽上皇記念碑と栄螺 | サザエ |
| 山口 | 63 粟野 (Awano) | 〃27('52) VI.25. | 油谷湾を背景に琴平弁天二堂と真珠と母貝 | アコヤガイ |
| | 64 東岐波 (Higashikiwa) | 〃49('74) VII.20. | 東岐波海岸汐干狩風景と貝 | アサリ(巻貝類) |
| | 65 石鎚 (Ishizuchi) | 〃38('63) I.11. | 石鎚山の山伏と法螺貝 | ホラガイ |
| | 66 串 (Kushi) | 〃50('75) X.1. | 佐田岬を背景に特産鯛に栄螺に鮑 | サザエ トコブシ |
| | 67 三崎 (Misaki) | 〃42('67) X.5. | 三崎海岸に貝類館と骨貝 | ホネガイ |
| | 68 宇土 (Udo) | 〃52('77) XII.1. | 雁回山,宇土海岸,轟水源と二枚貝類 | アサリ バカガイ |
| | 69 小値賀 (Ojika) | 〃32('57) VI.10. | 天然記念物古路島岩頭と火山弾(岩蛎?)と名産鮑 | マダカアワビ イワガキ(?) |
| | 70 石田 (Ishida) | 〃45('70) VII.1. | 壱岐印通寺港と玄海灘を背景に名産烏賊 | スルメイカ |
| | 71 日向 (Hyuga) | 〃51('76) II.1. | 米ノ倉を背景に市花ツツジと日向基石原料「すわぶて」蛤 | チョウセンハマグリ |
| | 72 金州 (Jinzhou) | 〃10('35) X.1. | 金州風景と蛤 | シナハマグリ |

## 表 Table 2. 風景印に描かれた軟体動物の分類表（索引）

軟体動物門 Mollusca

**腹足類（網）Gastropoda**

原始腹足類（目）Archaeogastropoda

| | |
|---|---|
| ミミガイ科 **Haliotidae** | |
| マダカアワビ *Haliotis madaka* HABE (MS) | 58,59 |
| クロアワビ *H. discus* REEVE | 26,30 |
| エゾアワビ *H. d. hannai* INO | 3,4,6,7,9,15,17,18,19 |
| トコブシ *H. diversicolor aquatilis* REEVE | 66 |
| リュウテンサザエ科 **Turbinidae** | |
| サザエ *Turbo* (*Batillus*) *cornutus* LIGHTFOOT | 14,21,26,29,62,66 |

中腹足類（目）Mesogastropoda

| | |
|---|---|
| タニシ科 **Viviparidae** | |
| オオタニシ *Cipangopaludina japonica japonica* (v. MARTENS) | 39 |
| フジツガイ科 **Cymatiidae** | |
| ホラガイ *Charonia tritonis* (LINNÉ) | 50,65 |

新腹足類（目）Neogastropoda

| | |
|---|---|
| アクキガイ科 **Muricidae** | |
| ホネガイ *Murex* (*Acupurpura*) *pecten* (LIGHTFOOT) | 67 |
| テングニシ科 **Busyconidae** | |
| テングニシ *Hemifusus ternatanus* (GMELIN) | 39 |
| その他の巻貝類 Gastropoda spp. | 38,41,64 |

**二枚貝類（網）Bivalvia**

翼形類（亜網）Pteriomorpha

フネガイ類（目）Arcoidea

| | |
|---|---|
| フネガイ科 **Arcidae** | |
| アカガイ *Scapharca broughtoni* (SCHRENCK) | 42 |

ウグイスガイ類（目）Pteroidea

**ウグイスガイ科 Pteriidae**

| | |
|---|---|
| アコヤガイ *Pinctada fucata martensii* (DUNKER) | 43,46,47,49,63 |

**イタヤガイ科 Pectinidae**

| | |
|---|---|
| ホタテガイ *Patinopecten yessoensis* (JAY) | 2,5,10,11,13 |
| イタヤガイ類 *Pecten* sp. | 41 |

**イタボガキ科 Ostreidae**

| | |
|---|---|
| マガキ *Crassostrea gigas* (THUNBERG) | 8,61 |
| イワガキ？*C. nippona* (SEKI) | 69 |

異歯類（亜綱）Heterodonta

マルスダレガイ類（目）Veneroidea

**バカガイ科 Mactridae**

| | |
|---|---|
| ホッキガイ（ウバガイ）*Spisula sachalinensis* (SCHRENCK) | 12 |
| バカガイ *Mactra chinensis* PHILPPI | 68 |

**シジミ科 Corbiculiidae**

| | |
|---|---|
| ヤマトシジミ *Corbicula japonica* PRIME | 16 |

**マルスダレガイ科 Veneridae**

| | |
|---|---|
| ハマグリ *Meretrix lusoria* RÖDING | 23,24,32,33,44,51,52,56,57 |
| チョウセンハマグリ *M. lamarcki* DESHAYES | 71 |
| シナハマグリ *M. petechialis* (LAMARCK) | 72 |
| アサリ *Ruditapes philippinarum* (ADAMS & REEVE) | 64,68 |
| その他の二枚貝類 Bivalvia spp. | 22,25,58 |

**頭足類（綱）Cephalopoda**

後生頭足類（亜綱）Metacephalopoda（＝Dibranchia）

十腕類（目）Decembranchiata（＝Decapoda）

**ホタルイカ科 Enoploteuthidae**

| | |
|---|---|
| ホタルイカ *Watasenia scintillans* (BERRY) | 53,54,55 |

**スルメイカ科 Todarodidae**

| | |
|---|---|
| スルメイカ *Todarodes pacificus* STEENSTRUP | 1,70 |

八腕類（目）Octobranchiata（＝Octopoda）

**マダコ科 Octopodidae**

| | |
|---|---|
| マダコ *Octopus vulgaris* CUVIER | 20 |

# 3）マラコフィラテリスト（貝類切手収集家）のための参考図書・協会・同好会案内 Guide to Books, Catalogues and Societies for Malacophilatelists

## ◇参考図書類 Books, Monographs and Catalogues

（貝類に関するもの Reference Books on Malacology）

**Abbott, R. T.** 1962：Sea Shells of the World. A Golden Nature Guide. *Golden Press,* New York

——& **G. F. Sandstroem**1968：A Guide to Field Identification Seashells of North America. *Golden Press,* New York

——1972：Kingdom of the Seashell. A Rutledge Book. *Crown Publishers,* New York

——1974：American Seashells. (2nd ed.) *Van Nostrand Reinhold Co.,* New York

**Dance, P.** 1972：The Encyclopedia of Shells. *McGraw-Hill Book Co.,* New York

波部忠重　1968：日本の貝（カラーブックス，157）　保育社　大阪

——1975：貝の博物誌（カラー自然ガイド，25）　保育社　大阪

**Lindner, G.** (Engnish transl. by **Vevers, G.**) 1977：Seashells of the World. *Blandford Press*

鹿間時夫・堀越増興　1963：原色図鑑　世界の貝．　北隆館　東京

——1964：原色図鑑　続　世界の貝．　北隆館　東京

**Wagner, R. J. L. & R. T. Abbott** 1977：Standard Catalog of Shells (3rd ed.). *American Malacologists Inc.,* Delaware

（郵趣に関するもの Books and Catalogues on Philately）

今井修　1976：世界切手地図（第３版）．郵趣サービス社，東京

**Rice, T.** 1975-76：Checklist of Aquatic Life on Postage Stamps. *Of Sea and Shores* Summer 1975, Fall 1975, Winter 1975/76 & Spring 1976

**Strom, H. & L. H. Lewy** 1968：Animals on Stamps. *Philart Production Ltd., London*

水産切手研究会（編）1973－75：水産切手チェック・リスト．ＪＰＳ水産切手部会

## ◇協会・同好会など Societies

・日本貝類学会 Malacological Society of Japan

本部：（〒160）東京都新宿区百人町3-23-1
　国立科学博物館分館動物研究部
機関誌：貝類学雑誌——ビナス（季刊）
　ちりぼたん（季刊）
その他：全国各地に同好会・談話会があり，研究・趣味情報や標本の交換発表など行っている。

・日本郵趣協会 Japan Philatelic Society Inc.
本部（連絡先）：東京都渋谷区代々木2丁目2
　（〒160-91　東京都新宿局私書箱1号）
機関誌：郵趣（月刊），郵趣ウィークリー（週刊）
その他：動物切手部会，水産切手部会などマラコフィラテリストに関係のある下部組織があり，会合や会報を発行するなど活動している。

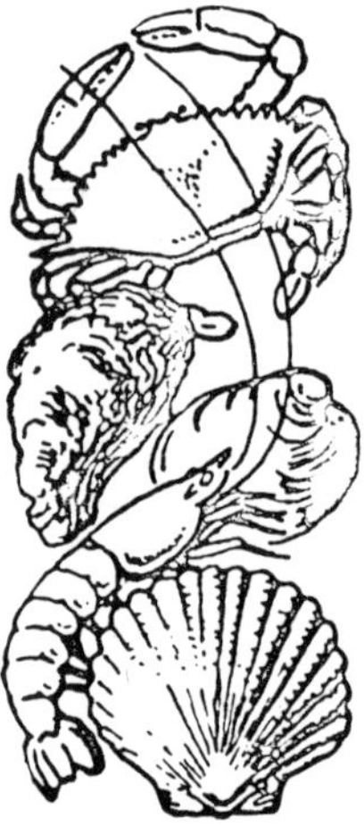

米国々立魚介類協会の紋章（アメリカガキ・ホンビノスガイほか） Emblem of the National Shellfisheries Association (*Crassostrea virginica, Mercenaria mercenaria* etc.)

# 6．分類索引 Systematic Index to Shells on Postage Stamps

(63頁参照)

軟体動物門 MOLLUSCA

腹足綱 **Gastropoda**

前鰓亜綱 Prosobranchia（＝捩神経類 Streptoneura）

原始腹足目 Archaeogastropoda

| | | |
|---|---|---|
| G 1. …………………チョウジャガイ科 **Pleurotomariidae** | | 国別No.（年次） |
| ベニオキナエビス | *Mikadotrochus hirasei* PILSBRY, Emperor's slit shell | 68(63) |
| リュウグウオキナエビス | *Entemnotrochus rumphii* (SCHEPMAN), Rumphius' slit shell | 28a(71) |
| G 2. …………………ミミガイ科 **Haliotidae** | | |
| クロアワビ | *Haliotis discus* (REEVE), Quoit Haliotis | 81(71) |
| フクトコブシ | *H. diversicolor* REEVE, Many-coloured abalone | 140(74) |
| ヘリトリアワビ | *H. iris* MARTYN, Paua | 94(78) |
| ナミジワトコブシ | *H. lamellosa* LAMARCK | 69(*56*) |
| マダカ | *H. madaka* HABE (MS), Giant abalone | 81(71) |
| セイヨウトコブシ | *H. tuberculata* LINNE, Common European abalone, Ormer | 54a(73) |
| イボアナゴウ | *H. varia* L., Variable abalone | 70(71) |

**Notice to users**：—

*Num erals at the right end indicate 'Country No.' shown on the Catalogue of Stamps by Countries and those in parentheses year of issue of the stamp, thus："59(77)"goes on "REPUBIIC OF GUINEA, 1977"

**Italicized numerals in parentheses refer stamp showing shell as a subsidiary subject of design.

カリビアタケ *T. turinus* LIGHTFOOT, Flame auger 58(74)

異腹足目 Heterogastropoda

G41. ……………………クルマガイ科 **Architectonidae**

イボグルマ *Architectonica nobilis* RÖDING(=*granulata*), Common sundial 6(74), 39(76), 58(74)

G42. ……………………イトカケガイ科 **Epitoniidae**

ナジミイトカケ(新) *Sthenorytis pernobilis* (FISCHER & BERNARDI), Noble wentletrap 58(74)

G43. ……………………アサガオガイ科 **Janthinidae**

ルリガイ *Janthina globosa* SWAINSON, Elongate Janthina 70(71)

アサガオガイ *J. janthina* (L.), Purple saillor, Common Janthina 70(74)

アサガオ1種 *J.* sp. 56(75)

後鰓亜綱 Opisthobranchia

頭楯目 Cepcalaspidea

G44. ……………………ミスガイ科 **Hydatinidae**

ベニヤカタガイ *Aplustrum amplustre* (L.), Pink bubble 122(77)

フロリダヤカタ(新) *Micromelo undatus* (BRUGUIÈRE), Miniature Melo 60(73)

ミスガイ *Hydatina physis* (L.), Paper-bubble shell 92(74)

嚢舌目 Sacoglossa

マイマイ1種 *Helix* sp. 67(*64*)

ミスジヒラマイマイ(新) *Campylaea trizona* ROSSMASSLER 107(66)

オニバコアマイマイ *Pleurodonte schroeteriana* 67(*64*)

二枚貝 綱 **Bivalvia**(＝斧足類 Pelecypoda, 弁鰓類 Lamellibranchia)

翼形亜 綱 Pterimorphia

フネガイ 目 Arcoida(＝糸鰓類 Filibranchia, 多歯類 Taxodonta)

B 1. ……………………フネガイ 科 **Arcidae**

アカガイ *Scapharca broughtond* (SCHRENCK), Broughton's ark 73(77)

コンドルノハ *Arca zebra* SWAISON, Turkey wing 56(75)

†ククレア・レフエブリアナ *Cucullea leburiana* (ジュラ紀-白亜紀 Jurassic-Cretaceous) 41(*77*)

イガイ 目 Mytiloida(＝不等筋類 Anisomyaria)

B 2. ……………………イガイ 科 **Mytilidae**

イガイ *Mytilus corsucus* GOULD, Hard-shelled mussel 73(68)

ヨーロッパイガイ *Mytilus edulis* L., Common blue mussel, European edibe mussel 40(63), 89(*67*)

チレニアイガイ *Mytilus galloprovincialis* LMK., Mediterranean mussel 107(66)

ミドリイガイ *Perna viridis* L. (＝*smaragdinus*), Green mussel 122(*70*), 131(75)

B 3. ……………………ハボウキガイ 科 **Pinnidae**

テボウキガイ(新) *Pinna carnea* GMELIN, Amber Pen shell 58(74)

## 菊　　石　　目 Ammonoidea

昭和54年10月16日　郵模３４３号

# 世界の貝切手

—軟体動物切手総目録—

昭和54年10月20日　印刷
昭和54年10月20日　発行

著者　荒　川　好　満

発行　長崎県生物学会
長崎市文教町１－14　〒852
長崎大学教養部生物学教室

印刷　昭和堂印刷
長崎県諫早市幸町622　〒854
電話　諫早(09572)②6000(代)